Estados Unidos e América Latina

FUNDAÇÃO EDITORA DA UNESP

Presidente do Conselho Curador
Herman Jacobus Cornelis Voorwald

Diretor-Presidente
José Castilho Marques Neto

Editor-Executivo
Jézio Hernani Bomfim Gutierre

Conselho Editorial Acadêmico
Alberto Tsuyoshi Ikeda
Áureo Busetto
Célia Aparecida Ferreira Tolentino
Eda Maria Góes
Elisabete Maniglia
Elisabeth Criscuolo Urbinati
Ildeberto Muniz de Almeida
Maria de Lourdes Ortiz Gandini Baldan
Nilson Ghirardello
Vicente Pleitez

Editores-Assistentes
Anderson Nobara
Fabiana Mioto
Jorge Pereira Filho

Luis Fernando Ayerbe

Estados Unidos e América Latina:
a construção da hegemonia

© 2002 Editora Unesp

Direitos de publicação reservados à
Fundação Editora da Unesp (FEU)
Praça da Sé, 108
01001-900 – São Paulo – SP
Tel.: (0xx11) 3242-7171
Fax: (0xx11) 3242-7172
www.editoraunesp.com.br
www.livrariaunesp.com.br
feu@editora.unesp.br

Dados Internacionais de Catalogação na Publicação (CIP)
(Câmara Brasileira do Livro, SP, Brasil)

Ayerbe, Luis Fernando
   Estados Unidos e América Latina: a construção da hegemonia / Luis
Fernando Ayerbe. – São Paulo: Editora Unesp, 2002.

   Bibliografia.
   ISBN 85-7139-405-9

   1. América Latina – História 2. Estados Unidos – História
3. Estados Unidos – Relações exteriores – América Latina
4. Política mundial 5. Relações econômicas internacionais
6. Relações internacionais I. Título.

02-3768   CDD-327.7308

Índice para catálogo sistemático:
1. Estados Unidos: América Latina: Relações internacionais:
   Ciência política 327.7308

Editora afiliada:

Asociación de Editoriales Universitarias
de América Latina y el Caribe

Associação Brasileira de
Editoras Universitárias

À memória da minha irmã,
Patrícia Ayerbe,
desaparecida na Argentina
em fevereiro de 1978,
vítima da repressão política.

Sumário

Apresentação 9

1 O Ocidente e o "resto": argumentos culturais
da nova ordem mundial 17
O fantasma do Terceiro Mundo e a América Latina 23
Cultura e relações internacionais: o mesmo
discurso da guerra fria? 25
Uma via sem saída? 42

2 Imperialismo e dependência estrutural 45
O "hemisfério ocidental" 48
A era do imperialismo 54

3 Estados Unidos-América Latina
no início da guerra fria 63
O padrão de desenvolvimento capitalista
no pós-guerra 70
A guerra fria na América Latina 75
A nova agenda de segurança 79
O peronismo na Argentina: 1946-1955 84

7

A revolução boliviana   95
A intervenção dos Estados Unidos na Guatemala   103

4   O período Kennedy-Johnson: entre o reformismo
e a segurança hemisférica   115
A revolução cubana   126
O golpe militar de 1964 no Brasil   135
A invasão da República Dominicana   144

5   A crise do capitalismo e o declínio da hegemonia
dos Estados Unidos nos anos 70   149
A gestão da crise: internacionalização do capital
e dívida global   152
O declínio da hegemonia dos Estados Unidos
e a ampliação da agenda interamericana   158
O reformismo militar no Peru   165
O governo da Unidade Popular no Chile   177
A comissão trilateral e o governo Carter   190

6   Os anos Reagan e o recrudescimento
da guerra fria   195
A economia dos Estados Unidos   197
A agenda latino-americana   203
A desestabilização do governo sandinista   215

7   O desenvolvimento da América Latina em
perspectiva comparada com o Sudeste Asiático   225
América Latina e os Tigres Asiáticos   227
A trajetória econômica do socialismo cubano   243

8   Segurança nacional e hegemonia regional na política
externa dos Estados Unidos   257
Realismo e interesse nacional   257
Isolacionismo, hegemonia e equilíbrio do poder:
o debate pós-guerra fria   265
Defesa e segurança num mundo em transição:
Estados Unidos e a percepção da América Latina   271
Esquerda *versus* direita: fim da guerra fria, fim da história?   280

Referências bibliográficas   285

Apresentação

A história contemporânea da América Latina é rica em experiências políticas centradas no questionamento da dependência externa, do subdesenvolvimento e da distribuição desigual da riqueza: o socialismo pela via insurrecional em Cuba e pela via eleitoral no Chile com Salvador Allende, o nacionalismo revolucionário na Bolívia em 1952 e no Peru em 1968, e o projeto Sandinista na Nicarágua, buscando combinar economia mista com pluralismo político, são bons exemplos.

Essas experiências enfrentaram grandes dificuldades, algumas foram tragicamente derrotadas, outras, embora bem-sucedidas em termos de implantação e permanência no controle do Estado, não conseguiram satisfazer as expectativas suscitadas de início. No entanto, quando aconteceram mudanças de regime, seja pela via do golpe militar ou da transição institucional, a implementação de políticas radicalmente diferentes não representou uma ruptura com a situação de pobreza e desigualdade que caracterizam a região.

A partir da década de 1980, a liberalização política e econômica torna-se uma tendência predominante na América Latina, com o consequente fortalecimento da hegemonia dos setores favoráveis ao mercado e à iniciativa privada. Nesse contexto, as relações com os Estados Unidos atingem um grau de convergência com poucos antecedentes históricos.

Apesar de louvar a descoberta final do "caminho das pedras", alguns ideólogos não se conformam com o caráter tardio da adesão ao capitalismo liberal, que debitam a fatores culturais. Um dos aspectos que mais destacam é o predomínio, na trajetória histórica da região, de abordagens que atribuem o subdesenvolvimento à exploração dos países capitalistas avançados, especialmente os Estados Unidos. A "cultura da dependência" seria a principal causa do nosso insucesso, impregnando movimentos sociais, partidos políticos e setores da intelectualidade com a "idiotice latino-americana (da) falsa causalidade e a errônea identificação de inimigos" (Mendoza et al., 1997, p.9), afastando-nos cada vez mais do nosso "berço ocidental".

Em contraposição ao determinismo culturalista desse tipo de postura, adotamos neste livro uma perspectiva histórica capaz de explicar, nas especificidades de cada contexto, a interação de fenômenos políticos, econômicos e culturais de origem nacional, regional e global. O foco da análise é a influência da política externa dos Estados Unidos na trajetória do (sub)desenvolvimento latino-americano, destacando as continuidades e as mudanças nas relações hemisféricas durante e após a guerra fria.

O objetivo deste livro é aprofundar a discussão de um tema que marca fortemente a história latino-americana do século XX e que continua presente nas preocupações dos setores críticos da ordem hegemônica: a postura dos Estados Unidos ante os governos cujas opções de política interna e externa são percebidas como ameaçadoras da segurança hemisférica, definida com base numa perspectiva unilateral que não admite questionamentos.

Na percepção atual do governo norte-americano, as principais ameaças potenciais à estabilidade se originam dos impactos regionais da crise de governabilidade que tende a afetar alguns países: instabilidade econômica e excessiva dependência do financiamento externo; aumento da pobreza e da exclusão social, que estimulam a migração interna, em direção aos centros urbanos, e externa, em direção aos Estados Unidos; crescimento da criminalidade, especialmente o narcotráfico, com efeitos colaterais na corrupção e no enfraquecimento da capacidade coercitiva do poder público; exploração indiscriminada de recursos naturais não renováveis, facilitada pelas dificuldades de vigilância e controle enfrentadas pelos organismos governamentais.

Na América Latina, algumas das novas situações que se apresentam reacendem os receios com a continuidade das práticas intervencionistas dos Estados Unidos durante a guerra fria.

A ascensão de Hugo Chávez à presidência da Venezuela mostra o potencial de mobilização dos discursos embandeirados na justiça social, canalizando rapidamente o apoio eleitoral em favor de novos setores, num aparente ressurgimento do fenômeno populista que marcou profundamente a cultura política da região a partir dos anos 40.

Movimentos políticos como o dos Sem-Terra (MST) no Brasil e dos Zapatistas no México, se aflorassem nos anos 60-70, teriam sofrido uma repressão aberta e sistemática do Estado, sob o pretexto da filiação ao comunismo internacional. Naquele contexto, a análise das demandas que originavam as ações coletivas diluía-se nas "urgências" do conflito leste-oeste. O fim da bipolaridade comprometeu a continuidade dessas abordagens, deslocando as atenções para o conteúdo das reivindicações e seu potencial explosivo.[1]

---

1 Entre as principais reivindicações destacam-se a distribuição da terra e financiamento do Estado para empreendimentos cooperativos voltados ao mercado interno e exportação, com efeitos multiplicadores na geração de emprego e renda (MST); reconhecimento da representação política das comunidades locais e autonomia para usufruir da terra de acordo com os próprios valores e necessidades (zapatistas). Nesse caso, o objetivo é superar o estágio de subsistência das atividades agrícolas, que condena a região de

Entre 1987 e 1998, período que coincide com a implantação das reformas liberalizantes, a porcentagem de habitantes da América Latina vivendo com menos de I dólar por dia aumentou de 22% para 23,5%, passando de 91 para 110 milhões de pessoas.[2] A continuidade dessa tendência poderá estimular a multiplicação dos movimentos de excluídos, aumentando as possibilidades de ascensão, aos governos da região, de forças políticas comprometidas com programas que coloquem em questão a distribuição da riqueza. Os Estados Unidos darão sequência à tradição das intervenções normalizadoras da ordem tradicional ou aceitarão o princípio da autodeterminação, respeitando as escolhas baseadas nas regras do jogo dos sistemas políticos nacionais?

A postura inicial complacente da administração Bush com o frustrado golpe de Estado contra o presidente eleito da Venezuela em abril de 2002 introduz elementos de incerteza a esse respeito.

Para abordar as questões propostas, estruturamos o livro em oito capítulos.

O Capítulo 1 introduz a discussão dos argumentos da hegemonia dos Estados Unidos na chamada Nova Ordem Mundial, destacando a percepção da América Latina nas abordagens do conflito internacional que enfatizam os aspectos estratégicos associados à afirmação da identidade cultural. Para alguns autores, valores e atitudes relacionados com culturas "avançadas" ou "atrasadas" aparecem como principal fator explicativo dos níveis diferenciados de desenvolvimento, tanto entre países como entre grupos étnicos no interior dos espaços nacionais. Na busca de respostas, a lógica da guerra fria reaparece como guerra cultural. O diálogo com essas abordagens estará permanentemente presente no decorrer do livro.

Chiapas à dependência da ajuda externa, recriando as "condições de uma economia camponesa de mercado, empreendedora e diversificada como a que desenvolveram as primeiras ondas de colonos" (Le Bot, 1997, p.105).

2 Dados do relatório anual de 1999 do Banco Mundial (Schwartz, 1999, p.1).

O Capítulo 2 situa historicamente a trajetória das relações Estados Unidos-América Latina. Nesse contexto, são analisadas algumas das contribuições dos estudos sobre imperialismo e dependência, delimitando o campo teórico da abordagem adotada. Os Capítulos de 3 a 6 analisam o período da guerra fria, tendo como horizonte de discussão duas questões: 1. a influência, na evolução dos rumos da política externa dos Estados Unidos para a América Latina, de processos políticos de inspiração nacionalista e socialista que apresentaram como argumento principal a crítica do capitalismo dependente; 2. a interferência da política externa dos Estados Unidos no desenvolvimento desses processos.

O Capítulo 7 discute fatores geopolíticos relacionados com a guerra fria que contribuíram para uma disparidade de trajetórias entre o desenvolvimento da América Latina e do Sudeste Asiático, especialmente Coreia do Sul e Taiwan, dois países apresentados atualmente como exemplos da associação positiva entre identidade cultural e sucesso econômico.

O Capítulo 8 retoma as principais questões analisadas ao longo do livro, discutindo as continuidades e mudanças que se apresentam para as relações interamericanas e os novos significados da dicotomia esquerda-direita na abordagem dos dilemas políticos da região.

A seleção das fontes consultadas orientou-se por diversos critérios. Na reconstrução histórica do período da guerra fria, foram priorizadas fontes bibliográficas, buscando obter informações relevantes sobre os processos políticos abordados. Para analisar a percepção da América Latina na política externa dos Estados Unidos, foram consultados documentos microfilmados da Agência Central de Inteligência (CIA) e do Departamento de Estado.

A seleção e a análise da documentação não tiveram como objetivo a descoberta de fatos que pudessem contribuir para esclarecer eventuais lacunas presentes nos estudos históricos conhecidos. A intenção foi registrar as avaliações prévias às decisões de

13

política externa, com base em análises originalmente sigilosas, a fim de descrever objetivamente as situações a serem enfrentadas, de modo a assessorar o poder executivo para que este seja bem--sucedido nas medidas adotadas.

A análise das abordagens pós-guerra fria das relações internacionais dos Estados Unidos toma como referência principal publicações do Departamento de Estado, da National Defense University – instituição ligada ao Departamento da Defesa –, e de intelectuais, centros de pensamento estratégico e organizações privadas com poder de interlocução junto ao sistema decisório da política externa do país. Entre as instituições privadas, damos destaque às publicações da Rand Corporation, da Comissão Trilateral e do John Olin Institute of Strategic Studies da Universidade de Harvard.

A tradução dos documentos microfilmados foi realizada por Beatriz Moroni, as versões em português dos textos restantes são da minha responsabilidade.

Este livro apresenta os resultados da pesquisa "Civilização, cultura e desenvolvimento nas abordagens pós-guerra fria do conflito internacional: a identidade latino-americana em questão", realizada junto ao Grupo de Estudos Interdisciplinares sobre Cultura e Desenvolvimento (Geicd), com apoio da Fundação de Amparo à Pesquisa do Estado de São Paulo (Fapesp).

Agradeço a Angela Viana Machado Fernandes, Augusto Caccia Bava, Edson do Carmo Inforsato, Enrique Amayo Zevallos, Jane Soares de Almeida, Luciana Togeiro de Almeida, Milton Lahuerta, Renato Alves de Souza, Rosa Fátima de Souza e Vera Teresa Valdemarin, colegas e amigos do Geicd o convívio intelectual enriquecedor e o apoio a todas as iniciativas relacionadas com este projeto.

Durante a realização da pesquisa, tive a oportunidade de participar em vários eventos que contribuíram para enriquecer minha perspectiva analítica das relações Estados Unidos-América Latina. Destaco especialmente o Colóquio Internacional Ernesto

"Che" Guevara: Presença e Permanência, realizado no campus de Franca da Universidade Estadual Paulista (Unesp), em outubro de 1997; a conferência Defense Education in the Americas, realizada em Williamsburg, Estados Unidos, em novembro de 1998, sob o patrocínio do Center for Hemispheric Defense Studies (CHDS), da National Defense University; o 3er Taller Internacional Paradigmas Emancipatorios Balance y Perspectivas de Fin de Siglo, realizado em Havana, Cuba, em janeiro de 1999, sob a coordenação do Grupo América Latina: Filosofía Social y Axiología (Galfisa), do Instituto de Filosofia; e o Seminário Internacional Relações Interamericanas: continuidades e mudanças frente ao novo milênio, realizado na Unesp-Araraquara, em novembro de 1999, sob a coordenação do Geicd e do Programa de Pós-Graduação de Sociologia.

Esses eventos representaram um importante espaço de contato e debate com diversas abordagens. Agradeço por essa oportunidade a Hector Saint-Pierre, diretor do Centro de Estudos Latino-Americanos (Cela) da Unesp-Franca; a Margaret Daly Hayes, diretora do CHDS; a Gilberto Valdés Gutiérrez e Georgina Alfonso González, do Galfisa; e aos colegas do Geicd. Agradeço também à Fapesp e à Fundação para o Desenvolvimento da Unesp (Fundunesp) o apoio financeiro para viabilizar a realização do seminário de Araraquara.

As seções do livro dedicadas ao período da guerra fria recuperam, numa versão atualizada em termos de fontes e abordagens, análises desenvolvidas na minha tese de doutoramento *A hegemonia dos Estados Unidos e a trajetória do desenvolvimento latino-americano: aspectos políticos e econômicos*. 1945-1990, defendida na Universidade de São Paulo em abril de 1992. Agradeço à professora Inez Garbuio Peralta, orientadora do programa de História, e aos membros da banca examinadora, professores Luiz Koshiba, Enrique Amayo-Zevallos, Maria Ligia Coelho Prado e Sedi Hirano, os comentários e sugestões ao texto original.

Uma versão preliminar dos capítulos que analisam as abordagens culturalistas do "subdesenvolvimento" latino-americano foi discutida no interior do projeto Atlas de Integración Latino--americana e Caribefia, que congregou, sob a direção da Asociación por la Unidad de Nuestra América (Auna-Cuba), um grupo de pesquisadores representando vários países da região. Agradeço especialmente a Carlos Oliva Campos, diretor da Auna, e aos colegas do grupo de trabalho Cultura y Sociedad, José Manuel Juárez, Lino Borroto, Ignácio Medina e Margarita Castro, a avaliação rigorosa do texto original.

À Editora Unesp, que tornou possível a publicação deste livro.

Finalmente, desejo agradecer à minha companheira Jane Soares de Almeida, sempre presente nos momentos fundamentais. Obrigado a todos.

1

O Ocidente e o "resto": argumentos culturais da nova ordem mundial

A dissolução do Pacto de Varsóvia, a reunificação da Alemanha e o desaparecimento da União Soviética explicitaram de forma inequívoca a vitória dos Estados Unidos na disputa bipolar que caracterizou a estrutura das relações internacionais durante a guerra fria. A derrota do grande inimigo, no entanto, não foi apresentada, nem sequer pelos mais otimistas,[1] como garantia de paz perpétua. A globalização da competição econômica, promotora de padrões de exclusão social que atravessam as fronteiras nacionais, e a concentração do desenvolvimento em áreas geográficas

---

1 Na interpretação mais representativa do ufanismo do início dos anos 90, Francis Fukuyama caracterizou a derrota da União Soviética como o fim de uma era de conflitos centrados na oposição sistêmica e o início da consolidação do capitalismo liberal como o "ponto final da evolução ideológica da humanidade e a forma de governo humano (que) como tal, constitui o fim da história" (1992, p.11).

bem demarcadas, tornando cada vez mais explícitas as desigualdades regionais, poderão contribuir para gerar novas fontes de conflito entre os perdedores da ordem mundial em formação.[2]

O potencial de revolta dos "perdedores" não se compara à anterior ameaça soviética, sistemática, abrangente e com alto poder de destruição, porém localizada e relativamente previsível. O espetáculo da pobreza, embora diferenciado na sua gravidade de acordo com a hierarquia dos mundos, não tem território exclusivo. Para os trabalhadores dos países ricos, o fantasma do desemprego compromete as expectativas de inserção no "modo de vida ocidental".

Para setores representativos de correntes de opinião, centros de pensamento estratégico e organizações privadas com poder de interlocução junto ao sistema decisório da política externa dos Estados Unidos, a percepção de ameaça passa a concentrar-se no potencial desestabilizador do ressentimento e da revolta dos setores sociais, países e regiões que se consideram vítimas da nova

---

2 Na sua intervenção no encontro da Comissão Trilateral realizado em março de 1999, em Washington, o presidente do Banco Mundial, James Wolfensohn (1999, p.3-4), explicita com extrema franqueza essa percepção: "Nós temos um mundo de 5,8 bilhões de pessoas; das quais 4,8 bilhões vivem em economias em transição e em desenvolvimento; 3 bilhões vivem com menos de dois dólares por dia. Aproximadamente 2 bilhões não têm acesso a qualquer forma de poder; 1,3 bilhão não tem acesso a água limpa; 3 bilhões não têm acesso a saneamento. Centos de milhares de crianças estão fora da escola e muitas delas são crianças de rua. Nos próximos 25 anos, a previsão do aumento da população no mundo é de 2 bilhões de pessoas... Eu estive recentemente em 85 países e posso dizer a vocês que os problemas que observei diariamente em aldeias, favelas, bairros urbanos populosos e áreas rurais carentes de serviços são tais que estamos olhando para um mundo que está gradualmente ficando pior, pior e cada vez pior. Isso não é irremediável, mas é inevitável, se nós não fizermos nada a respeito. Mais importante ainda, esse é um problema para os filhos de vocês. Esse não é o nosso problema. A maior parte de nós pode retirar-se alegremente sem se confrontar com esse problema, mas nossos filhos não terão essa mesma possibilidade".

ordem, podendo estimular ideias e comportamentos fundamen-
talistas capazes de atingir a principal base cultural da supremacia
histórica do capitalismo liberal: a civilização ocidental.[3]

Para alguns autores, os aspectos estratégicos que derivam
da afirmação da identidade cultural assumem um papel cada vez
mais importante na caracterização das novas fontes de conflito.
Valores e atitudes relacionados com culturas "avançadas" ou
"atrasadas" aparecem como principal fator explicativo dos níveis
diferenciados de desenvolvimento, tanto entre países como entre
grupos étnicos no interior dos espaços nacionais.

Samuel Huntington (1993, p.22), um dos autores mais representativos dessa abordagem, considera que

> a principal fonte de conflito nesse novo mundo não será princi-
> palmente ideológica ou principalmente econômica. As grandes
> divisões entre a humanidade e as fontes de conflito serão culturais.
> Os Estados-Nações vão permanecer como os atores mais poderosos
> nas relações internacionais, mas os conflitos principais na política
> global ocorrerão entre nações e grupos de diferentes civilizações.[4]

---

3   Para Chesnais (1996, p.38-9), "uma das características essenciais da
    mundialização é justamente integrar, como componente central, um du-
    plo movimento de polarização, pondo fim a uma tendência secular, que ia
    no sentido da integração e da convergência. A polarização é, em primeiro
    lugar, interna a cada país. Os efeitos do desemprego são indissociáveis
    daqueles resultantes do distanciamento entre os mais altos e os mais
    baixos rendimentos... Em segundo lugar, há uma polarização interna-
    cional, aprofundando brutalmente a distância entre os países situados
    no âmago do oligopólio mundial e os países da periferia. Estes não são
    mais apenas países subordinados, reservas de matérias-primas... São
    países que praticamente não mais apresentam interesse, nem econômico
    nem estratégico (fim da 'guerra fria'), para os países e companhias que
    estão no centro do oligopólio. São pesos mortos, pura e simplesmente.
    Não são mais países destinados ao 'desenvolvimento', e sim áreas de
    'pobreza' ... cujos emigrantes ameaçam os 'países democráticos'".
4   Huntington coordenou o projeto *The Changing Security Environment and Ameri-
    can National Interests*, sediado no John M. Olin Institute for Strategic Studies

Para Huntington, os desafios à supremacia política e econômica do Ocidente e aos valores que caracterizam sua identidade cultural definem uma nova situação internacional na qual a oposição entre "o Ocidente e o resto" assume o papel central. Para ele, sete civilizações compõem o "resto": japonesa, confuciana, islâmica, latino-americana, eslava ortodoxa, hindu e africana.

Num mundo globalizado, a consolidação da hegemonia do Ocidente não é uma tarefa exclusiva da política externa: os desafios estão presentes na política doméstica. A vitória de um modo de vida nunca é definitiva e a analogia com a decadência do império romano, após derrotar seus grandes inimigos, é um dos fantasmas que mantêm o estado de alerta. De acordo com Huntington (1997b, p.13),

> dadas as forças domésticas em favor da heterogeneidade, diversidade, multiculturalismo e divisões raciais e étnicas, os Estados Unidos, mais do que a maioria dos países, talvez necessitem de um outro a quem se opor para que consigam manter-se unidos. Dois milênios atrás, em 84 a.c., quando os romanos completaram a conquista do mundo conhecido derrotando os exércitos de Mitridates, Sula colocou a mesma questão: "Agora que o universo não nos proporciona mais nenhum inimigo, qual será o destino da República?". A resposta veio logo em seguida, com o colapso da república poucos anos depois.

Na comemoração do seu 50° aniversário, a revista *Commentary* (1995, p.23), principal órgão de expressão da corrente neoconservadora, realizou uma consulta a intelectuais de diversas filiações teóricas e políticas solicitando um posicionamento ante a seguinte questão:

---

da Universidade de Harvard. Nesse projeto, convergiram funcionários de governos recentes e intelectuais de diversas instituições de prestígio. Os trabalhos sobre "choque de civilizações" são parte desse projeto.

Aos olhos de vários observadores, os Estados Unidos que, em 1945, ingressaram na era do pós-guerra confiantes nos seus propósitos democráticos e serenos com a partilha de uma cultura comum, estão agora, cinquenta anos depois, movendo-se em direção à balcanização ou mesmo ao colapso. Ao chamar a atenção para diferentes tipos de evidência – multiculturalismo e/ou polarização racial; os efeitos da imigração descontrolada; incremento da estratificação econômica e social; descrédito da autoridade; dissolução de valores morais e religiosos compartilhados –, tais observadores concluem que, em vários aspectos, o nosso projeto nacional está se desfazendo.

Entre os expoentes do conservadorismo[5] que responderam à consulta, destacamos três análises representativas do mal-estar com os destinos do Ocidente e de um diagnóstico que atribui os problemas apontados a fatores predominantemente nacionais, responsabilizando setores das elites. Para Elliot Abrams, subsecretário do Departamento de Estado para as Relações Interamericanas no período presidencial de Ronald Reagan,[6]

Essas elites são principalmente uma mistura de políticos liberais[7] de esquerda, membros da mídia e da academia, com reforços das igrejas liberais, lideranças negras, o *establishment* judeu-americano

---

5 O termo "conservador" não está sendo utilizado como referência oposta de "progressista", mas para situar as análises que enfatizam o resgate das raízes culturais ocidentais como bandeira política na defesa do "modo de vida americano".

6 Elliot Abrams integrou o Comitê Assessor do projeto coordenado por Huntington.

7 Abrams se refere aos liberais no sentido adotado nos Estados Unidos para denominar a esquerda moderada, diferentemente dos "radicais", termo aplicado à esquerda crítica do capitalismo. O termo "liberal" será utilizado neste livro para denominar os ideólogos latino-americanos da economia de mercado durante a guerra fria que, a partir dos anos 80, passarão a ser associados com o "neoliberalismo".

e (de forma intermitente) o judiciário. Em sua longa marcha para a vitória em refazer a cultura americana, seu sucesso tem sido grande. A proliferação surpreendente dos sistemas de cotas no emprego e na educação, o advento do multiculturalismo e a terrível vulgarização da vida social em apenas 30 anos dão uma demonstração do que eles têm feito. (*Commentary*, 1995, p.24)

Para Zbigniew Brzezinski, assessor de segurança nacional durante a presidência de Carter e um dos membros proeminentes da Comissão Trilateral,[8] a perda de hegemonia da elite branca, anglo-saxônica e protestante (WASP) é uma das causas principais do estado de desordem.

Nos anos recentes, o colapso da elite WASP e a substituição dos instrumentos tradicionais por valores inculcados pelo cartel TV-Hollywood-Meios de Comunicação de Massa têm produzido na América um novo estilo de composição cultural, que pode ser chamado de cultura do Mar Mediterrâneo, para destacar seu contraste com a ética do Mar do Norte. Ela enfatiza a autossatisfação, o entretenimento, a promiscuidade sexual e o repúdio quase explícito a qualquer norma social.

...

Controlada por um cartel conduzido exclusivamente pelos próprios interesses materiais, a TV substituiu as escolas, as igrejas e até a família como o principal mecanismo para a transmissão de valores. (Ibidem, p.38)

Na visão de Francis Fukuyama, o declínio do capital social é um dos fatores que merecem especial atenção:

---

8 A Comissão Trilateral é uma organização privada internacional que reúne importantes personalidades do mundo político, econômico e intelectual da América do Norte, Europa Ocidental e Japão. Zbigniew Brzezinski, com David Rockefeller, teve um papel destacado na iniciativa da sua criação, em 1973 (ver Capítulo 5 deste livro).

Uma das mudanças mais insidiosas que tiveram lugar na vida americana durante as últimas duas gerações é o declínio secular daquilo que Tockeville rotulou como arte de associação americana – isto é, a capacidade dos americanos para organizar sua própria sociedade em grupos voluntários e associações. Esse declínio pode ser mensurado de várias maneiras: no declínio do quadro de membros em organizações tradicionais de serviços como a Cruz Vermelha, Elks ou Rotary; no decréscimo entre os anos 60 e a atualidade do número de americanos que respondem, nas pesquisas de opinião, que confiam na "maioria das pessoas" (de dois terços para um terço); e nos sintomas de desgaste da comunidade, como o aumento dos litígios judiciais e da criminalidade. (p.56)

O fantasma do Terceiro Mundo e a América Latina

Os argumentos apresentados pelos autores citados na seção anterior sintetizam algumas das principais preocupações conservadoras em relação aos novos desafios da realidade pós--guerra fria.

No encontro anual de 1993 da Comissão Trilateral, realizado em Washington, a percepção da decadência cultural incorpora um elemento adicional, a terceiro-mundização da sociedade americana e a preocupação com o clima latente de conflito civil. De acordo com Marian Wright Edelman (1993, p.15), presidente do Children's Defense Fund,

> Ironicamente, ao mesmo tempo em que o comunismo entrava em colapso ao redor do mundo, o sonho americano entrava em colapso ao redor da América – para milhões de famílias, jovens e crianças, de todas as raças e classes.
> Corremos o perigo de nos tornarmos duas nações – uma do privilegiado Primeiro Mundo e outra com as privações do Terceiro Mundo – que lutam para coexistir pacificamente com o incremento das desigualdades, como uma classe média sitiada que mal consegue se manter.

Embora não seja considerada um agente hostil, a América Latina aparece, no fantasma do Terceiro Mundo, como referência explícita do que pode representar, para o futuro dos Estados Unidos, o caminho da decadência.

Lawrence Harrison (1992, p.1), ex-funcionário da Agência para o Desenvolvimento Internacional (AID), destaca os efeitos das mudanças culturais no desenvolvimento das nações, comparando as trajetórias da Espanha e dos Estados Unidos nas últimas décadas:

> A cultura muda, para bem ou para mal. No espaço de tempo de três décadas, a Espanha se afastou do seu sistema de valores tradicional, hierárquico e autoritário, que estava na raiz do subdesenvolvimento tanto da Espanha como da Hispano-América, e tem submergido no *mainstream* progressivo da Europa Ocidental. No entanto, nas mesmas três décadas, os Estados Unidos como nação têm experimentado um declínio econômico e político, principalmente, acredito, por causa da erosão dos valores americanos tradicionais – trabalho, frugalidade, educação, excelência, comunidade – que tanto têm contribuído no nosso sucesso anterior.

Diferentemente da Espanha, a América Latina continua atrelada à herança cultural ibérica: "As atitudes e os valores ibéricos tradicionais obstruem o progresso na direção do pluralismo político, da justiça social e do dinamismo econômico" (ibidem, p.2).

Na perspectiva de Harrison, o caráter retrógrado da cultura latino-americana não representa apenas o espelho que reflete a imagem da decadência que ameaça os Estados Unidos, mas um dos fatores responsáveis pela erosão dos seus valores tradicionais:

> Os chineses, os japoneses e os coreanos que migraram para os Estados Unidos injetaram uma dose de ética do trabalho, excelência e mérito no momento em que esses valores se encontravam particularmente ameaçados no conjunto da sociedade. Em contraste,

os mexicanos que migram para os Estados Unidos trazem consigo uma cultura regressiva desconcertantemente persistente. (p.223)

Nas relações exteriores, a preocupação com a América Latina está diretamente relacionada com a percepção de inviabilidade potencial da região. Num desenvolvimento recente da noção de "Estados-pivô", nas fronteiras que separam o capitalismo avançado do mundo "em desenvolvimento", a América Latina comparece com dois representantes, Brasil e México. De acordo com Robert S. Chase, Emily B. Hill e Paul Kennedy:[9]

O Estado-pivô é regionalmente tão importante que seu colapso poderia ter consequências danosas nas áreas de fronteira: imigração, distúrbios públicos, poluição, doença, e assim por diante. Por outro lado, o constante progresso e a estabilidade de um Estado-pivô poderiam reforçar a vitalidade da economia e a estabilidade política da sua região e beneficiar o comércio e os investimentos americanos. Na atualidade, podem ser considerados Estados-pivô os seguintes: México e Brasil; Argélia, Egito e África do Sul; Turquia; Índia e Paquistão; e Indonésia. As perspectivas desses Estados variam bastante. O potencial da Índia para o sucesso, por exemplo, é consideravelmente maior do que o da Argélia; o potencial do Egito para o caos é maior que o do Brasil. Mas todos encaram um futuro precário, e o seu sucesso ou falência influenciará poderosamente o futuro das áreas circunvizinhas e afetará os interesses americanos. (1996, p.37)

Cultura e relações internacionais: o mesmo discurso da guerra fria?

Como campo de análise, o estudo dos aspectos estratégicos que derivam da afirmação da identidade cultural representa uma

---

9 Paul Kennedy foi membro do Comitê Assessor do projeto coordenado por Huntington.

perspectiva rica de variantes para a compreensão da dinâmica global das relações internacionais no contexto posterior à guerra fria.

As abordagens apresentadas nas seções anteriores situam como principal cenário de conflito a disputa pela hegemonia cultural, sem fronteiras claras que separem as esferas nacional e internacional. Na identificação dos novos alvos, a lógica da guerra fria reaparece como guerra cultural.

A seguir, discutiremos com mais profundidade quatro argumentos cuja influência nos parece especialmente relevante na construção dos discursos culturalistas das novas fontes de conflito.

Capitalismo liberal: hegemonia e governabilidade

Na esteira do ufanismo das primeiras análises dos significados da queda do muro de Berlim, a derrota do bloco soviético foi apresentada como remoção do principal obstáculo à expansão do capitalismo liberal, renovando a confiança de uma atualizada Teoria da Modernização nos efeitos do progresso econômico associados à disseminação da economia de mercado na desestruturação das ameaças à supremacia ocidental. Na prática, essas ameaças não representam uma alternativa, mas, basicamente, uma postura ressentida produzida pelo fracasso.

Para Francis Fukuyama,[10] notório expoente dessa visão, a economia de livre mercado e a democracia liberal, sustentadas

---

10 Num ensaio publicado em *The National Interest,* fazendo o balanço da tese do Fim da História dez anos depois, Fukuyama (1999, p.17) considera esta parte do seu argumento incontestada pelos fatos: "Nada do que tem acontecido nos últimos dez anos na política ou na economia mundial questionou, no meu modo de ver, as conclusões de que a ordem baseada na democracia liberal e a economia de mercado é a única opção viável para as sociedades modernas".

nos pilares da liberdade individual e da soberania popular, caminham juntas, fortalecendo-se mutuamente. Entre os argumentos apresentados em favor dessa tese, dois se destacam: a incompatibilidade estrutural do totalitarismo com o desenvolvimento de uma economia apoiada no setor privado, e a capacidade pacificadora da democracia, tanto no âmbito interno da nação, desradicalizando os conflitos de ordem político e social, como no âmbito internacional, no qual a evidência histórica reforça a tese de que países democráticos dificilmente entram em guerra.

Complementando os dois argumentos:

1 O desenvolvimento econômico depende cada vez mais da qualificação da mão de obra, tornando o investimento em capital humano um elemento indispensável da competitividade das empresas e das nações. O maior acesso à educação contribui para a ampliação da consciência de cidadania, solapando as bases de apoio de Estados onde a modernização e a liberalização da economia não têm correspondência com a democratização das estruturas políticas.

2 A globalização nas comunicações não tem apenas o efeito de disseminar hábitos de consumo, comportamentos e valores predominantes nas sociedades industrializadas de democracia liberal, mas também torna acessível a informação sobre o que acontece no mundo, quebrando o bloqueio da censura em países que vivem sob regimes autoritários, atingindo justamente a elite de trabalhadores instruídos, uma nova classe média cada vez mais exigente no que se refere a direitos políticos.

3 Apoiado no consenso sobre a legitimidade das regras do jogo, o sistema político democrático é o mais eficiente para administrar conflitos, dentro do pressuposto de que a pluralidade de interesses e a diversidade de situações mais ou menos favoráveis, dolorosamente críticas ou escandalosamente injustas, não implicam, como condição necessária de solução, o questionamento do sistema.

No contexto do fim da história, marcado pelo declínio das utopias, o desafio é aperfeiçoar o capitalismo liberal, expandindo o raio de ação dos valores culturais e das instituições que o projetaram como símbolo da concretização do binômio liberdade--prosperidade.

A disseminação de processos paralelos de liberalização política e econômica ao redor do mundo não representou, na maioria dos casos, uma melhora substancial e permanente nos indicadores de crescimento e distribuição da renda. Por que um mesmo sistema obtém resultados tão díspares dependendo dos países ou regiões? Partindo dessa indagação, autores vinculados às correntes culturalistas e institucionalistas[11] do desenvolvimento atribuem a principal explicação ao impacto das diferenças culturais na formação de capital social. De acordo com Putnam (1996, p.186-7):

> Os estoques de capital social, como confiança, normas e sistemas de participação, tendem a ser cumulativos e a reforçar-se mutuamente. Os círculos virtuosos redundam em equilíbrios sociais com elevados níveis de cooperação, confiança, reciprocidade, civismo e bem-estar coletivo. Eis as características que definem a comunidade cívica. Por outro lado, a inexistência dessas características na comunidade não cívica também é algo que tende a autorreforçar-se. A deserção, a desconfiança, a omissão, a exploração, o isolamento, a desordem e a estagnação intensificam-se reciprocamente num miasma sufocante de círculos viciosos.

A construção de uma convergência de metas e resultados em direção ao "capitalismo democrático e liberal" pressupõe uma estratégia de acúmulo de capital social: "Uma sociedade civil próspera depende dos hábitos, costumes e princípios éticos de

---

11 Ver Grondona (1999), especialmente a primeira parte.

sua gente – atributos que só podem ser moldados indiretamente mediante uma política deliberada" (Fukuyama, 1996, p.19). A inexistência de alternativas sistêmicas à democracia liberal não significa o fim dos conflitos. Nos países com dificuldades para superar o atraso econômico, que concentram a maioria da população mundial, a experiência do fracasso pode abrir espaço para o fortalecimento das forças políticas que atribuem à dominação ocidental a principal responsabilidade pela perda de soberania econômica e identidade cultural, desencadeando movimentos de retorno às raízes originais, de forte conteúdo antiliberal e antiocidental. Um bom exemplo disso é o fundamentalismo islâmico.

Fukuyama concorda com Huntington na valorização das diferenças culturais como motor das relações internacionais na ordem pós-guerra fria; no entanto, embora não descarte as possibilidades de conflito, enfatiza as virtudes criadoras da diversidade. Independentemente da divergência de enfoque, há consenso na atribuição de um valor estratégico ao conhecimento do que une e separa as culturas.

"Quer a confrontação de culturas redunde em conflito, quer redunde em adaptação e progresso, é vitalmente importante agora desenvolver uma compreensão mais profunda do que torna essas culturas distintas e funcionais". (Fukuyama, 1996, p.20)

O potencial desestabilizador da politização das diferenças étnicas é o tema central da pesquisa *Ethnic Conflict and the Processes of State Breakdown: Improving Army Planning and Preparation*, conduzida pela Rand Corporation,[12] que apresenta um modelo de

---

12 A Rand Corporation foi criada no final da Segunda Guerra Mundial com o objetivo de assessorar a Força Aérea em temas relacionados a pensamento estratégico e sistemas de armamento.

abordagem deste tipo de conflito: "O modelo de três estágios traça o desenvolvimento de antagonismos étnicos e comunitários, começando com as condições que podem conduzir à formação de um grupo étnico, a posterior mobilização do grupo para a ação política e finalmente sua disputa com o Estado" (Tellis et al., 1997, p.xi).

A etnicidade, entendida como a percepção, por parte de um determinado grupo, de afinidades associadas a características físicas e culturais (cor da pele, religião, língua, comunidade territorial de origem ancestral), é um fenômeno socialmente construído, com uma racionalidade própria, passível de ser compreendida. A identificação de elementos catalisadores da politização da etnicidade pode contribuir para a formulação de estratégias preventivas.

Dessa perspectiva, a prevenção de conflitos étnicos tornou-se um dos grandes desafios das Forças Armadas dos Estados Unidos: "Desde o fim da guerra fria, as Forças Armadas foram chamadas 25 vezes para conduzir diversos tipos de missões humanitárias e de pacificação ... O que mostra a experiência é que os conflitos étnicos e comunitários, uma vez iniciados, são difíceis de sufocar e podem levar a crises internacionais" (ibidem, p.2).

Crises dessa natureza podem conduzir ao colapso do Estado. Os casos mais frequentes têm acontecido em países que enfrentam dois tipos de situações:

1 A delimitação das fronteiras respondeu fundamentalmente a imperativos estratégicos da guerra fria: o processo de descolonização no caso da África ou de libertação da presença nazifascista em parte da Europa Oriental, e o posterior alinhamento no conflito leste-oeste. Com o fim da bipolaridade, se esvai a principal razão de ser de muitos Estados, revigorando antigas tensões de natureza étnica.

2 Efeitos colaterais do processo de industrialização do Terceiro Mundo, especialmente o crescimento populacional, a ex-

Estados Unidos e América Latina

pansão dos grandes centros urbanos e a migração campo-cidade, contribuem para aumentar a incidência de conflitos étnicos.[13] Esses aspectos são analisados por Morrison Taw e Hoffman num estudo da Rand sobre os novos desafios no planejamento da defesa:

Enquanto antigamente as cidades eram o ponto culminante de uma revolução, com a recente proliferação de áreas urbanas – e a incapacidade dos governos para defender todas elas – as cidades converteram-se em alvos relativamente fáceis que rendem altos dividendos com baixos custos. Grupos insurgentes podem destruir instalações de energia e telecomunicações, atrair a atenção internacional, demonstrar a incapacidade dos governos para proteger sua população e recrutar adeptos entre a população descontente. Nessas condições, mesmo os setores insurgentes, que permanecem baseados em áreas rurais, podem beneficiar-se da urbanização incrementando seu apoio junto ao terrorismo urbano. (Davis, 1994, p.228)

Para lidar com conflitos cuja origem é o colapso de Estados Nacionais, com os principais focos de tensão localizados nos centros urbanos, o planejamento da defesa passa a concentrar maiores esforços na capacitação das Forças Armadas para atuar nas operações de paz:

---

13 "Numa sociedade tradicional, onde o 'mundo' individual está limitado geográfica e psicologicamente, os laços baseados no parentesco são suficientes. Mas, quando uma pessoa tem que lidar com as estruturas impessoais do Estado e do mercado e o extenso 'mundo' do Estado ou da província, os antigos vínculos não bastam mais. A etnicidade transforma-se num recurso útil para uma pessoa em seu esforço para sobreviver e prosperar numa esfera social mais ampla. Além de promover a etnicidade, a modernização atua como catalisadora das tensões étnicas pela homogeneização de valores e expectativas ... Em reforço ao que digo, a etnicidade pode ser uma ferramenta proveitosa para a mobilização política" (Tellis et al., 1997, p.7).

Luis Fernando Ayerbe

Manutenção da paz, imposição da paz, contrainsurgência, antinarcóticos, antiterrorismo, operações de evacuação de não combatentes, controle de armas, suporte às autoridades civis locais, assistência humanitária ante situações de calamidade, assistência à segurança (incluindo treinamento), assistência às nações (incluindo ações civis), demonstrações de força, ataques, inclusive de surpresa.[14]

A abordagem do "fim da história" apresenta um cenário mundial de convergência em direção ao "capitalismo democrático e liberal", no qual a maioria dos países enfrenta desafios associados principalmente aos custos da transição. Em algumas regiões, os esforços se concentram na consolidação de processos de liberalização política e econômica nos quais a hegemonia das forças sintonizadas com o mercado não enfrenta oposição consistente. Em outras regiões, o salvamento de Estados em colapso exige ações urgentes e drásticas. Independentemente da diversidade de situações, a estratégia parte de dois pressupostos comuns: qualificação de recursos humanos capazes de lidar com as novas realidades econômicas, sociais, políticas e culturais da globalização; formação de capital social, pela construção e fortalecimento de espaços institucionais de governabilidade.

No Capítulo 8, destacaremos algumas linhas de ação da política externa dos Estados Unidos para a América Latina que se orientam por esta abordagem.

A supremacia global dos Estados Unidos e a cultura do hedonismo

Conforme mostramos no início do capítulo, para alguns autores, as ameaças ao Ocidente não têm como fonte principal

---

14 *Operations other than war,* definição extraída de Davis (1994, p.224), com base no *Operations, Army Field Manual,* publicado em 1993 pelo Exército dos Estados Unidos.

os movimentos dos setores marginalizados da sociedade, mas o comportamento de parte representativa das elites nacionais.

Para Zbigniew Brzezinski, o mundo vive um processo de transição entre uma ordem centrada nos Estados-Nações e um futuro ainda não claramente definido, no qual atores globais terão cada vez maior influência. Nesse percurso, a hegemonia mundial dos Estados Unidos assume um novo significado: "A longo prazo, as políticas globais tenderão a ser cada vez mais incompatíveis com a concentração de poder hegemônico nas mãos de um único Estado. Daí que os Estados Unidos não só são a primeira e a única verdadeira superpotência global, senão que, provavelmente, serão também a última" (1998, p.212).

No curto e médio prazos, ao mesmo tempo em que considera difícil o aparecimento de uma potência equivalente aos Estados Unidos "nas quatro dimensões-chave do poder (militar, econômico, tecnológico e cultural)" (ibidem, p.198), destaca o papel estabilizador da última superpotência no processo de transição para um mundo de fronteiras permeáveis e difusas. Nessa difícil travessia, não é possível visualizar uma alternativa confiável à liderança dos Estados Unidos. Para Brzezinski, os campos opostos da dicotomia são hegemonia ou caos.

O exercício de uma política externa coerente com desafios que atribuem a um só país, durante um período de tempo indefinido, a responsabilidade com os destinos da segurança global tem implicações culturais inevitáveis:

Esse exercício requer um alto grau de motivação doutrinal, compromisso intelectual e gratificação patriótica. No entanto, a cultura dominante do país tem se concentrado cada vez mais nas distrações de massas e está muito dominada por temas hedonistas no plano pessoal e escapistas no social. O efeito cumulativo disso tem sido o aumento cada vez maior da dificuldade para mobilizar o necessário consenso político em favor de uma liderança sustentável, e às vezes também custosa, dos Estados Unidos no exterior. Os meios

Luis Fernando Ayerbe

de comunicação de massas têm desempenhado um papel particularmente importante nesse sentido, criando uma forte rejeição contra
todo uso seletivo da força que suponha baixa, inclusive em níveis
mínimos. (p.214)

No exercício do papel de única superpotência responsável
pela ordem global, os Estados Unidos terão pela frente inúmeras
situações similares aos conflitos dos anos 90 na ex-Iugoslávia,
exigindo autonomia para tomar decisões que envolvam o uso da
força. Para Brzezinski, a capacidade decisória do Estado não pode
estar subordinada ao poder de uma opinião pública dominada pela
busca imediatista da satisfação individual.

A cultura do hedonismo está presente nos novos setores
afluentes na esteira da globalização e do crescimento do setor de
serviços, uma geração marcada pela liberalização dos costumes
nos anos 60, pela ampliação dos direitos civis e pela disseminação
da lógica do mercado, acentuada e promovida na era Reagan. São
atores de um sistema em que a afirmação da diferença, por parte
das várias minorias, também representa um florescente mercado
de consumo de bens materiais e espirituais.

O comportamento desses setores, que são parte do poder
econômico e principal expressão internacional do *American way
of life* promovido pela indústria cultural do país, passa a inte-
grar a agenda de desafios da segurança nacional e global: um
"establishment liberal" transformado pelo *"establishment* conservador" em ameaça à sobrevivência dos valores fundacionais da
civilização ocidental.

Multiculturalismo, pós-modernidade
e políticas de americanização

Para alguns setores conservadores, as maiores atenções na
disputa pela hegemonia cultural estão dirigidas à mudança de
agenda dos movimentos sociais após o fim da guerra fria. Dessa

perspectiva, eles alertam para os efeitos das posturas que enfatizam a diferença, baseadas na valorização do pluralismo cultural de origem étnico, racial e sexual, que ameaçam uma tradição marcada pela capacidade dos Estados Unidos, país de imigrantes, de assimilar outras culturas, fortalecendo uma tendência em direção à desocidentalização.

Para Irving Kristol (1995, p.52), liderança histórica do neoconservadorismo,[15] o componente terceiro-mundista do multiculturalismo faz parte de uma estratégia política e ideológica antiamericana e antiocidental:

> Não é um exagero dizer que esses radicais dos campus (tanto professores como estudantes), tendo desistido da "luta de classes", mudaram agora para uma agenda de conflito étnico-racial. A agenda, na sua dimensão educacional, tem como propósito explícito induzir nas mentes e sensibilidades de uma minoria de estudantes a "consciência terceiro-mundista" – de acordo com a frase que utilizam ... O que esses radicais brandamente chamam de multiculturalismo é mais uma "guerra contra Ocidente", como alguma vez o foram o nazismo e o stalinismo.

Para Kristol, o componente racial, associado ao movimento negro, representa a principal força política desse movimento, de um perfil diferenciado em relação à imigração de origem latino-americana, muito mais propensa à assimilação:

> o multiculturalismo é uma estratégia desesperada – e certamente contraproducente – para contornar as deficiências educacionais, e as patologias sociais a elas associadas, dos jovens negros ... Não

---

15 Kristol é o fundador das revistas *The Public Interest* e *The National Interest*. Michael Lind, editor-executivo da revista *The National Interest*, foi membro do comitê assessor e autor de um dos *working papers* do projeto coordenado por Huntington.

há nenhuma evidência de que um número substancial de pais de hispânicos gostasse de que seus filhos soubessem mais sobre Simon Bolivar e menos sobre George Washington. (p.50)

James Kurth,[16] ao tomar como referência a abordagem de Huntington, considera que o verdadeiro choque de civilizações "é o choque entre as civilizações ocidentais e uma forte aliança composta pelos movimentos multiculturalista e feminista. Em resumo, um choque entre civilizações ocidentais e pós-ocidentais" (1995, p.26).

Para ele, o protagonismo do movimento feminista como ideólogo e militante do multiculturalismo tem um papel central, pois "proporciona as bases, tendo atingido uma presença maciça primeiro na academia e agora na mídia e na justiça. Patrocina as teorias, como o desconstrucionismo e o pós-modernismo. E proporciona a maior parte da energia, a liderança e a influência política" (p.27). No fechamento do ensaio, sintetiza a natureza da sua angústia: "quem, nos Estados Unidos do futuro, vai acreditar ainda na civilização ocidental; mais concretamente, quem acreditará o suficiente para lutar, matar e morrer por ela no choque de civilizações?" (ibidem).

A inclusão do pós-modernismo entre os protagonistas da "deconstrução" da ideia de Ocidente mostra o desconforto de Kurth com a disseminação no meio acadêmico de uma postura teórica, cujo ponto de partida é a deslegitimação dos grandes relatos universalizantes da modernidade, colocando o marxismo e o liberalismo na mesma categoria de subprodutos da razão eurocentrista (ver Jameson & Zizek, 1998; Appleby et al., 1996).

Da perspectiva conservadora, resgatar o Ocidente do "resto" significa delimitar uma totalidade historicamente determinada,

---

16 James Kurth foi membro do Comitê Assessor do projeto coordenado por Huntington.

em constante progresso, atualmente no auge da sua evolução, em oposição a um conjunto heterogêneo de culturas que perpassam, cada vez mais, os espaços nacionais. A substituição da ideia de história como processo unitário de desenvolvimento da humanidade, por uma visão atomizada de infinitos pequenos relatos, introduz elementos perturbadores da hegemonia cultural da "última superpotência", relativizando o conteúdo de terminologias que distinguem a ordem da desordem: "democracia", "liberdade", "soberania", "segurança", "mercado", "propriedade". Em consonância com essa percepção, o multiculturalismo é estigmatizado como prenúncio da dissolução das hierarquias e do império da barbárie.

Na passagem da teoria para as recomendações de política doméstica, a abordagem do choque de civilizações tem dois alvos bem definidos: o controle da imigração e a solidificação de lealdades com a identidade nacional. De acordo com Huntington (1997b, p.19):

A revitalização de um sentimento mais forte de identidade nacional também irá exigir a neutralização do culto da diversidade e do multiculturalismo dentro dos Estados Unidos. Isso provavelmente exigiria limitar a imigração ... e criar novos programas públicos e privados de americanização, com o objetivo de contrabalançar os fatores que reforçam a lealdade dos imigrantes em relação aos seus países de origem e, ao mesmo tempo, incentivar sua assimilação.

Na mesma linha de Huntington, James Kurth (1996, p.19) explicita com maior precisão os alvos e desafios.

Economicamente, a unidade nacional está sendo solapada pelo acosso desestabilizador da economia global, colocando em risco a "promessa da vida americana" para a maioria dos americanos. Culturalmente, está sendo solapada pela imigração descontrolada (especialmente a proveniente dos vizinhos na esfera regional) e pela ideologia do multiculturalismo ... Essas divisões terão que ser cicatrizadas com um novo *New Deal* e um projeto de americanização adequado às condições específicas do nosso tempo. Caso contrário, iremos degenerar numa nova guerra civil, que, dessa vez, não será uma "guerra entre os Estados", mas muito mais uma guerra de todos contra todos.

Não deixa de ser preocupante pensar nos desdobramentos políticos que poderiam resultar da resposta dos conservadores aos desafios que formulam. Como lidariam com os setores que, pertencentes ou não às elites, "insistem" em afirmar suas diferenças, "vulgarizando a vida social" com seus valores e atitudes, na eventualidade de que se tornem uma presença majoritária, reivindicando a quebra oficial do monopólio do *mainstream* ocidental na definição da identidade nacional?

América Latina: um território sem utopia

A diversidade de enfoques entre os setores que vivenciam como vitória o avanço do capitalismo liberal e as oportunidades abertas pela globalização, e os que expressam medos atávicos alimentados por mentalidades refratárias à mudança, não se observa na percepção da América Latina: pouco relevante como sujeito da "nova ordem mundial", candidata à assimilação pelo Ocidente, embora com prevenções, por ser considerada ainda incapaz de cuidar de si própria.

O processo paralelo de liberalização política e econômica que se consolida na região a partir da década de 1980, com o fortalecimento da hegemonia das forças políticas sintonizadas com o mercado e a iniciativa privada, configura uma ruptura em relação à trajetória predominante após a Segunda Guerra Mundial. Nesse contexto, as relações com os Estados Unidos atingem um grau de convergência com poucos antecedentes históricos (ver Ayerbe, 1998).

Apesar de louvar a descoberta final do "caminho das pedras", Lawrence Harrison (1997, p.69) não se conforma com a demora, que debita a fatores culturais.

Que a América Latina não tenha feito as pazes com o capitalismo democrático – e com os Estados Unidos – até os últimos anos do século XX é principalmente uma consequência, de um lado, da incompatibilidade dos valores ibéricos tradicionais com o pluralismo político e a liberdade de mercado e, de outro, do inevitável ressentimento do malsucedido com o bem-sucedido.

Robert Putnam reforça a tese da herança cultural na explicação dos percursos diferenciados no desenvolvimento dos Estados Unidos e da América Latina, condicionando uma "subordinação à trajetória", expressão que toma emprestada de correntes interpretativas da história econômica: "o lugar a que se pode chegar depende do lugar de onde se veio, e simplesmente é impossível chegar a certos lugares a partir de onde se está" (1996, p.188). Concordando com a abordagem institucionalista de Douglas North (1990), Putnam (1996, p.189) destaca a influência do legado colonial nas trajetórias pós-independência de Estados Unidos e América Latina, que

dispunham de cartas constitucionais, recursos abundantes e idênticas oportunidades internacionais, porém os norte-americanos foram beneficiados pelas tradições inglesas de descentralização e parlamentarismo, enquanto os latino-americanos foram prejudicados pelo autoritarismo centralizado, o familismo e o clientelismo que haviam herdado da Espanha medieval.

Se o ponto de partida subordina a trajetória, no caso das interpretações culturalistas do subdesenvolvimento latino-americano, as concepções e práticas políticas que predominaram até os anos 90 acentuaram os males de origem. No centro desse diagnóstico estão as ideias e experiências que marcaram a crítica do

Luis Fernando Ayerbe

imperialismo e da dependência no período da guerra fria, atribuindo o subdesenvolvimento à exploração dos países capitalistas avançados, especialmente os Estados Unidos. Essa posição doutrinária assume destaque no *Manual do perfeito idiota latino--americano*.

> O anti-ianquismo latino-americano flui de quatro origens distintas: a cultural, ancorada na velha tradição hispano-católica; a econômica, consequência de uma visão nacionalista ou marxista das relações comerciais e financeiras entre o império e as colônias; a histórica, derivada dos conflitos armados entre Washington e seus vizinhos do sul; e a psicológica, produto de uma mistura doentia de admiração e rancor a fincar raízes num dos piores componentes da natureza humana: a inveja. (Mendoza et al., 1997, p.219-20)

David Landes (1998, p.369) apresenta uma linha de argumentação similar.

> O fracasso do desenvolvimento latino-americano, tanto pior quando posto em contraste com a América do Norte, foi atribuído por estudiosos locais e simpatizantes estrangeiros a malefícios de nações mais fortes e mais ricas. Essa vulnerabilidade foi rotulada de "dependência", subentendendo um estado de inferioridade em que um país não controla o seu destino e somente faz o que lhe é ditado por outros. (1998, p.369)

Apesar de dirigida preferencialmente a interlocutores do meio acadêmico, a análise de Landes não está isenta de ideologia:

> Os cínicos poderiam até dizer que as doutrinas de dependência foram a mais bem-sucedida exportação da América Latina. No entanto, são más para o esforço e o moral. Ao instigarem uma mórbida propensão para atribuir as culpas a todo o mundo menos àqueles que as denunciam, essas doutrinas promovem a impotência econômica. *Mesmo que fossem verdadeiras, seria preferível arquivá-las.* (p.370 – grifo do autor)

Para essa abordagem, as diferenças entre riqueza e pobreza não se originam da divisão internacional do trabalho ou das políticas imperiais das grandes potências, mas das escolhas e práticas adotadas pelas sociedades. "Se aprendemos alguma coisa através da história do desenvolvimento econômico, é que a cultura é a principal geradora de suas diferenças ... Cultura, na acepção das atitudes e valores interiores que guiam uma população" (p.584). Dessa perspectiva, os fatores externos não podem ser considerados determinantes estruturais da pobreza ou da riqueza, o que torna a ajuda ao desenvolvimento um fator pouco relevante. "A história nos ensina que os mais bem-sucedidos tratamentos para a pobreza vêm de dentro. A ajuda externa pode ser útil, mas, como a fortuna inesperada, também pode ser prejudicial. Pode desencorajar o esforço e plantar uma sensação paralisante de incapacidade" (p.592).

Benjamin Schwarz, em estudo que avalia a relação custo-benefício dos programas de ajuda ao desenvolvimento em termos de segurança hemisférica, apresenta argumentos similares aos de Landes. Questionando a ideia de que fatores de instabilidade associados ao subdesenvolvimento exijam uma ação coordenada de assistência, cita o exemplo da Aliança para o Progresso, lançada pela administração Kennedy em 1961, que trouxe escassos retornos dos recursos desembolsados: "Vinte anos depois ... muitos dos países que foram beneficiados pela Aliança, são bons candidatos à assistência nacional" (1994, p.276). Para Schwarz, a ineficácia da ajuda está associada a fatores culturais: "As barreiras mais importantes ao desenvolvimento ... estão profunda e obstinadamente arraigadas na herança cultural e política das nações subdesenvolvidas" (p.277).

Na perspectiva de Huntington, o caráter híbrido da cultura latino-americana dificulta uma inserção própria da região na (des)ordem das civilizações. A opção passaria pela adesão ao Ocidente. Um exemplo concreto nesse sentido seria a integração do México ao Nafta, associada a um processo mais amplo de redefinição da identidade nacional.

> Na América Latina, as associações econômicas – Mercosul, o Pacto Andino, o pacto tripartite (México, Colômbia e Venezuela), o Mercado Comum Centro-americano – estão tendo uma nova vitalidade, reafirmando a tese, demonstrada de forma mais nítida pela União Europeia, de que a integração econômica caminha mais depressa e vai mais longe quando está baseada em aspectos culturais em comum. Ao mesmo tempo, os Estados Unidos e o Canadá tentam absorver o México no NAFTA (Acordo Norte-Americano de Livre Comércio) num processo cujo êxito a longo prazo depende essencialmente da capacidade do México de se redefinir culturalmente de latino-americano para norte-americano. (Huntington, 1997a, p.156)

Uma via sem saída?

> *Frente al enjambre negro de los hombres*
> *que por las calles van con febril paso,*
> *cada quien tras un sueño diferente;*
> *una angustiante idea me ha asaltado:*
> *Pienso que el más feliz de todos ellos,*
> *es un montón de sueños fracasados!*
> (Yunque, 1977, p.9)

As análises apresentadas neste capítulo mostram uma situação bastante contraditória. São feitos elogios à convergência dos países latino-americanos na adoção de estratégias que têm nas democracias capitalistas ocidentais o modelo de inspiração e às excelentes relações com os Estados Unidos, em síntese, à superação de um passado de "insistências" na valorização da questão nacional. No entanto, independente da vontade de aderir ao Ocidente, a América Latina continua única e solitária. Única na peculiaridade da sua cultura refratária ao progresso, solitária no extremo sul, separada por uma fronteira onde a construção de barreiras de contenção (Estados-pivô) é vista como uma das tarefas urgentes.

Não criamos uma utopia própria, e os nossos projetos de desenvolvimento alternativo entraram para o balanço das derrotas da guerra fria. Tomando emprestadas as palavras do poeta argentino Alvaro Yunque, já citado, para o olhar do norte não passamos de *"un montón de sueños fracasados"*, incluindo a própria ideia de "América Latina".

Os próximos capítulos retomarão essa discussão. A reconstrução de alguns percursos históricos servirá de apoio para a elaboração de uma base mais ampla de interpretação do nosso "destino manifesto", relativizando as explicações do fatalismo cultural.

2
Imperialismo e
dependência estrutural

Para situar historicamente a origem das questões que nos interessam na análise das relações interamericanas, iniciaremos nosso estudo com uma breve introdução das tendências que se configuram a partir do último quartel do século XIX, período que demarca o surgimento da fase monopolista do capitalismo, com a emergência dos Estados Unidos como potência econômica e militar.

A "grande depressão" que afeta a economia internacional entre 1873 e 1895, para além dos efeitos conjunturais recessivos, contribuiu para desencadear uma reorganização estrutural do sistema. Junto à queda dos preços de bens industriais e de matérias-primas, da diminuição do ritmo comercial e do crescimento do desemprego, verifica-se um aumento da produção e do investimento. Embora a baixa dos preços se mantenha constante por um período de vinte anos, a diminuição do salário real não é generalizada. Isto significa que, mais do que uma queda do nível da atividade econômica, o que se verifica é um processo de deflação acompanhado pela redução dos lucros das empresas. (Ver Arrighi, 1996, cap. 3; Hobsbawm, 1988, cap. 2.)

O principal efeito dessa situação é o aumento da concorrência entre países e grupos econômicos, influenciando um amplo processo de mudanças na economia internacional:

1 Com exceção da Inglaterra, que mantém o livre comércio, a maioria dos Estados europeus adota políticas protecionistas, especialmente em relação à indústria têxtil e à importação de matérias-primas. Em razão da política aberta adotada, a Inglaterra se especializa na produção e exportação de produtos industriais, tornando-se um grande importador de matérias-primas.

2 Desenvolve-se um amplo processo de concentração industrial e de associação do capital industrial com o capital bancário, o que aumenta a capacidade de investimento das empresas e melhora sua competitividade no mercado. Grandes grupos empresariais passam a controlar a produção de carvão, de petróleo e de setores industriais completos, comprometendo a concorrência das pequenas empresas privadas.

3 O progresso técnico e científico torna-se cada vez mais um componente fundamental do aumento da produtividade na indústria. Os setores químico, elétrico e a construção de máquinas passam a liderar o desenvolvimento industrial.

4 A diminuição da lucratividade no interior das economias nacionais, uma profunda sensação de crise e de insegurança dos setores empresariais em relação à evolução da economia e o aumento da concorrência internacional contribuem para acentuar as políticas expansionistas na busca de novos mercados e áreas de investimento. A conquista de colônias ganha novo impulso.

O *boom* econômico que sucede à depressão entre os anos 1890 e 1914, conhecido como *belle époque*, é uma fase de expansão dos negócios e de prosperidade, fortemente influenciada pela reorganização do capitalismo já descrita.

A integração da economia internacional aumenta consideravelmente. O processo de industrialização se acentua, especialmente em algumas áreas periféricas da Europa, América do Norte e Japão. A liderança da Inglaterra começa a ser desafiada pelo avanço de países como Alemanha e Estados Unidos. As inovações tecnológicas aceleram a diferenciação entre países industrializados e de economia agropastoril. Aumentam a população, o consumo, a urbanização e a renda do setor assalariado nos países mais desenvolvidos (Tabela 1). Esses fatores, em conjunto, contribuem para tornar esses países mais dependentes do fornecimento de matérias-primas, na medida em que se multiplica a demanda tanto da indústria como do consumo de massa exigindo cada vez mais o controle das fontes de fornecimento de produtos primários, especialmente as situadas na África, Ásia e América Latina.

Nesse período, ao mesmo tempo em que crescem o comércio mundial de produtos primários e as áreas destinadas à sua produção, também aumenta o fluxo de capitais em direção aos países periféricos, destinado prioritariamente a obras de infraestrutura, como ferrovias e portos, buscando melhorar as condições de transporte da produção para o comércio.

A especialização dos países em razão do que produzem e exportam (produtos industrializados ou matérias-primas), a crescente integração da economia internacional em consequência da dinâmica do seu núcleo mais desenvolvido, a divisão territorial do mundo entre as grandes potências capitalistas e a consolidação do monopólio como tendência dominante da organização do capital compõem o novo quadro do capitalismo do fim do século XIX, como retratam os dados do Tabela 1.

Além desses fatores, argumentos de ordem ideológica e cultural se destacam na explicação do fenômeno expansionista. O apelo para o sentimento de nacionalidade aparece como forte elemento de coesão ideológica. Em face do fortalecimento do movimento operário e dos partidos socialistas, a associação das melhorias econômicas e sociais com o ideário de conquista, glória e poder imperial busca amenizar as contradições internas. A noção corrente da época de que o *status* de grande potência decorre da posse de colônias, com a ideia do homem branco ocidental como civilizador do mundo selvagem, também contribui para a composição do quadro do "novo imperialismo".

Tabela 1 – Capitalismo monopolista e expansão colonial 1870-1914

País	(1) Expansão colonial (superfície em milhões de km²)	(2) Investimento externo (milhões de libras esterlinas)	(3) Participação na produção industrial mundial (em %)	(4) Participação no comércio mundial (em %)	(5) Número de filiais de empresas nacionais no exterior até	(6) Evolução do salário real 1860 = 100
	1876 - 1914	1870 - 1885 - 1900 - 1914	1870 - 1900 - 1913	1880 - 1913	1914	1913
Inglaterra	22,5 - 33,5	1006 - 1602 - 1485 - 4004	32 - 20 - 14	23 - 36	60	190
França	0,9 - 10,6	513 - 678 - 1068 - 1766	10 - 7 - 6	11 - 7		160
Alemanha	- - 0,3	ins.- 390 - 986 - 1376	13 - 17 - 16	10 - 12		160
EUA	ins.-	11 - 103 - 513	3 - 30 - 38	10 - 11	122	150
Europa Oc. Continental					167	

Fontes: (1) - (3) - (4) - Beaud, 1987, Tabelas 25, 19 e 20, respectivamente. (2) Benackouche, 1980, p.67. (5) Müller, 1987, Tabela 14. (6) Nère, 1981, p.185. Nota: ins. = insignificante.

O "hemisfério ocidental"

América Latina

Como já destacamos anteriormente, o desenvolvimento industrial da Europa ao longo do século XIX aumenta o consumo de matérias-primas, tornando cada vez mais importante o controle do acesso às fontes produtoras.

A América Latina ocupa um lugar destacado como fornecedora de produtos primários. A partir da segunda metade do século, ocorrerão, nessa parte do continente, grandes mudanças na estrutura econômica, cujo impulso se origina do dinamismo do capitalismo europeu.

Os países começam a especializar-se em decorrência da demanda exterior. O desenvolvimento da monocultura permite a expansão das exportações, cujo dinamismo financia a modernização do aparato produtivo, dos transportes, das comunicações e dos serviços públicos. É para esses setores que será destinada a maior parte dos investimentos estrangeiros. Até o final do século XIX, a exportação de capitais para a América Latina se efetivará prioritariamente por meio de empréstimos, destinados a fortalecer as finanças dos Estados recém-constituídos (passo necessário à consolidação de uma autoridade nacional legalmente responsável pelos compromissos financeiros assumidos), à construção de obras de infraestrutura associadas à melhoria da comercialização da produção nacional (portos, ferrovias, telégrafo etc.) e ao desenvolvimento dos centros urbanos (embelezamento das cidades, melhoria nos serviços públicos etc.).

Dessa maneira, a América Latina torna-se uma área importante não apenas como fornecedora de matérias-primas, mas também como compradora de produtos manufaturados, de materiais e de equipamentos para construção das obras de infraestrutura, pagamento de transportes, fretes e captação de empréstimos (Vitale, 1986, cap.II).

Em contraposição ao dinamismo do setor exportador, a chamada "fase de expansão para fora" (Cardoso & Faletto, 1981, cap.III) aprofunda vários problemas das economias latino-americanas: o desestímulo à produção local para o mercado interno leva a uma crise no abastecimento de produtos básicos, como alimentos e vestuário de consumo popular, que passam a compor a lista das importações; cresce cada vez mais a dependência em relação ao consumo internacional de produtos primários; o controle do capital estrangeiro se estende por vários setores econômicos, incluindo os serviços públicos (água, gás e eletricidade), os transportes urbanos e as ferrovias (Beyhaut & Beyhaut, 1985, cap.II).

Até o final do século XIX, o predomínio dos investimentos estrangeiros na América Latina corresponde à Grã-Bretanha, mas a presença dos Estados Unidos é cada vez mais importante.

Entre 1895 e 1913, os investimentos ingleses passam de 552,5 milhões de libras esterlinas para 1.179,9 e os investimentos dos Estados Unidos, de 304,3 para 1.275,8 milhões de dólares (Minsburg, 1987, v.1).

Estados Unidos

Até meados da década de 1860, quando o Norte vence a guerra civil (1865), os Estados Unidos estão preocupados fundamentalmente com sua fronteira interna. A expansão territorial consome a maior parte dos recursos humanos e capitais disponíveis. Na política externa, a orientação do país se pauta pelo isolacionismo, evitando o envolvimento nas disputas entre as potências europeias. O presidente Washington foi um dos precursores na defesa dessa postura, explicitada durante o seu governo pela posição de neutralidade na guerra entre França e Inglaterra. No discurso de despedida, ele apresenta os argumentos favoráveis à separação do Novo e Velho Mundo, que darão impulso posterior à ideia de Hemisfério Ocidental, denominação aplicada ao continente americano:

A nossa grande regra de conduta em relação às nações estrangeiras é, embora ampliando nossas relações comerciais, ter a menor conexão política com elas ... A Europa tem um conjunto de interesses primordiais com o qual não possuímos nenhuma relação ou então relações muito remotas. Daí o fato de ela se ver engajada em frequentes controvérsias cujas causas são essencialmente estranhas às nossas preocupações ... Nossa situação destacada e distante permite-nos e convida-nos a que sigamos um curso diferente ... Nossa verdadeira política é mantermo-nos afastados de alianças permanentes com qualquer porção do mundo exterior.[1]

---

1 Mensagem de despedida ao Congresso em 17 de setembro de 1796 (May, 1964, p.40).

A partir da doutrina Monroe, de 1823, a defesa do isolamento em relação à Europa passa a ser estendida ao conjunto do hemisfério. Manifestando preocupação com as intenções da Espanha de reverter, com o apoio da Santa Aliança, o processo de independência latino-americano, os Estados Unidos decidem fixar limites à intervenção de potências europeias no continente.

Afirmamos, como um princípio em que os direitos e interesses dos Estados Unidos estão involucrados, que os continentes americanos, pelo fato de terem assumido e de manter sua condição livre e independente, não devem ser considerados como sujeitos a futuras colonizações por parte de qualquer potência europeia ... consideraríamos qualquer tentativa de estender seu sistema a qualquer parte deste hemisfério como perigo para nossa paz e segurança.[2]

Na medida em que o país consolida o seu desenvolvimento econômico interno e define objetivos prioritários de interesse no cenário internacional, a política em relação à América Latina assume contornos mais nítidos. Nos anos 80, os Estados Unidos propõem aos países da região a fundação de um sistema pan--americano. Na primeira conferência para a discussão do assunto, realizada em Washington entre outubro de 1889 e abril de 1890, o governo dos Estados Unidos coloca entre os principais pontos da pauta a criação de uma união aduaneira e o estabelecimento de um sistema de arbitragem obrigatório para os conflitos do hemisfério. A desconfiança da maior parte dos representantes dos países latino-americanos com as intenções expansionistas da potência emergente, em parte estimulada pela Inglaterra e seu principal aliado regional, a Argentina, contribui para bloquear as duas iniciativas. O principal resultado da reunião foi a criação da

---

2 Presidente James Monroe. Sétima Mensagem Anual ao Congresso, 2 de dezembro de 1823. Dieterich, 1998, p.202. Anexo Documental.

União Internacional das Repúblicas Americanas, com sede em Washington, que passa a reunir informações econômicas sobre os países da região. A partir desse momento, o sistema pan-americano funcionará como instrumento de consulta sobre assuntos do hemisfério, com a convocação de conferências periódicas. A décima e última reunião será realizada em Caracas, em 1954.

Ao final do século XIX, os Estados Unidos já ultrapassam em desenvolvimento industrial a Inglaterra e Alemanha, e apresentam uma estrutura econômica altamente trustificada, com grande potencial de competição no mercado internacional (Tabela 1).[3] É coincidentemente nessa época que aparecem importantes formulações teóricas defendendo um lugar de grandeza para os Estados Unidos no concerto das nações, com destaque para o livro do almirante Alfred Mahan, publicado em 1890, *A influência do poder marítimo na história.*

A abordagem de Mahan combina a noção de Destino Manifesto que inspirou a expansão territorial da primeira metade do século,[4] centrada na ideia de missão civilizadora dos povos anglo-saxões, com uma visão estratégica que considera o poderio naval e o controle dos mares como principais atributos do *status* de grande potência. Suas ideias terão grande influência entre polí-

---

3 Entre os anos 1888 e 1905 foram efetuadas "328 fusões, das quais 156 foram bastante grandes para exercer certo grau de domínio monopolístico em suas indústrias gerais ... Em 1904, mais ou menos dois quintos do capital manufatureiro do país eram controlados por essas trezentas e tantas grandes companhias com uma capitalização conjunta de mais de 7 bilhões de dólares" (Robertson, 1967, p.431-2).

4 A expansão territorial do período 1803 e 1853, que amplia os limites das treze colônias, inspirou-se ideologicamente no Destino Manifesto. Os Estados Unidos, dada a "excepcionalidade" do seu desenvolvimento político e econômico, seriam uma nação predestinada a promover os valores do seu modo de vida para fora das suas fronteiras, levando a liberdade e a prosperidade aos povos atrasados. Para uma análise do Destino Manifesto como discurso e prática política, ver Rodriguez Díaz, 1997.

ticos e intelectuais do país. Um dos seus discípulos mais ilustres será Theodore Roosevelt, que, como presidente, enuncia, em dezembro de 1904, o Corolário para a Doutrina Monroe, manifesto precursor dos argumentos culturais do atraso latino-americano e da missão civilizadora dos Estados Unidos.

Sob o pretexto de defender o hemisfério das políticas imperiais de potências extracontinentais, a raiz de problemas surgidos com a insolvência da Venezuela no pagamento da sua dívida externa, que tem seus portos bloqueados por uma esquadra de barcos ingleses, alemães e italianos, os Estados Unidos se adjudicam o direito exclusivo de intervenção:

> Nossos interesses e os dos nossos vizinhos do Sul são em realidade os mesmos. Eles possuem grandes riquezas naturais, e, se dentro de seus limites, o reino da lei e da justiça é alcançado, então é certo que a prosperidade virá junto. Enquanto obedecem assim às leis primárias da sociedade civilizada, podem eles ficar tranquilos e certos de que serão por nós tratados num clima de simpatia cordial e proveitosa. Eles só merecerão a nossa interferência em último caso, e então apenas se for constatado claramente que sua inabilidade ou fraqueza para executar a justiça em casa e no exterior tenha violado os direitos dos Estados Unidos ou incitado a agressão estrangeira em detrimento do conjunto das nações americanas.[5]

A política para a América Latina durante o governo Roosevelt (1901-1909) será conhecida como *big stick*, promovendo intervenções em vários países na América Central e Caribe. A origem dessa denominação é uma frase retirada de um provérbio indígena ouvido por Roosevelt numa viagem à África Oriental: "Quando fores visitar teu adversário fala em voz baixa, mas leva um porrete na mão" (Boersner, 1990, p.196). Entre os aconte-

---

5 O Corolário de Roosevelt para a Doutrina Monroe. Documento (Morris, 1956).

cimentos que marcaram a política para a região nesse período, destacam-se a assinatura da Emenda Platt, em 1902, estabelecendo a tutela sobre Cuba e a autorização, em 1903, para a instalação de uma base militar em Guantánamo; o apoio à insurreição separatista de Panamá em relação à Colômbia, que culmina com a formação do novo Estado e a cessão, em novembro de 1903, do controle da zona do canal aos Estados Unidos; e o desembarque na República Dominicana em 1905, em aplicação do Corolário Roosevelt, assumindo a administração das aduanas com o objetivo de garantir o pagamento da dívida externa. Seguindo a orientação das ideias de Mahan, a Marinha do país se expande durante sua presidência, passando do terceiro lugar no mundo para o segundo, atrás da Inglaterra.

No início do século XX, os Estados Unidos aparecem como uma potência econômica de primeira ordem, com uma política externa que define como objetivo prioritário a hegemonia no continente americano.

A era do imperialismo

Para caracterizar a nova situação internacional entre os anos 1875 e 1914, o termo "imperialismo" aparece entre os analistas como denominação mais frequente. Para alguns, existe uma política expansionista não necessariamente motivada por interesses econômicos, para outros, o capitalismo entrou numa nova fase, caracterizada como imperialista, que só pode ser compreendida pela análise das mudanças estruturais que aconteceram na economia nas últimas décadas do século XIX.

Para Hobsbawm, "o fato maior do século XIX é a criação de uma economia global única" (1988, p.95). Para Barraclough, a história contemporânea, cujas raízes nos remetem para a última década do século XIX, apresenta como uma das suas características principais o fato de que "a história mundial e as forças que lhe dão forma não podem ser compreendidas se não estivermos preparados para adotar perspectivas mundiais" (s.d., p.10).

Na época, no seio da II Internacional Socialista, teóricos como Edward Bernstein, Rosa Luxemburg, Karl Kautsky e Vladimir Lenin, entre os principais, começaram a dar uma atenção especial ao estudo da nova dinâmica do capitalismo como premissa necessária à formulação de estratégias políticas capazes de dar resposta aos desafios da ordem em formação.

A expansão constante do sistema no plano mundial; a política agressiva de potências emergentes como a Alemanha, que busca uma nova partilha colonial; o acentuado crescimento econômico dos países centrais; a estabilização política interna; a maior organização da classe operária e a melhoria do seu padrão de vida, que a faz participar, embora de maneira reduzida, dos lucros advindos da expansão imperial; tudo isso gera respostas antagônicas dentro do movimento socialista, acendendo um importante debate.

Edward Bernstein verá na expansão do capitalismo a extensão da civilização ao mundo atrasado, e na ação legalista dos socialistas no parlamento e nos sindicatos, com a defesa da democracia representativa, a possibilidade de humanizar o sistema redistribuindo a riqueza.[6] Não sem certa hesitação, quando essa expansão

---

6 "Temos o dever de praticar uma política colonial positiva. Devemos abandonar a ideia utópica de entregar as colônias; a consequência extrema dessa atitude levaria a entregar os Estados Unidos da América aos índios. As colônias estão aí: é preciso aceitar esse fato. Os socialistas devem também reconhecer a necessidade que têm os povos civilizados de exercer uma certa tutela sobre os povos não civilizados" (apud Châtelet, 1983, p.281). Em relação à defesa da democracia como via para o socialismo, Bernstein é um precursor da ideia atualmente muito difundida na esquerda da "democracia como valor universal": "A democracia é, ao mesmo tempo, um meio e um fim. É um instrumento para instaurar o socialismo e a própria forma da sua realização. O socialismo, em última instância, é apenas a aplicação da democracia à totalidade da vida social. Que sentido há em ficar apegado à ideia da ditadura do proletariado, quando, por toda parte, os representantes da social-democracia participam do jogo da representação proporcional e do poder legislativo, práticas que são o oposto da ditadura?" (ibidem, p.209).

se efetiva numa política externa belicista, acompanhará, com a maioria do partido social-democrata alemão, a investida imperialista nacional que desemboca na Primeira Guerra Mundial. Outros autores deduzem desse mesmo contexto conclusões opostas. Rosa Luxemburg procura explicar a expansão do capitalismo como algo inerente ao próprio sistema. O imperialismo não é uma opção entre outras de política externa, senão uma necessidade vital do sistema, que precisa de terceiros mercados, não capitalistas, que absorvam a mais-valia que não pode ser realizada nos países de origem. Uma vez completada a expansão, com o mundo totalmente integrado à lógica do capitalismo, a inexistência desse terceiro mercado inviabilizará a própria capacidade de acumulação, o que se traduzirá em colapso geral, guerras pela redivisão do mundo, revoluções.

Também de uma perspectiva crítica, Lenin descreve as características que considera fundamentais no novo contexto da economia mundial. Embora reconheça que a expansão do capitalismo tende a amenizar as contradições internas nos países mais desenvolvidos, permitindo uma certa distribuição de renda e favorecendo políticas reformistas por parte dos partidos socialistas, isso não significa o início de uma era de estabilidade permanente do sistema ou a caducidade da ideia de revolução socialista.

Ao lado da prosperidade dos países centrais e a "aristocracia operária", o imperialismo gera uma nova divisão internacional do trabalho pela partilha do mundo entre as grandes potências capitalistas, deslocando os sintomas agudos da gravidade da crise do centro para a periferia do sistema.[7] É aqui que se localizam os elos fracos da cadeia imperialista, junto com as condições objetivas da revolução.

---

7 Embora os termos "centro" e "periferia" sejam da década de 1950, especialmente característicos dos Estudos da Comissão Econômica para a América Latina e Caribe (Cepal), não nos parecem contraditórios com a análise da economia internacional do período 1875-1914.

Tanto para Rosa Luxemburg como para Lenin, o imperialismo representa a negação, via expansão externa, das contradições internas do modo de produção capitalista nos países centrais. No entanto, a análise de Rosa Luxemburg se situa ainda no campo do capitalismo de livre concorrência, em que as relações econômicas internacionais se pautam pela circulação de mercadorias, diferentemente de Lenin, que vê no imperialismo uma fase específica do capitalismo na qual algumas das suas características fundamentais se transformam em seu contrário (Palloix, 1972, v.II, cap.II).

a) O capitalismo já não pode ser associado com a livre concorrência num contexto em que grupos cada vez mais concentrados do capital industrial e bancário se associam para disputar o domínio dos mercados, e Estados capitalistas se lançam a uma luta de vida ou morte pela hegemonia mundial.

b) As relações econômicas internacionais entre países centrais e periféricos já não têm como principal eixo dinâmico a exportação de mercadorias em troca de produtos primários. Ao lado da necessidade crescente do controle das fontes de matérias-primas essenciais ao desenvolvimento industrial, o que prevalece é a exportação de capitais.

Muitas das afirmações de Lenin em relação ao imperialismo dão lugar à controvérsia, seja porque expressam um contexto específico ou limitações de ordem interpretativa, tendo em vista as fontes disponíveis na época.

Uma das teses mais questionadas é a da exportação de capitais como marco das novas relações centro-periferia. Com base em dados levantados por Knapp, Barratt Brown (1978, p.161) afirma que:

> Entre 1875 e 1914 não houve, de fato, exportação de capital no conjunto. Houve, porém, uma vez mais, uma constante transferência de renda de uma área de investimento para outra.

Knapp conclui que as exportações de capital não estavam financiando tanto uma transferência real de bens e serviços quanto um endividamento continuamente crescente nos países tomadores de empréstimos. Na medida em que isso ocorreu, as exportações de capital não representavam então ativos reais, mas somente ativos nominais.

Outra crítica importante a Lenin é a associação cronológica que coloca a concentração industrial e a exportação de capitais como processos prévios à expansão colonial. Citando novamente Barrat Brown:

a expansão tanto dos territórios como da exportação de capital ocorreu simultaneamente para a Grã-Bretanha na década de 1860 e para a França nas décadas de 1870-1890, enquanto a expansão territorial alemã precedeu suas exportações de capital. Além disso, a maior parte da expansão de capital ocorreu antes do "estágio monopolístico" que se seguiu à grande depressão. (p.174)

Para Raymond Aron (1979, p.278), a Primeira Guerra Mundial não foi um fato inevitável provocado por fenômenos econômicos determinantes: "Pode ser que a partilha pacífica seja impossível, mas não devido ao capitalismo moderno e sim à avareza milenar, que leva à guerra ... Nem os monopólios nem a dialética poderiam tornar inevitável o que era irracional".

Apesar das críticas, as teses de Lenin transcendem o contexto específico da sua formulação. Elas se tornam um ponto de referência das posteriores tentativas de caracterização do capitalismo mundial. Isso acontece por um motivo fundamental: a sua análise se transforma em "força material", fornecendo a base teórica de uma tática política de combate às posições favoráveis à guerra na II Internacional, contribuindo para que, num dos elos fracos da cadeia imperialista – a Rússia –, a guerra mundial se transforme em guerra revolucionária. Esse fato conferiu ao pensamento de Lenin uma autoridade indiscutível e – o que é mais importante –

produziu uma mudança substancial na situação internacional a partir da Primeira Guerra Mundial. Aparece um espaço nacional de oposição à ordem capitalista, que orienta sua política externa com base em princípios teóricos que explicitam sua fonte original em Lenin, com progressiva influência internacional.

Em relação à consonância entre fatos e modelo teórico, as várias análises, favoráveis ou não, coincidem num ponto: entre o último quartel do século XIX e o começo do XX, as relações internacionais se pautam pelo expansionismo das grandes potências e a luta dos monopólios pelo controle dos mercados, o que configura uma fase diferente do capitalismo. Isso não significa consenso com a previsão de colapso geral implícita nos termos "estágio superior" ou "fase final", mas reconhece uma mudança qualitativa.

Em face da especificidade deste trabalho, que se situa historicamente no contexto posterior à Segunda Guerra Mundial, analisando a economia política da hegemonia dos Estados Unidos na América Latina,[8] a caracterização do fenômeno "imperialismo" assume especial relevância. A abordagem que adotamos

---

8 O conceito de hegemonia de Gramsci, aplicado às relações internacionais, foi muito bem formulado por Cox (Gill, 1993, p.61): "historicamente, para converter-se em hegemônico, um Estado teria que construir e defender uma ordem mundial que fosse universal em concepção, isto é, não uma ordem em que um Estado diretamente explora outros, mas uma ordem que a maioria dos Estados (ou pelo menos aqueles próximos da sua hegemonia) considere compatível com seus interesses. Tal ordem dificilmente seria concebida em termos somente interestatais, porque, provavelmente, isso traria para o primeiro plano os interesses opostos dos Estados. Ela provavelmente daria destaque às oportunidades para que as forças da sociedade civil pudessem operar em escala mundial (ou na escala da esfera em que a hegemonia prevalece). O conceito hegemônico de ordem mundial está fundado não apenas na regulação do conflito interestatal, mas também como uma sociedade civil concebida globalmente, isto é, um modo de produção de dimensões globais que põe em funcionamento ligações entre as classes sociais dos países abarcados por ele".

busca evitar os reducionismos que associam as intervenções norte-americanas à simples defesa de interesses econômicos estatais ou privados, ou atribuem à identidade de princípios ideológicos o papel central na constituição das alianças internacionais do país.[9] Três dimensões nos interessam particularmente:

a) As relações econômicas, destacando a expansão do capitalismo norte-americano na América Latina.

b) A articulação entre interesses privados (mercado) e interesses nacionais (Estado) na formulação da agenda de segurança e da política externa dos Estados Unidos para o hemisfério.[10]

c) A interação entre os grupos dominantes dos Estados Unidos e da América Latina.[11]

Na abordagem desses aspectos, incorporamos as contribuições das correntes cepalina e dependentista do pensamento social latino-americano, focalizando o vínculo estrutural entre dependência e desenvolvimento desigual nas relações entre Centro e Periferia. De acordo com Cardoso (1993, p.19).

---

9 Ver a esse respeito a análise de Gilpin (1990) sobre as correntes principais da economia política das relações internacionais.

10 A caracterização de Kauppi (1998, p.20-1) dos principais aspectos que compõem a agenda da segurança nacional dos Estados Unidos nos parece adequada aos objetivos deste trabalho: "a segurança nacional envolve a proteção física do país, mantendo sua independência política e integridade territorial e sustentando o bem-estar econômico da população. Ela também inclui a preservação dos valores políticos essenciais do país. Conforme foi exposto sucintamente pelo presidente Clinton, 'proteger a segurança da nossa nação – nossa gente, nosso território e nosso modo de vida – é minha primeira missão e dever constitucional'".

11 Denominamos "grupos dominantes" os setores que exercem a hegemonia no poder do Estado, incluindo os proprietários dos meios de produção (classes dominantes), a burocracia civil, as Forças Armadas, os partidos políticos, os centros de pensamento estratégico e as organizações privadas que articulam e promovem os interesses do mercado. Dessa perspectiva, a expressão "interesse nacional" remete aos conceitos, valores e objetivos que orientam a política externa, concebida como projeção internacional dos interesses dos grupos dominantes.

A novidade das análises da dependência não consistiu ... em sublinhar a dependência *externa* da economia que já fora demonstrada pela CEPAL. Ela veio de outro ângulo: veio da ênfase posta na existência de relações estruturais e globais que unem as situações periféricas ao Centro. Os estudos sobre a dependência mostravam que os interesses das economias centrais (e das classes que as sustentam) se articulam no *interior* dos países subdesenvolvidos com os interesses das classes dominantes locais. Existe, pois, uma articulação estrutural entre o Centro e a Periferia e esta articulação é global: não se limita ao circuito do mercado internacional, mas penetra na sociedade, solidarizando interesses de grupos e classes externos e internos e gerando pactos políticos entre eles que desembocam no interior do estado.

3
Estados Unidos-América Latina no início da guerra fria

Após a Primeira Guerra Mundial, os Estados Unidos consolidam sua posição como primeira potência econômica, a Alemanha reconstrói sua capacidade industrial, a Inglaterra e a França procuram manter um lugar de destaque no cenário internacional contando com um vasto império como respaldo, e a União Soviética inicia um enorme esforço de industrialização.

Apesar do declínio da hegemonia inglesa, o crescente poderio econômico dos Estados Unidos não se traduz numa presença política marcante no cenário mundial. Como já destacamos no capítulo anterior, sua política externa tem como alvo prioritário o continente americano.[1] A Segunda Guerra Mundial vai confrontar

---

1 O período 1933-1945, em que Franklin D. Roosevelt é presidente dos Estados Unidos, marca uma mudança nas relações com a América Latina. A nova política, conhecida pelo nome de "boa vizinhança", se mostrou menos impositiva. Os Estados Unidos decidem deixar sem efeito a Emenda Platt, reconhecendo a soberania cubana; negociam com o Panamá um Tratado

novamente velhos rivais europeus, com exceção do Japão. Os Estados Unidos e a União Soviética, que não aparecem inicialmente como fator de peso na dinâmica do conflito, terão participação decisiva na sua definição em favor dos aliados. A partir de 1945, esses dois países passarão a exercer a liderança na política internacional.

Se o pós-Primeira Guerra Mundial traz como grande fato novo o surgimento do primeiro Estado socialista, o pós-Segunda Guerra Mundial nos defronta com a existência de um sistema socialista mundial formado por vários países da Europa Oriental libertados da presença nazista graças à intervenção do exército soviético. A esses países se somam, em pouco tempo, Vietnã do Norte, China e Coreia do Norte. Diferentemente dos conflitos da primeira metade do século, que confrontaram países imperialistas pela redivisão do mundo, o segundo pós-guerra coloca lado a lado dois sistemas políticos e econômicos, capitalismo e socialismo, numa rivalidade que acrescenta aos aspectos econômicos e militares a dimensão ideológica. A possibilidade de utilização de armas atômicas, disponíveis em ambos os lados a partir de 1949, confere a esse cenário características inéditas: o confronto militar entre os dois sistemas pode levar à destruição do mundo.

---

que retira o direito dos Estados Unidos de intervenção nos assuntos internos do país; reagem cautelosamente à expropriação de companhias petroleiras nacionais no México, em 1938, submetendo a decisão sobre indenização a uma corte mundial; criam o Export-Import Bank (Exim-bank) em 1934, que empresta dinheiro aos países da América Latina com a condição de que seja destinado a compras nos Estados Unidos ou em empresas do país instaladas na região. Com o início da Segunda Guerra Mundial, exercerão uma grande pressão política e econômica para que os países latino-americanos apoiem os aliados, seja rompendo relações diplomáticas com o "eixo", seja contribuindo com ajuda econômica, fornecendo produtos primários (alimentos e minérios) a preços controlados. Isso será mais bem analisado neste capítulo, na discussão da situação da Argentina e Bolívia nos anos 40.

Isso elimina a perspectiva de guerra total como fator de resolução de disputas pela supremacia mundial, obrigando a uma convivência que descentraliza os conflitos para pontos estratégicos em diversas partes do planeta.

Os Estados Unidos, como líderes do mundo capitalista, e a União Soviética, do mundo socialista, aparecem como protagonistas principais da disputa pela hegemonia mundial. Inglaterra, França, Alemanha e Japão perdem importância na política internacional, alinhando-se sob a liderança norte-americana. Paralelamente ao enfraquecimento desses países, dá-se o processo de descolonização da Ásia e da África. Surgem novas nações com peso político específico nas relações internacionais, aumentando as preocupações das grandes potências com seus alinhamentos nos blocos de poder e suas políticas internas em relação à exploração dos recursos naturais e ao tratamento do capital estrangeiro.

Após os acordos de Yalta, que delimitam as esferas de influência dos Estados Unidos e da União Soviética, a política internacional das duas superpotências redefine seus rumos para uma disputa que privilegia a consolidação da hegemonia nos seus respectivos blocos e a expansão por vias que descartem o conflito militar direto. Inicia-se o período da guerra fria, em que os Estados Unidos colocam seu imenso poderio econômico e militar a serviço de objetivos mundiais hegemônicos.

Na era termonuclear, a disputa com os países socialistas, principalmente na Europa e no Sudeste Asiático, não pode apoiar-se exclusivamente em bases militares. A viabilização econômica dos países mais afetados pela guerra passa a adquirir importância estratégica. A reconstrução da Europa e do Japão terá como principal base de apoio a capacidade expansiva da economia dos Estados Unidos.

O esforço bélico permitiu ao país sair da fase recessiva gerada pela crise de 1929, mantendo a indústria em pleno funciona-

Luis Fernando Ayerbe

mento.[2] Com o fim da guerra começa o processo de reconversão industrial em direção à produção de bens de consumo duráveis. O mercado local aparece nesse primeiro momento como grande fator de dinamização da capacidade produtiva da indústria. A poupança interna acumulada nos anos da guerra, como consequência do consumo reprimido em razão das prioridades colocadas pelo conflito, permite absorver grande parte da produção. No mercado externo, aumenta a demanda dos países europeus e do Japão por alimentos, matérias-primas e equipamentos industriais, destinados à reconstrução, mas a escassez de ouro e de divisas reduz drasticamente a sua capacidade de importação.

Essa situação já estava prevista antes do fim da guerra, o que motivou os países aliados a se reunirem em 1944, na conferência de Bretton Woods. O objetivo do encontro foi definir os lineamentos principais do novo reordenamento internacional. Tendo em vista os fracassos das tentativas anteriores de efetivar um gerenciamento associado da economia mundial, buscava-se uma melhor forma de controle para situações de crise, como as dos anos 20 e 30, procurando evitar que os países adotassem saídas unilaterais que colocassem em risco o sistema como um todo. A intenção foi estabelecer as bases para uma gestão multilateral do capitalismo.

Para a formulação da proposta dos Estados Unidos na conferência, muito contribuíram os *Estudos sobre os interesses norte-*

---

2 Quando começou a guerra, os Estados Unidos tinham 10 milhões de desempregados. A partir de 1939, a produção industrial praticamente duplicou e 13 milhões de homens foram absorvidos pelo serviço militar. Entre 1940 e 1945, o número de assalariados aumentou de 54 milhões para 64 milhões, a massa salarial passou de 52.600 milhões de dólares para 113.000 milhões, e os salários cresceram de uma média de 23,86 dólares por semana em 1939 para 44,39 em 1945. O crescimento dos salários ultrapassou a oferta de produtos para o consumo, provocando um aumento substancial da poupança, incluindo os estratos sociais de menores recursos (Adams, 1979, cap.7).

66

-americanos na guerra e na paz: 1939-1945, do Council of Foreign Relations (CFR), organismo privado criado em Nova York em 1921, que congrega setores empresariais, intelectuais e políticos preocupados com a posição do país nas relações internacionais. Nesses estudos, apresentavam-se os objetivos imediatos do confronto com os países do "eixo" e, ao mesmo tempo, adiantavam-se algumas diretrizes daquilo que se projetava como nova ordem no pós-guerra, na qual os Estados Unidos deviam assumir o papel de potência hegemônica. De acordo com Dreifuss (1986, p.35-6),

O CFR apresentou um memorando no dia 24 de julho de 1941, ao Presidente Roosevelt e a seu Secretário de Estado, esboçando a sua visão sobre a "política norte-americana, sua função na presente guerra, e seu possível papel no período do pós-guerra"... Para o pós--guerra, o memorando do CFR recomendava um intenso trabalho de remodelação da Europa e outras regiões de capital importância para os Estados Unidos, listando ainda algumas questões que deveriam ser focalizadas em profundidade – entre elas, a criação de instituições financeiras internacionais para estabilizar as moedas e de instituições bancárias internacionais para facilitar investimentos e o desenvolvimento de áreas subdesenvolvidas.

Com base no reconhecimento, por parte dos países participantes da conferência da liderança dos Estados Unidos, do novo ordenamento econômico e político internacional e, no plano imediato, da sua importância decisiva na reconstrução e recuperação econômica após a guerra, o encontro de Bretton Woods decide criar duas instituições financeiras: o Fundo Monetário Internacional (FMI) e o Banco Internacional para Reconstrução e Desenvolvimento (Banco Mundial – Bird), "planejados para serem instituições centrais num mundo sem guerra e sem os destrutivos nacionalismos econômicos" (Moffit, 1984, p.14).

Para atingir as duas metas prioritárias da estabilização do pós-guerra – reconstrução material e reativação do comércio internacional –, as novas agências têm como objetivo permitir o acesso ao crédito dos países com dificuldades para financiar, com recursos próprios, as importações de equipamentos industriais, matérias-primas e alimentos necessários ao restabelecimento da ordem econômica e, ao mesmo tempo, instituir uma autoridade internacional em relação às regras do comércio e das práticas monetárias do conjunto dos países associados.

> Para assegurar a estabilidade monetária, os acordos de Bretton Woods estabeleceram taxas de câmbio fixas entre as inúmeras moedas nacionais. Com o propósito de evitar o ressurgimento de guerras monetárias, os países tinham que obter a aprovação do FMI para mudar os valores das suas moedas. Na eventualidade de um "desequilíbrio fundamental" no balanço de pagamentos de uma nação – terminologia do FMI para déficits ou superávits crônicos –, os governos poderiam variar os valores relativos de suas moedas. (Moffit, 1984, p.21)

Em relação aos empréstimos necessários para financiar a reconstrução da infraestrutura material dos países devastados, o Banco Mundial passa a ser a instituição responsável pela liberação dos créditos, porém com uma condição: para requererem empréstimos, os países devem associar-se ao FMI. Em ambas as instituições, o papel hegemônico dos Estados Unidos foi explicitamente consagrado no processo decisório na forma de poder de veto para o diretor-executivo desse país em questões consideradas vitais.

Para os interesses econômicos dos Estados Unidos, a reativação do comércio internacional é fundamental: a expansão da capacidade produtiva do país não pode apoiar-se indefinidamente no mercado interno. Por esse motivo, a recuperação do poder de compra dos países europeus passa a ser considerada imprescindível.

As dotações de dinheiro destinadas pelo FMI e pelo Banco Mundial para financiar a recuperação da Europa se mostraram insuficientes. A intensificação da guerra fria entre os Estados

Unidos e a União Soviética coloca em pauta o sentido político da ajuda econômica. Em 1947, o presidente Truman lança o "Plano Marshall", aumentando enormemente o fluxo de empréstimos em direção à Europa.

Entre 1948 e 1952, mais de 12 bilhões de dólares em empréstimos provêm do novo plano e, no mesmo período, o FMI e o Bird gastaram juntos menos de 3 bilhões.

> Assim que o Plano Marshall foi acionado, o sistema monetário de Bretton Woods começou a operar. O grande feito desse sistema foi colocar o dólar como moeda-chave no mundo. O comércio e o investimento internacionais são impossíveis sem uma moeda internacional. Ao terminar a guerra, a única moeda que poderia funcionar como tal era o dólar. O sistema ouro-dólar era claramente superior ao clássico padrão-ouro, pois, ao contrário do ouro, dólares podiam ser criados sem expandir o comércio mundial. Dólares emigravam dos Estados Unidos em grandes somas para financiar bases militares, programas de ajuda, investimentos no exterior de empresas americanas e empréstimos a bancos estrangeiros. O dólar era considerado "tão bom quanto o ouro" por homens de negócios e governos. (ibidem, p.27)

O plano resulta em importantes ganhos econômicos e estratégicos para os Estados Unidos. As compras de alimentos, matérias-primas e equipamentos têm como fornecedores principais os industriais e os agricultores do país. Sob os seus efeitos, a reconstrução europeia se acelera. Em três anos, Alemanha e França superam os níveis de produção de antes da guerra. Entre 1948 e 1971, desenvolve-se uma fase de crescimento inédita no conjunto dos países capitalistas, com taxas anuais de 5,6% em média para a produção industrial e de 7,3% para o comércio mundial, como indica a Tabela 2.

No plano estratégico, os países alinhados com os Estados Unidos assinam tratados que permitem sua presença militar nas regiões consideradas vitais para a segurança do "mundo livre".

Em 1947 é assinado o Tratado Interamericano de Assistência Recíproca (Tiar), em 1949 é criada a Organização do Tratado do Atlântico Norte (Otan) e, em 1954, a Organização do Tratado do Sudeste Asiático (Otase).

Tabela 2 – Taxas anuais médias de crescimento da indústria e do comércio mundiais

Anos	Indústria mundial	Comércio mundial
1860-1870	2,9	5,5
1870-1900	3,7	3,2
1900-1913	4,2	3,7
1913-1929	2,7	0,7
1929-1938	2,0	-1,15
1938-1948	4,1	0
1948-1971	5,6	7,3

Fonte: Beaud, 1987, p.312.

O padrão de desenvolvimento capitalista no pós-guerra

O grande *boom* do capitalismo do pós-guerra se deve principalmente à expansão do ritmo de crescimento do setor industrial que, de uma taxa média anual de 2,8% entre 1900 e 1950, passa a 6,1% no período 1950-1975. De acordo com Fajnzylber (1984, p.13),

Neste período de rápida expansão, o setor industrial não apenas se transforma internamente, ao mesmo tempo, arrasta e modifica o resto das atividades produtivas: absorve mão de obra do setor agrícola, devolvendo-lhe insumos e equipamentos para sua modernização; gera o surgimento de atividades produtoras de serviços requeridos para a produção, comercialização e financiamento dos bens industriais, os quais ao mesmo tempo retroalimentam a expansão industrial; urbaniza e modifica a infraestrutura de transportes e comunicações; e exerce influência, direta e indiretamente, na orientação e crescimento do setor público (diretamente, pelos requerimentos que propõe em matéria de infraestrutura física e educacional; indiretamente pela transformação social induzida pelo crescimento e que se expressa nos âmbitos sindicais, partidários, regionais, de organização de consumidores e outras formas de agrupamento social que adquirem particular intensidade na década de 1960 e que contribuem para induzir e orientar a expansão do setor público).

Vários fatores explicam o dinamismo do padrão de desenvolvimento do pós-guerra. Em relação à estrutura interna da indústria, há a liderança do setor de metal-mecânica (bens de produção e bens de consumo duráveis, principalmente automóveis) e da indústria química (substituição de produtos naturais por sintéticos e consolidação do petróleo como principal combustível), que passam a representar 53% da produção industrial em 1970, contra 21% em 1901 e 38% em 1937 (ibidem, p.22).

A busca de um aumento crescente da produtividade contribui para disseminar a lógica industrial e o progresso técnico para setores como agricultura, saúde e educação. A liderança do padrão de consumo de bens duráveis nos Estados Unidos, principalmente eletrodomésticos e automóveis; a generalização do financiamento ao consumo durável e não durável; e os avanços tecnológicos, com destaque para a informática, permitem a expansão das atividades de serviços vinculadas às áreas financeira, comercial, de publicidade, de educação, de saúde, de serviços sociais etc. A disponibilidade de mão de obra qualificada – inicialmente em razão do desemprego nos países devastados pela guerra e posteriormente por causa da migração da agricultura para a indústria, dos países pobres para os países ricos e pela descentralização de atividades produtivas em direção aos países do Terceiro Mundo – também contribui para a rápida expansão do capitalismo, permitindo a recuperação dos países da Europa Ocidental e Japão com base num padrão industrial e tecnológico de forte inspiração norte-americana.

Luis Fernando Ayerbe

A essa fonte primária, que além disso exercia, para sociedades que emergiam da destruição da guerra, o atrativo de um esquema de consumo de massas integralmente articulado, se somava o acervo tecnológico gerado no decorrer da década de 1930 e no transcorrer da guerra ... que estava presente nas diferentes economias avançadas e, particularmente, em países como o Japão e a República Federal da Alemanha, que tinham enfrentado militarmente o resto das potências industrializadas. (p.21)

Entre 1950 e 1976, a renda por habitante na Alemanha Ocidental em relação aos Estados Unidos se eleva de 33% para 75%. No Japão, entre 1963 e 1976, passa de um para dois terços.

Apesar dos resultados favoráveis, a implantação desse conjunto de mudanças enfrenta muitas dificuldades, por causa das sequelas profundas da guerra nos planos econômico, social e político. O desemprego em massa, o desabastecimento, a paralisia da indústria, o crescimento dos partidos comunistas, especialmente na Itália e França, e a presença soviética na Europa Oriental tornam o processo bastante complicado. Como viabilizar a reconstrução econômica, tendo em vista os custos sociais imediatos das políticas de estabilização e, ao mesmo tempo, fortalecer a presença no Estado dos partidos da ordem?

No caso do Japão, os Estados Unidos passaram a exercer o controle direto durante sete anos (1945-1952), realizando mudanças econômicas e políticas destinadas a enquadrar o país no perfil das democracias capitalistas ocidentais.[3] Na Europa Ocidental, a ajuda econômica e militar já analisada, somada a fortes

---

3 Os Estados Unidos promoveram várias reformas na estrutura política e econômica japonesa ao longo da ocupação. Houve uma depuração nos setores considerados como principais responsáveis pela guerra – o militarismo e os grandes monopólios capitalistas (zaibatsu) –, o que levou a um número expressivo de execuções de militares (700), de prisões (2.000) e de destituição dos cargos por colaboração (200 mil). Em relação aos monopólios econômicos, reverte-se a situação ao estágio anterior à guerra, quando se

72

pressões políticas direcionadas a impedir o acesso dos partidos comunistas ao poder, ainda que diluídos em coalizões eleitorais pluripartidárias, contribuiu na gestão conjuntural.

O que favorecerá, no entanto, uma convivência mais duradoura entre o novo padrão de desenvolvimento e a estabilidade política e social será a instituição de um conjunto de políticas públicas que redefinem a atuação do Estado na economia, conformando o chamado Estado de Bem-Estar Social ou *Welfare State*. De acordo com Offe (1984, p.372):

> O WSK (Welfare State Keynesiano) foi adotado como concepção básica do Estado e da prática estatal em quase todos os países ocidentais, não importa qual o partido no poder, e com apenas alterações menores e diferenças de tempo. A maioria dos observadores concorda que seu efeito foi (a) um *boom* econômico amplo e sem precedentes, que favoreceu todas as economias capitalistas avançadas e (b) a transformação do padrão de conflito industrial e de classe numa forma que se afasta cada vez mais do radicalismo político, e até mesmo revolucionário, e que conduz a um conflito de classe economicista, centrado na distribuição e crescentemente institucionalizado.

As políticas de crescimento econômico acertadas com os setores produtivos e a ação do Estado como agente de redistribuição

---

estimulou a fusão, por iniciativa do governo imperial, iniciando-se um processo de desconcentração que se estende até 1948, quando os Estados Unidos reavaliaram a intervenção na economia japonesa em razão de interesses estratégicos no Sudeste Asiático decorrentes da guerra fria, passando a considerar os zaibatsu como aliados. Também se destacam, entre as reformas promovidas pelos Estados Unidos, a "nova educação" e a reforma agrária. Pela primeira proibia-se o ensino de religião, moral e política, que era o meio principal de veiculação ideológica da tradição imperial; pela segunda, "no final de 1948, dois terços dos camponeses japoneses eram proprietários e as três quartas partes das terras pertencentes anteriormente a proprietários acomodados tinham passado para as mãos dos colonos" (Bianco, 1987, p.244).

da renda, que implementa políticas de bem-estar social amparadas no aumento da arrecadação tributária, comprometem amplas parcelas da classe operária com a viabilização do capitalismo, permitindo que o sistema político de democracia representativa administre, com riscos menores, as demandas do conjunto da sociedade.

O Estado de Bem-Estar Social é estruturalmente funcional às necessidades de expansão do capital. Os compromissos com o pleno emprego e o crescimento econômico, que aglutinam os setores econômicos e o poder público nas políticas de conserto socioeconômico, implicam um aumento significativo dos gastos do Estado. O direcionamento desses gastos não atinge exclusivamente políticas sociais nas áreas de saúde, educação e previdência. O setor empresarial se beneficia de subsídios para a expansão produtiva (facilidades impositivas, financeiras e alfandegárias para investimentos privados selecionados) e da participação como fornecedor do Estado em áreas estratégicas, como indústria de armamentos, indústria espacial, pesquisa e desenvolvimento e infraestrutura. Além da dimensão de bem-estar, fortalece-se a dimensão empresarial do Estado.

Nos Estados Unidos, a participação do gasto público no PIB (Produto Interno Bruto) passa de 7,4% em 1903 para 18,4% em 1939, 21,3% em 1949 para 27,3% em 1965.[4] Na Alemanha, entre 1958 e 1963, o aumento foi de 93%, passando de 13,7 milhões de marcos para 26,5 milhões, com destaque para educação e ciência (138%), serviços sociais (89%) e transporte e comunicações (155%). Na Inglaterra, no mesmo período, o crescimento foi de 68%, passando de 926 milhões de libras esterlinas para 1.556 milhões, com destaque para educação e ciência (66%) e transportes e comunicações (108%).[5]

---

4 Dados extraídos de Müller, 1987, p.48.
5 Dados extraídos de Shonfield, 1968, p.625.

A guerra fria na América Latina

A Segunda Guerra Mundial deu um grande impulso ao desenvolvimento econômico da América Latina. A maior demanda de matérias-primas pelos países envolvidos no conflito contribuiu para aumentar as exportações, gerando reservas em ouro e divisas. As dificuldades de acesso a produtos manufaturados, dadas as prioridades que a guerra impõe às economias da Europa e dos Estados Unidos (tradicionais fornecedores), estimulam, nos países com maior mercado de consumo, uma expansão do setor urbano industrial voltado para a substituição de importações (ver Quadro 1).

No plano político, estratégias de desenvolvimento, que atribuem à industrialização o eixo dinâmico e ao Estado o papel de protagonista principal na orientação dos rumos da economia, ganham cada vez mais força no cenário latino-americano.

A continuidade do processo de industrialização, na perspectiva de atender às prioridades nacionais, definidas com base em critérios que levam em consideração a proteção do mercado interno da concorrência estrangeira e a atribuição ao Estado do monopólio na exploração dos recursos naturais considerados estratégicos, encontrará, após o fim da guerra, limitações de ordem política e econômica.

A política externa de "portas abertas" da administração Truman atribui ao nacionalismo a principal responsabilidade pelas crises econômicas, guerras e revoluções da primeira metade do século XX. Uma nova era de democracia e prosperidade deve ter como base de apoio uma economia mundial aberta. Como vimos, os acordos de Bretton Woods definem os lineamentos para uma gestão multilateral do capitalismo, condicionando os investimentos a uma política de abertura ao exterior.

No plano econômico, a industrialização provoca um aumento crescente da demanda por bens de capital e insumos importados, cujos preços superam a capacidade de compra gerada pela exportação de produtos primários. O acesso ao crédito internacional se torna imprescindível, e, na conjuntura do imediato pós-guerra, com a crise que assola a Europa, o único país em condições de fornecer equipamentos industriais e promover investimentos são os Estados Unidos, que priorizam a reconstrução europeia.

Quadro 1 – América Latina: estrutura industrial no final da década de 1960 e duração do processo de industrialização

Estrutura industrial no final da década de 1960[1]	Época em que se inicia o processo de substituição de importações
	1890 1900 1910 1920 1930 1940 1950 1960 1970
Avançada*	Argentina Brasil México

Intermediária	Chile Venezuela
	
	                                                         Peru
	                    Colômbia Uruguai

Incipiente**	Bolívia Equador Paraguai Rep. Dominicana Haiti Panamá C. A. (Guatemala, Honduras, El Salvador, Nicarágua, Costa Rica)

Fonte: Cardoso & Brignoli, 1984. Quadro 17, p.307.

(1) Estrutura industrial em fins da década de 1960, critérios de classificação.

* Avançada: a) A indústria manufatureira é responsável por mais de 20% do produto interno bruto, b) mais de 50% do produto industrial pertencem a indústrias dinâmicas (papel e derivados, borracha, química, indústrias metálicas, mecânicas, de construção, elétrica e de material de transporte), c) mais de 50% do valor agregado industrial derivam de estabelecimentos de mais de 100 trabalhadores.

** Incipiente: a) A indústria manufatureira é responsável por menos de 16% do produto interno bruto, b) mais de 70% do produto industrial pertencem a indústrias tradicionais: alimentação, bebidas, têxteis, vestuário e calçados, madeira e móveis, couros e peles, gráfica, c) o artesanato (estabelecimentos de 1 a 5 empregados) contribui com cerca de 40% do valor agregado industrial.

Como dar continuidade a uma política que preserva a autonomia nacional na definição de objetivos e de tomada de decisões, num contexto de extrema vulnerabilidade econômica no setor externo, contrariando os interesses do país que comanda a política internacional e a economia mundial?

Diante desses dilemas, as respostas dos países latino-americanos serão variadas, num quadro em que as pressões, por parte dos Estados Unidos, em favor do alinhamento incondicional aos ditames da guerra fria, delimitam um campo de ação com poucas alternativas.

No que diz respeito às saídas para a crise, a exemplo do que acontece na Europa com a injeção maciça de capitais norte-americanos que favorecem uma reconstrução acelerada, os países latino-americanos acreditam que também podem beneficiar-se desse tipo de ajuda. Conforme analisamos neste capítulo, o argumento político teve importância crucial no lançamento do Plano Marshall. A ideia de que o combate à influência soviética passa principalmente pelo fortalecimento econômico dos países com dificuldades financeiras se aplica também ao mundo "em desenvolvimento". Só que, nesse caso, a parte substancial da ajuda econômica não vem de fundos públicos dos Estados Unidos. Nas palavras do secretário de Estado George Marshall, em discurso na IX Conferência dos Estados Americanos em Bogotá, no ano de 1948:

> Supera a capacidade do governo dos Estados Unidos financiar mais do que uma pequena porção do vasto desenvolvimento requerido. O capital de que se necessita ano a ano deve provir de fontes privadas, tanto internas como externas. Como demonstra a experiência dos Estados Unidos, o progresso pode lograr-se pelo esforço individual e uso de recursos privados (apud Tulchin, 1990, p.212).

A formalização da política de ajuda ao desenvolvimento por parte dos Estados Unidos acontece em janeiro de 1949, no discur-

Luis Fernando Ayerbe

so de inauguração das sessões do Congresso, em que o presidente Truman destaca os quatro aspectos que considera prioritários na sua política externa: o apoio às Nações Unidas, a reconstrução da economia mundial, a luta contra o comunismo e a ajuda aos países em desenvolvimento. O ponto IV, nome que ficou como referência ao último aspecto, confirma o ponto de vista externado por Marshall:

> Os EUA são a primeira nação em desenvolvimento industrial e técnicas científicas. Os recursos materiais de que dispomos para a assistência de outros povos são limitados. Mas os nossos imponderáveis recursos em conhecimentos técnicos crescem constantemente e são ilimitados. Deveríamos ajudar os povos livres do mundo, a produzirem mais, por seu próprio esforço ... Com a cooperação das empresas, o capital privado, a agricultura e o trabalho deste país, este programa pode elevar substancialmente seu nível de vida. (De Leon, 1986a, v.3, p.73)

A prova mais clara do desencontro entre as metas anunciadas e a vontade política de implementá-las está nos recursos de ajuda à América Latina solicitados ao Congresso: 45 milhões de dólares, dos quais apenas foram autorizados 34,5 milhões de dólares. Para os primeiros quinze meses de aplicação do Plano Marshall, o presidente Truman solicitou ao Congresso 6,8 bilhões de dólares, que foram autorizados (Pollard, 1990, p.201).

Em relação a investimentos privados, haverá um aumento da presença dos Estados Unidos na região, de 2,8 bilhões de dólares em 1940 a 4,4 bilhões em 1950,

> mas se concentraram em várias indústrias, especialmente as de petróleo, nylon, borracha, ferro e aço, cujo impacto sobre o crescimento geral era muito limitado. Ainda mais, o aumento dos investimentos dos Estados Unidos era superado em parte pelo rápido declínio da presença econômica europeia na região. Os investimentos públicos e privados da Grã-Bretanha na América Latina se

78

reduziram, de 636 milhões de dólares no final de 1945 para 244 milhões de dólares no final de 1951. (Pollard, 1990, p.202)

A nova agenda de segurança

A redefinição do papel dos Estados Unidos na política internacional após a Segunda Guerra Mundial, como responsável principal pela segurança do sistema capitalista, levará o governo Truman a repensar a estrutura do sistema decisório do Estado na formulação e execução da política externa. Em 1947, é sancionada uma lei de Segurança Nacional que estabelece várias mudanças: unificam-se as Forças Armadas num Estado-Maior Conjunto subordinado à Secretaria da Defesa,[6] responsável pela formulação da política militar, cuja sede física passa a ser o edifício conhecido como "Pentágono". Cria-se o Conselho de Segurança Nacional (CSN), responsável pela "revisão, guia e direção para a condução de todas as atividades de inteligência e contrainteligência nacionais e estrangeiras" (Kryzanek, 1987, p.157).

Os membros do CSN são o presidente, o vice-presidente, o secretário da Defesa, tendo como assessores o diretor da Agência Central de Inteligência (CIA), criada pela mesma lei, e o presidente dos chefes do Estado-Maior Conjunto. Com o Departamento de Estado, que representa os Estados Unidos em todos os países com os quais mantêm relações diplomáticas, o CSN atua como órgão assessor do presidente na formulação da política externa.

Essas mudanças institucionais buscaram dar maior unidade de planejamento e ação à política externa, de acordo com o novo

---

6 Em 1949 foram feitas várias emendas a essa lei. De acordo com Denny (1986, p.111): "as emendas de 1949 estabeleceram o Departamento da Defesa e tornaram seu secretário o 'responsável por exercer a direção, a autoridade e o controle sobre o Departamento'".

quadro internacional. As Forças Armadas e os serviços de inteligência adquirem uma capacidade operativa que os transforma em instrumentos privilegiados da ação do Estado nos assuntos internacionais.

Num ensaio destinado a debater a relação entre inteligência e segurança nacional após o fim da guerra fria, Ernest May contextualiza historicamente o significado da criação do CSN.

> Ele foi estabelecido em 1947 para satisfazer a demanda dos serviços militares de uma voz na diplomacia. Argumentando que o Departamento de Estado ignorou os custos dos compromissos diplomáticos, os serviços armados vinham requerendo desde 1919 um comitê consultivo equivalente ao Comitê Britânico de Defesa Imperial. Nos anos 50, quando a corrida armamentista dominou a guerra fria, reverteram-se os papéis. O Departamento de Estado procurou uma voz na política de defesa. O CSN proporcionou um fórum. Entretanto, os presidentes encontraram o CSN cada vez mais conveniente para conduzir tanto a Defesa como o Estado. (May, 1995, p.38)

A CIA passa a ser responsável por dois objetivos da política externa que assumem crescente destaque na guerra fria: informação e ação encoberta. Brewster Denny (1986, p.127), profissional de longa trajetória como assessor governamental da política externa e professor de Relações Exteriores da Universidade de Washington, explica a lógica da associação entre tarefas tão diferentes:

> Num sentido, dois empreendimentos do governo não poderiam ser tão diferentes entre si como o assunto formal, profissional, em grande medida legal e reconhecido oficialmente por reunir, analisar e transmitir informação sobre outros países, e o assunto ilegal, oficialmente não reconhecido por assassinar líderes estrangeiros, planejar e dirigir operações de guerra clandestina, incursionar em instalações diplomáticas e militares estrangeiras mediante o uso da força. A preparação, as atitudes, as mentes e as habilidades necessárias para estas duas atividades tão díspares são substancial-

mente diferentes. As duas classes de atividades se combinam numa instituição, a Agência Central de Inteligência, mas são totalmente diferentes em seus propósitos. A primeira está dirigida a obter informação para brindar a base da ação das ramas formais e tradicionais, militar e política do governo norte-americano. A segunda está dirigida a afetar e mudar as ações de outras nações por meios encobertos, com a identidade do governo oculta.

A preocupação dos Estados Unidos em relação à América Latina no início da guerra fria se concentra especialmente nas posturas nacionalistas de alguns governos e movimentos que visualizam uma perspectiva equidistante da influência do país como base para qualquer política de afirmação nacional. A maior preocupação é com a disponibilidade dos recursos naturais da região em caso de uma guerra com a União Soviética e a eventualidade de um boicote de governos, sindicatos e demais movimentos, em que a infiltração de ideias antiamericanas possa ser decisiva.

Em relatório da CIA de 1º de novembro de 1947, essas preocupações aparecem claramente:

Julga-se que a organização não política comunista na América Latina (isto é, a organização que serve outros propósitos que não os de partidos políticos) já prosseguiu tanto e tão eficientemente que, em caso de guerra com os EUA, a URSS poderia: a) receber um fluxo extenso de informações razoavelmente precisas da América Latina, b) alistar agentes de sabotagem e c) por mero comando de ordens necessárias, paralisar as economias de dois países (Chile e Cuba), os quais são importantes fornecedores regulares dos EUA. Desse modo, a URSS poderia negar aos EUA, pelo menos nos cruciais primeiros meses da guerra, os militarmente importantes cobre e açúcar, com os quais esses dois países contribuíram para o esforço de guerra dos EUA. Julga-se também que, no restante dos países da América Latina (excetuando-se somente a Argentina, o México, o Paraguai, a República Dominicana, Honduras e El Salvador), a penetração secreta comunista em esferas estratégicas das várias economias já é tal que pode permitir que a URSS, apenas dando as ordens necessárias, a) impeça que os EUA, por um período de tempo limitado, pelo menos conserve seu fluxo normal de matérias-primas estratégicas da América Latina, b) precipite, em vários países latino-americanos, crises econômicas que obrigariam os EUA a escolherem, por um lado, entre programas de auxílio de emergência fiscalmente caros, e, por outro, o passo também politicamente caro de negar tal auxílio. Especificamente, a URSS poderia interromper hoje o fluxo dos fornecimentos latino-americanos de estanho, cristal de quartzo, borracha natural, quinino e petróleo para os EUA. (CIA, 1982, rolo I, doc. 0006)

Como decorrência da obsessão da administração Truman com a eventualidade de uma guerra com a URSS e a "urgência" de deter o avanço do comunismo na região, vários acordos são assinados. Em 1947, o Tratado Interamericano de Assistência Recíproca (Tiar) prevê mecanismos de ação multilateral contra agressões ao território de qualquer país americano. Em 1948, a IX Conferência Pan-americana, reunida em Bogotá, cria a Organização dos Estados Americanos (OEA). De acordo com Boersner (1990, p.238):

O Tiar e a OEA se baseavam em quatro princípios jurídicos essenciais: a) a não intervenção, b) a igualdade jurídica dos Estados, c) o arranjo pacífico das diferenças e d) a defesa coletiva contra agressões ... Os primeiros dois princípios implicam a defesa da soberania dos Estados; os outros dois enfatizam a cooperação entre eles. Em certos momentos, essas duas ideias básicas se tornam contraditórias na prática. Em todo caso, as duas últimas podem ser administradas pela potência hegemônica.

Um desdobramento importante da assinatura do Tiar será o desenvolvimento de um programa de cooperação militar interamericano, em que os Estados Unidos se comprometem a assistir técnica, econômica e militarmente os países signatários. De acordo com as análises predominantes no início dos anos 50, os eventuais ataques soviéticos teriam como alvos principais o Caribe e a costa atlântica sul-americana. Em razão dessa avaliação, o Programa de Ajuda Militar (MAP) colocava ênfase na defesa submarina e no patrulhamento aéreo e marítimo dessas regiões, destinando os recursos ao fornecimento de barcos, aviões de reconhecimento e treinamento para operações antissubmarinas (Selser & Díaz, 1975, p.61). Essa postura irá mudar a partir da administração de Eisenhower, quando a ideia de segurança continental começa a ser associada ao fortalecimento da segurança interna dos países latino-americanos, e os esforços passam a ser direcionados para o aprimoramento da capacidade repressiva dos Estados.

No período em que Truman presidiu os Estados Unidos, tanto no plano interno, com a ascensão da política de "caça às bruxas" personificada na figura do senador McCarthy, como na política externa, a luta contra o comunismo torna-se o argumento central para definir aliados ou adversários da segurança nacional, continental e internacional. Apesar do discurso que atribui à democracia um papel de relevo no progresso econômico e social da humanidade, na América Latina, reconhecidamente longe do fantasma do comunismo, o governo norte-americano apoia os golpes militares contra Rómulo Gallegos na Venezuela e Bustamante no Peru, em 1948, e o golpe de Fulgencio Batista em Cuba, em 1952.

Se comparado, no entanto, com o período do *big stick*, a atuação dos Estados Unidos na América Latina durante as duas administrações de Truman não chega a adquirir uma conotação abertamente intervencionista. Com a ascensão de Eisenhower em 1953, os republicanos voltam ao poder depois de 24 anos, e a chamada "negligência benigna" que caracterizou a gestão anterior cede espaço, novamente, para a interferência direta.

Os instrumentos de política externa criados com a Lei de Segurança Nacional de 1947 e os tratados assinados por Truman passarão a ter grande destaque no encaminhamento de soluções para as crises latino-americanas nos anos 50.

A designação de John Foster Dulles como secretário de Estado e do seu irmão Allen Dulles para a direção da CIA, ambos de longa trajetória a serviço de empresas dos Estados Unidos e conhecidos pelo apelo frequente a métodos não convencionais de atuação nas suas missões comerciais ou diplomáticas,[7] sinalizam para uma política externa menos ortodoxa nos meios, porém extremamente pragmática. De acordo com a nova orientação, as funções encobertas da CIA adquirem importância crescente. A primeira experiência bem-sucedida será a destituição do primeiro-ministro do Irã, Mossadegh, em 1953, permitindo a ascensão do Xá Reza Pahlevi.

A seguir, discutiremos separadamente três processos políticos latino-americanos que consideramos representativos da tônica nacionalista dos anos 40 e 50, cujo desfecho mostra o perfil da política externa dos Estados Unidos: as duas primeiras presidências de Juan Domingo Perón na Argentina, a revolução boliviana de 1952 e o governo de Jacobo Arbenz na Guatemala.

O peronismo na Argentina: 1946-1955

A integração da economia argentina no mercado mundial ganha impulso entre 1880 e 1920, baseada na produção e exportação de produtos primários a partir das vantagens em recursos naturais oferecidos pelo pampa úmido.

Enumeraremos algumas das características desse processo (ver Sabato & Schvarzer, 1983):

• grande rentabilidade com baixo investimento como consequência da renda diferencial da terra em escala internacional;

---

7 Allen Dulles trabalhou no serviço diplomático até 1926, quando se incorporou, com o irmão John, ao escritório de advocacia Cromwell e Sullivan, assessor de importantes empresas, entre as quais se destacam as dos grupos Rockefeller, Morgan e Mellon. Allen Dulles também atuou como agente de contraespionagem na Segunda Guerra Mundial, no Bureau de Serviços Estratégicos (OSS), antecessor da CIA, da qual foi um dos principais organizadores até sua nomeação como diretor. Uma análise mais detalhada da trajetória dos irmãos Dulles pode ser encontrada em Selser, 1967, cap.I.

Estados Unidos e América Latina

- produção extensiva e diversificada (grãos e carnes);
- concentração da propriedade nas mãos de uma burguesia agrária com grande disponibilidade de recursos, que são aplicados no desenvolvimento do setor urbano, no comércio e na indústria;
- formação de um setor popular urbano com níveis de renda mais altos do que no resto da América Latina e equilibrados aos da Europa, contribuindo para um modelo de desenvolvimento que tem no mercado interno uma importante base de apoio;
- o processo de acumulação prescinde, nessa etapa, de um Estado intervencionista.

Como ressalta Guillermo O'Donnell (1977, p.22),

a continuada centralização da burguesia pampiana acarretava, pela sua modalidade de inserção no mercado, que essa classe e esse Estado prematuramente nacionais fossem também, originária e constitutivamente, o âmbito principal da internacionalização das suas sociedade e economia. Em especial, as características "liberais" do Estado argentino e o forte peso da sua sociedade civil só se podem entender a partir da engrenagem da burguesia pampiana com o capital internacional que também "estava ali", extensamente interiorizado controlando o financiamento, o transporte e a comercialização externa da produção pampiana. Foi essa internacionalização constitutiva de uma região economicamente muito dinâmica (através das parcelas de acumulação que se retinham localmente) que incluía, expressando um alto grau de homogeneidade internacional, a "parte" decisiva de uma Argentina quase sem campesinato, que permitiu precisamente que esse Estado tão internacionalizado fosse, até às regiões marginalizadas do sistema, prematura e arrasadoramente nacional.

A viabilidade desse modelo de acumulação depende muito da expansão territorial da exploração agrícola e dos preços favoráveis no mercado internacional. Quando essa expansão se completa no final da década de 1920 e os preços internacionais da carne e cereais começam a cair como consequência da crise de 1929, esboça-se claramente a necessidade de uma alteração profunda.

Se combinarmos os diversos fatores adversos, observaremos que, além da exaustão territorial que limita a produção extensiva, o fechamento do mercado externo para os produtos primários gera falta de divisas para pagar as importações de bens requeridos pela indústria local e pelo mercado consumidor. Apesar desse quadro negativo, a busca de novas alternativas tenderá a se apoiar em algumas condições favoráveis que o país apresenta: um mercado interno potencialmente apto para absorver uma produção industrial nacional; existência de excedentes de mão de obra nos setores marginais à região pampiana, aproveitáveis num processo de expansão industrial; e um Estado centralizado que pode mudar de função: operar como impulsor da industrialização, concentrando e repassando recursos do setor agrícola para o setor industrial e exercendo controle rígido sobre as importações.

As mudanças principais no padrão de desenvolvimento se concretizam no período compreendido entre os anos 1930 e 1960, quando a industrialização por substituição de importações adquire maior impulso.

Até 1930, a industrialização do país acontece paralelamente, e de maneira subordinada, à expansão do setor agroexportador. A partir da crise de 1930, a indústria passará a assumir paulatinamente o lugar desempenhado anteriormente pelo setor primário. De acordo com Peralta Ramos (1978, p.25),

> a industrialização iniciada na década de 1930 passa por duas grandes etapas. Na primeira, os ramos que lideram a expansão industrial e realizam o maior esforço substitutivo de importações são a indústria têxtil e a alimentícia. Na segunda etapa, que aparentemente se inicia na década de 1950, é o setor metalúrgico que passa a liderar o desenvolvimento industrial e a substituição de importações.

Dois aspectos, no plano econômico, devem ser ressaltados na caracterização da situação peculiar que se configura na

Argentina no período 1946-1955: as políticas distributivas e de pleno emprego que deram amplo respaldo social ao governo peronista e as atitudes diferenciadas em relação ao capital inglês e dos Estados Unidos.

Em relação ao primeiro aspecto, como mostra a Tabela 3, entre 1946 e 1955 a industrialização tem como componente principal da sua expansão o incremento da mão de obra ocupada, combinando com a primeira fase descrita anteriormente, em que os setores têxtil e alimentício lideram a substituição de importações. No período posterior, o desenvolvimento do setor metalúrgico incorpora mais capital constante, apoiando-se principalmente no aumento da produtividade da mão de obra.

Tabela 3 – Argentina: taxas (em %) de incremento anual cumulativo do estoque de capital e da mão de obra ocupada na indústria (1935-1961)

	1935-1945	1946-1955	1956-1961
Incremento estoque de capital	3,7	1,8	9,8
Incremento mão de obra ocupada	3,4	2,9	0,4

Fonte: Peralta Ramos, 1978, Quadro I.

No que se refere ao segundo aspecto, a expansão industrial no período realiza-se principalmente com recursos nacionais. Os investimentos estrangeiros diminuem e, ao mesmo tempo, os Estados Unidos começam a ter uma participação maior em relação à Inglaterra, superando-a já no final dos anos 40. Isso acontece por dois motivos: em primeiro lugar, apesar do pequeno volume dos investimentos norte-americanos, o cancelamento da dívida com a Inglaterra e a compra das ferrovias pelo governo de Perón reduzem a presença do capital inglês; ao mesmo tempo, a política restritiva ante o capital estrangeiro durante o primeiro mandato peronista e a prioridade dada pelos Estados Unidos à reconstrução europeia limitam a afluência de grandes fluxos de investimentos.

Apesar da situação favorável com que se inicia o primeiro governo peronista, com grandes reservas de ouro e divisas, pleno emprego e saldos favoráveis crescentes na balança comercial, a dependência do financiamento externo, como veremos adiante, limitará a continuidade do nacionalismo desenvolvimentista.

A participação de Perón na política argentina alcança notoriedade a partir do golpe militar de 4 de junho de 1943, que depõe o governo de Castillo e coloca como presidente o general Ramirez. Perón ocupará o cargo de secretário de Trabalho e da Previdência, que acumulará, a partir de 1944 – quando o general Farrell assume a presidência –, com o de vice-presidente da nação.

Simpatizante do fascismo, que estudou de perto quando esteve em missão oficial na Itália entre 1939 e 1941, Perón trabalha pela formação de um bloco de alianças que, a partir do Estado, finque pé em instituições da ordem (Forças Armadas, polícia e Igreja), no novo operariado urbano – cada vez mais numeroso e de pouca tradição de participação política e sindical, dada a sua composição majoritária de migrantes do campo – e ganhe o respaldo do governo inglês e dos grupos econômicos com investimentos no país.[8]

As simpatias nazifascistas do novo regime militar, a neutralidade argentina no conflito bélico e a política social favorável

---

8 Apesar das críticas dos Estados Unidos à postura argentina em relação à guerra, o governo inglês sempre saiu na sua defesa. De acordo com Peña (1973, p.65): "em janeiro de 1943, repudiando as críticas à Argentina, dizia o órgão dos investidores ingleses na América Latina (*South American Journal*, 29 de janeiro, 1944): 'Durante toda a guerra os barcos argentinos têm trabalhado quase que exclusivamente a serviço das nações aliadas. Grandes créditos livres de juros foram estendidos à Inglaterra em conexão com a compra de alimentos argentinos. A neutralidade argentina tem sido mais teórica e certamente não muito rígida". Posteriormente, o governo inglês defendia os militares argentinos da acusação de fascistas: "É verdade que os partidos políticos têm sido suprimidos e o Congresso clausurado. Mas não tem sido essa a situação do Brasil por tantos anos sob Vargas? E por acaso Vargas é fascista?".

aos setores populares instrumentada desde a Secretaria de Trabalho e Previdência colocam contra o governo uma ampla frente de oposição. A "democracia" e a "liberdade" serão as bandeiras que unificam os partidos socialista e comunista,[9] ao lado da União Cívica Radical, as classes dominantes tradicionais, a pequena burguesia, especialmente profissionais liberais e estudantes, e o governo dos Estados Unidos, que veem no regime a principal base de apoio dos países do "eixo" na América Latina.

Sob esse argumento, crescerão as pressões externas e internas contra o governo argentino. No plano externo, os Estados Unidos congelam as reservas argentinas em ouro depositadas no país e proíbem o transporte das suas mercadorias em barcos norte-americanos. A Conferência Interamericana de Chapultepec (México), reunida entre os dias 21 de fevereiro e 8 de março de 1945, decide pela declaração de guerra aos países do "eixo" e se posiciona em favor de uma "nova oportunidade" para que Argentina (que não participou da reunião) reavalie sua postura de neutralidade. Em 27 de março, o governo do general Farrell declara guerra ao "eixo". No plano interno, ante o crescimento político da figura de Perón, o novo embaixador dos Estados Unidos, Spruille Braden, que assume seu cargo em maio de 1945, articula a oposição ao regime militar. Ao mesmo tempo em que pressiona para a convocação de eleições, conspira para minar o prestígio de Perón, na tentativa de viabilizar uma alternativa afinada com o novo espírito da política externa do seu país.

Um golpe militar em outubro de 1945 confina Perón na prisão da Ilha de Martín Garcia, perto de Buenos Aires, mas a reação de setores do Exército e da polícia e a mobilização da classe operária

---

9 Esses partidos veem diminuir sua influência no movimento operário ante o sindicalismo de Estado que, por métodos nem sempre lícitos (subornos, repressão e cooptação clientelística são utilizados frequentemente pelo governo), vai se tornando hegemônico.

forçam o recuo dos golpistas. Perón é libertado e concorre às eleições de fevereiro de 1946, tornando-se presidente.

A conjuntura favorável do pós-guerra permite ao novo governo o espaço de manobra necessário para implementar uma estratégia econômica que contemple uma margem pequena de distribuição de renda sem, contudo, penalizar os grupos industriais e agroexportadores.

Com os recursos em ouro e divisas acumulados durante o conflito (calculados em torno de 1,425 bilhão de dólares), o governo inicia uma política de redução da dívida externa e de nacionalização das ferrovias, telefones, gás e transportes. Isso diminui a dependência em relação à Inglaterra, numa conjuntura em que os Estados Unidos se voltam para a reconstrução europeia.

Com a expansão crescente do comércio exterior e a demanda ampliada por produtos agrícolas, o governo compra a produção a preços controlados e a vende no mercado internacional a preços mais altos, financiando com os excedentes obtidos os programas de desenvolvimento industrial. Com a política de restrição para as importações, limitadas a combustíveis e insumos para a indústria, protege o mercado interno da concorrência, favorecendo uma política de preços e salários menos vulnerável às pressões procedentes do mercado externo. Com a concentração de recursos nas mãos do Estado, como resultado das nacionalizações, dos excedentes da balança comercial e do nível elevado das reservas cambiais, financia-se o aumento do consumo pelo estímulo às remunerações dos salários e da produção industrial voltada para o mercado interno.

Sem grandes alterações na estrutura econômica vigente, sem contrariar os interesses do setor agroexportador – que vê seus lucros aumentados mesmo com os preços controlados do governo –, satisfazendo as crescentes demandas dos setores populares urbanos graças ao pleno emprego e à melhoria das condições de trabalho e remuneração, estimulando o desenvolvimento do setor industrial nacional e tornando mais prósperos os negócios do capital estrangeiro instalado no país, o governo de Perón consegue se apresentar durante algum tempo como a encarnação do interesse geral, acima dos conflitos de classes e grupos que historicamente dividiram o país e com a autoridade conferida pelas instituições da ordem tradicional: a Igreja Católica e as Forças Armadas.

O consenso, no entanto, refletia uma conjuntura economicamente favorável e dependia, justamente, da crença e da constatação de que a prosperidade tinha vindo para ficar. Acontece que as insuficiências estruturais da economia do país atentavam para a continuidade da política de soma positiva do governo justicialista. Como afirma Kaplan,

> O peronismo não consegue superar a situação de descapitalização econômica generalizada, herdada do período pré-guerra e do próprio período bélico de autossuficiência reforçada. Essa descapitalização se manifesta na insuficiência e no desgaste do equipamento industrial, agropecuário, energético e de transporte. O déficit de equipamentos é suprido pelo emprego de mão de obra, à qual se concedem melhores remunerações e benefícios sociais, o que encarece os custos, reduz a produtividade e, em condições de menor oferta relativa para uma demanda ampliada pela redistribuição relativa da riqueza e pelo aumento dos salários nominais, agrava também a inflação. (Kaplan, 1986, v.1, p.47)

A nacionalização dos serviços públicos comprometeu grande parte das reservas e resultou, especialmente na compra das ferrovias, em péssimo negócio por se tratar de estruturas e equipamentos obsoletos que requeriam grandes investimentos para os quais o governo não dispunha de recursos. A prioridade dada à indústria leve impôs uma crescente dependência da importação de bens de capital cujos preços internacionais superavam largamente os preços da exportação de produtos primários.

No final dos anos 40, o país entra numa grave crise financeira (Tabela 4) que praticamente impossibilita o pagamento da dívida de 300 milhões de dólares com bancos norte-americanos. Perón radicaliza seu discurso em relação aos Estados Unidos, ao mesmo tempo em que solicita ajuda econômica e ameaça com a expropriação de bens americanos localizados no país. Apesar da crise política desencadeada pelas ameaças do governo argentino, as dificuldades do país são vistas como sinal de uma possível mudança de rumos nas relações bilaterais, dada a dependência da ajuda americana para a viabilização dos ambiciosos planos de desenvolvimento industrial. Perón começa a ser avaliado como mal menor dentro das várias vertentes do nacionalismo argentino, num país considerado vital nas relações interamericanas.

Tabela 4 – Argentina: indicadores econômicos (1946-1949)

Ano	Crescimento do PIB	Variação dos salários reais	Inflação (IPC)*	Reservas/ importações	Variação da taxa de câmbio real (1946 = 100)
1946	8,3%	5,7%	17,7%	1,90	100,0
1947	13,8%	25%	13,5%	0,28	101,0
1948	1,1%	23,6%	13,1%	0,17	95,8
1949	-4,5%	4,6%	31,1%	0,25	71,8

Fonte: Sachs (1991).

* Variação do custo de vida em Buenos Aires (média anual).

Em relatório da CIA de 15 de fevereiro de 1949, essa posição aparece claramente:

A política externa argentina é de especial importância para os EUA, pois, primeiro, a Argentina constitui uma potência relativamente forte, de nível médio, que se posiciona como líder no sistema interamericano; e, segundo, a Argentina, embora membro do sistema regional, possui uma capacidade considerável para a ação independente, pois se encontra afastada dos centros de poder americano, e sua economia, em condições normais, está orientada em direção à Europa. Em tempo de paz, a Argentina é capaz, por causa de sua situação e recursos, de apoiar os objetivos políticos dos EUA, de opor-se a eles e trabalhar para deslocar a influência na América Latina ou de tomar uma posição intermediária. A habilidade da Argentina em utilizar suas conexões com potências extra-hemisféricas não muito mais distantes que os EUA tem constituído um importante fator em sua capacidade de se opor aos EUA no hemisfério. Em caso de guerra entre os EUA e a URSS, as vantagens para os EUA da cobeligerância da Argentina excederiam em valor as exigências feitas pela Argentina e as obrigações contraídas pelos EUA. Os normalmente grandes excedentes de alimentos da Argentina estariam disponíveis. Ela poderia garantir a segurança doméstica e possivelmente regional contra sabotagem do fornecimento de materiais estratégicos para os EUA, poderia estimular a produção e estabilidade adicional em outros Estados latino-americanos por meio de comando e exemplo, e poderia tornar relativamente eficaz o uso de "material" e equipamentos para manter a ordem interna a auxiliar os EUA na defesa regional. (1982, rolo I, doc.0570)

A doutrina argentina em favor de uma terceira posição, defendida pelo governo peronista entre 1946 e 1953, buscava manter uma postura equidistante nas relações internacionais dos dois blocos hegemônicos. Nas palavras de Perón:

O trabalho para obter a paz interna deve consistir na anulação dos extremos capitalistas e totalitários, sejam eles de direita ou de esquerda, partindo da base do desenvolvimento de uma ação política, econômica e social adequada pelo Estado e de uma educação dos indivíduos encaminhada a elevar a cultura social, dignificar o trabalho e humanizar o capital e, especialmente, substituir os sistemas de luta pela colaboração.

O trabalho para obter a paz internacional deve realizar-se sobre a base do abandono de ideologias antagônicas e a criação de uma consciência mundial de que o homem está acima dos sistemas e das ideologias, não sendo por isso aceitável que se destrua a Humanidade em holocaustos de esquerda ou de direita. (Apud Lanus, 1984, p.78-9)

Em razão da política de Terceira Posição, a Argentina deixou de ratificar o Tiar, a carta da OEA e os acordos de Bretton Woods. Em 1950, o agravamento da situação econômica leva o governo a solicitar um empréstimo do Eximbank de 125 milhões de dólares, que os Estados Unidos condicionam à ratificação do Tiar, imposição aceita por Perón. Nesse momento, a dependência comercial é maior do que nunca. De acordo com Tulchin, nesse ano "os Estados Unidos tinham se convertido no melhor cliente da Argentina, comprando quase um quarto das suas exportações, o dobro da média do pré--guerra. Ao mesmo tempo, as exportações dos Estados Unidos para a Argentina tinham aumentado quase dez vezes em relação ao nível alcançado antes da guerra" (1990, p.219).

A partir da segunda presidência, que se inicia em junho de 1952, Perón assume uma postura de maior alinhamento com os Estados Unidos, assina a carta da OEA, declara apoio à posição norte-americana na guerra da Coreia, chegando a oferecer o envio de tropas – que a reação interna negativa consegue impedir – e manda ao Congresso proposta de ingresso da Argentina ao FMI, logo retirada por causa da oposição dentro e fora do peronismo.

Dando continuidade à nova orientação, em 1953 sanciona--se a primeira lei da história do país que define claramente as condições para a entrada do capital estrangeiro. De acordo com Sourrouille et al. (1985, p.45),

O regime estabelecido por essa lei permitia, entre outras coisas, transferir as utilidades líquidas obtidas pelos investimentos até 8% anuais sobre o capital registrado. No entanto, continuavam existindo controles por parte do Estado na seleção dos investimentos e outra série de entraves que fizeram que, só a partir da queda do governo peronista, começasse a fluir o investimento estrangeiro para o nosso país em quantidades importantes.

Entre 1954 e 1955, foram autorizadas entradas de capital estrangeiro no valor de 12 milhões de dólares originários dos Estados Unidos, da Alemanha e de outros países da Europa, destinados à indústria automobilística, de tratores e química. O segundo plano quinquenal outorga ao financiamento externo um papel de destaque no desenvolvimento da indústria pesada e na exploração do petróleo. No entanto, essas sinalizações em favor de uma maior abertura externa pouco interferem na evolução da crise econômica interna. Com a recuperação europeia, as exportações de produtos primários se retraem. As dificuldades na balança comercial obrigam o Estado a comprar os produtos agrícolas a preços inferiores do que poderia ser obtido via exportação direta por parte dos produtores. O Estado perde a capacidade de subsidiar o mercado interno, sendo obrigado a controlar os salários. Nesse momento, a Confederação Geral do Trabalho (CGT) servirá como instrumento de contenção das demandas populares, apelando para métodos coercitivos para desmobilizar o descontentamento crescente. A oposição passa a ressaltar nas suas críticas ao governo a fase repressiva, cada vez mais visível com o controle da imprensa, da atividade partidária e inclusive da Igreja, de quem perde o apoio.

Nesse momento, as margens de manobra do governo para alterar os rumos da política interna e externa estavam substancialmente reduzidas; para a oposição, qualquer saída excluía necessariamente a permanência do peronismo no poder. Nas forças que apoiaram a queda de Perón em 1955 encontramos os mesmos setores que se opuseram à sua ascensão em 1945, somando-se a Igreja e a maior parte das Forças Armadas.

A política de conciliação de classes proposta pelo justicialismo não encontrava mais espaço no momento em que a crise pôs a nu a exaustão do seu modelo econômico, sem que se vislumbrassem saídas de consenso.

A revolução boliviana

A insurreição popular que coloca no poder o Movimento Nacionalista Revolucionário (MNR), sob a liderança de Victor Paz Estenssoro, marca o momento culminante de um processo de crise econômica, política e social que se inicia com a queda dos preços internacionais do estanho a partir de 1929 e a derrota para o Paraguai na guerra do Chaco (1932-1935).

Nas primeiras décadas do século XX, a Bolívia consolida sua posição como segundo produtor mundial de estanho, atrás da Malásia. Em 1930, o estanho era responsável por 74% das exportações, e outros minérios, como prata, chumbo, zinco, cobre, bismuto, tungstênio e antimônio, representavam 20%.

O controle de 74% da produção de estanho se concentrava em três grupos privados. O mais poderoso, dirigido por Simon Patiño, detinha quase 59% em 1929, em segundo lugar vinha o de Mauricio Hotchschild, com 10%, e em terceiro o de Felix Aramayo, com 5%.

A consolidação do modelo mineiro-exportador coincide, no plano político, com uma fase de estabilidade institucional em que governos conservadores, liberais e republicanos se sucedem no poder.

A alta constante dos preços internacionais do estanho não se traduzia, para o conjunto da economia boliviana, num grande impulso dinamizador. Participando com 40% do produto interno bruto, a mineração ocupava 4% da população economicamente ativa (PEA). A agricultura, de baixa produtividade e com uma estrutura da propriedade altamente concentrada, ocupava 64% da PEA sem, contudo, conseguir abastecer o mercado interno, devendo-se recorrer à importação de vários produtos.

A oligarquia mineiro-exportadora, que exercia o controle político do país, praticamente não pagava impostos, o que mantinha o Estado em crise fiscal permanente, recorrendo a empréstimos externos para equilibrar suas contas. Por causa dessa limitada capacidade de irradiação dos benefícios da prosperidade para o conjunto do país, o setor era conhecido popularmente como "rosca", porque girava em torno si mesmo.

A derrota na guerra do Chaco,[10] com a consequente humilhação, perda de territórios e aguçamento da crise econômica,

---

10 O motivo da guerra foi a pretensão boliviana de ter acesso ao rio Paraguai por meio do Chaco. Posteriormente, acusou-se a Standard Oil de ter

provoca o desprestígio do Exército, responsabilizado, junto com a "rosca", pelo fracasso. Surgem grupos militares nacionalistas, que passam a conspirar politicamente contra os setores dominantes. Aumenta a organização sindical dos trabalhadores, que, em 1937, criam a Central Sindical dos Trabalhadores Bolivianos.

Em 1934, é fundado o Partido Operário Revolucionário (POR), de linha trotskista; em 1940, o Partido de Esquerda Revolucionária (PIR), ligado à Terceira Internacional; e em 1941, o Movimento Nacionalista Revolucionário (MNR), com bases de apoio nos setores nacionalistas do Exército e nas classes médias.

Por duas vezes na década de 1930, com os golpes militares de Toro (1936) e de Busch (1937-1940), os grupos nacionalistas do Exército tentam mudar os rumos do país, colocando a oligarquia mineira como alvo prioritário das reformas. No entanto, com o início da Segunda Guerra Mundial, o estanho boliviano adquire importância fundamental para os aliados, na medida em que o Japão controla a outra fonte fornecedora na Ásia. O que poderia ser uma excelente oportunidade de melhorar o saldo exportador, com preços mais competitivos, se frustra por causa das pressões dos Estados Unidos para que, em nome da "solidariedade continental" com os aliados, a Bolívia assine um contrato por cinco anos, comprometendo-se a vender a libra de estanho a um preço fixo de 0,42 dólar para EUA e Inglaterra, o que significou, entre 1941 e 1945, uma "ajuda" de 670,315 milhões de dólares.[11]

Em 1940, um golpe militar destitui o governo Busch e restaura o poder dos setores dominantes tradicionais, colocando na

---

influenciado na decisão de declarar a guerra, por causa da disputa com a Royal Dutch Shell pelas reservas petrolíferas no Paraguai e sua intenção de obter uma saída pelo Atlântico, pela bacia do Prata, para sua produção na Bolívia.

11 Ver em Plá, 1986a, v.45, dados do Conselho Internacional do Estanho. Statistical Yearbook, comparando os preços controlados com os preços no mercado livre.

presidência o general Peñaranda. A crise econômica e a instabilidade política marcam o período entre 1940 e 1951. Uma sucessão de golpes militares colocam alternadamente no poder governos nacionalistas (Villarroel, apoiado pelo MNR) e governos que reafirmam o controle dos setores dominantes (Herzog, eleito em 1947, após a derrocada e linchamento de Villarroel).

Apesar das tentativas reformistas ensaiadas pelos governos de Toro, Busch e Villarroel, a estrutura econômico-social da Bolívia permanece inalterada. A política repressiva que se sucede à derrocada de Villarroel busca restaurar a paz social e política das primeiras décadas do século. Quando Mamerto Urrolagoitia, sucessor de Herzog, convoca eleições gerais para 1951, o objetivo de governar com legitimidade é contrariado pelo resultado das urnas, que dão a vitória à coligação MNR, Partido Comunista (fundado em 1950) e POR, encabeçada por Victor Paz Estenssoro. O desconhecimento do resultado das urnas e a entrega do poder a uma junta militar desencadeiam uma insurreição popular que em três dias derrota o Exército e entrega o poder ao vencedor das eleições.

As principais medidas do novo governo dão uma clara sinalização de ruptura com o passado:

1 A nacionalização das minas, ao mesmo tempo em que expropria a maior parte do capital estrangeiro investido no país até aquele momento, elimina o poder econômico da oligarquia mineira. Cria-se a Confederação Mineira da Bolívia (Comibol), que concentra no Estado a gestão dos recursos minerais.

2 A reforma agrária acaba com o latifúndio e liquida a oligarquia rural como classe. A democratização da propriedade da terra busca aumentar a produtividade para atingir o autoabastecimento e melhorar o nível do consumo interno, estimulando a expansão da demanda de bens de consumo manufaturados.

3 O sufrágio universal abre espaço para a participação político-institucional dos analfabetos, que compõem 70% da população.

4 A liquidação do Exército outorga amplos poderes ao novo governo para transitar pelo caminho das reformas sem ter que transigir ante um poder armado fora do seu controle.

Apesar da ruptura efetiva com o passado, o futuro glorioso que os participantes da revolução esperavam não se configura como realidade palpável nos indicadores econômicos. Como mostra a Tabela 5, com exceção do petróleo, há uma regressão generalizada em todos os setores.

Tabela 5 – Produto Interno Bruto estimado da Bolívia (1952-1964) a preços constantes de 1958 em milhões de dólares

Setores	1952	1954	1956	1957	1958	1959	1960	1961	1962	1963	1964
Agricultura	131,1	101,7	104,2	110,7	121,5	128,6	121,9	131,9	136,4	141,2	149,6
Mineração	58,3	48,3	46,1	47,4	32,7	31,2	33,8	37,7	35,4	40,2	43,0
Petróleo	2,1	6,9	13,1	14,7	14,2	13,3	14,6	13,2	14,2	14,7	14,8
Indústria	49,0	54,9	51,4	36,0	39,5	41,5	44,6	45,3	48,2	49,5	54,6
Construção	3,6	2,5	2,6	3,1	4,1	4,3	5,4	1,9	2,2	3,4	3,9
Comércio-bancos	48,5	42,5	45,8	47,0	45,3	46,4	47,3	43,0	45,6	51,8	54,1
Transporte	23,9	26,4	29,7	27,1	30,0	30,8	31,4	33,4	37,0	39,1	41,4
Governo (*)	55,0	28,6	26,0	20,7	27,1,	28,0	31,9	32,5	34,5	37,0	39,7
Outros serviços	34,3	34,4	35,9	36,2	36,8	37,7	38,6	43,0	44,3	45,6	47,5
PIB	387,8	346,2	354,8	342,9	351,2	361,8	369,5	381,9	397,8	422,5	448,6
PIB *per capita* (em dólares)	122,0	104,0	102,0	96,0	96,2	96,8	96,6	97,4	99,0	102,5	106,2

Fonte: Secretaria Nacional de Planejamento. Di Franco, Plá, 1986a, v.64, Quadro I.
(*) Excluindo os organismos descentralizados.

Na mineração, a política adotada de utilizar parte da renda para financiar outros setores econômicos, somada ao agravamento de problemas estruturais associados com a queda de produtividade, falta de manutenção e de reposição de equipamentos e as indenizações pagas pela expropriação (22 milhões de dólares), leva a uma descapitalização do setor, do qual continua dependendo a economia do país. Entre 1952 e 1960, as exportações diminuem de 136 para 55 milhões de dólares, das quais 84% são destinadas aos Estados Unidos e à Inglaterra. Ao mesmo tempo, o transporte e a fundição continuam nas mãos de empresas estrangeiras, o que mantém o país dependente do exterior.

A situação no campo também é crítica: o processo de transição entre antigos e novos proprietários, com os problemas políticos decorrentes, paralisam temporariamente a produção. Paralelamente,

> o excessivo parcelamento das terras, não acompanhado por medidas eficazes para promover a cooperativização, impedia a tecnificação e mantinha intactos os arcaicos procedimentos de cultivo. Muitas parcelas apenas abasteciam o consumo familiar – incrementado pelas melhores condições de vida – e não produziam quase excedentes comerciais. A falta de créditos e o escasso assessoramento técnico afogavam as intenções progressistas, e a manutenção de primitivos e antieconômicos procedimentos de comercialização diminuía a renda dos camponeses. (Del Campo, 1986a, v.3, p.50)

A produção agrícola não aumentou a ponto de satisfazer o mercado interno, mantendo-se a necessidade de importação; a agricultura continuou num estágio de subsistência, permanecendo baixa a demanda por produtos industrializados; a produção industrial estacionou num patamar de 9% do PIB, ocupando 4% da PEA e abastecendo 40% do consumo de manufaturados (ibidem).

A deterioração da situação econômica convive com um processo inflacionário e de desvalorização cambial, ao que se soma uma crescente instabilidade política originária do alto grau de mobilização da classe operária mineira e dos setores médios urbanos. Os camponeses, novos proprietários, assumem cada vez mais uma postura política conservadora.

Para o MNR e suas figuras políticas principais, o presidente Paz Estenssoro e Hernan Siles Suazo, as mudanças estruturais provocadas pelas reformas haviam atingido um limite que não deveria ser transposto. Para sair do atraso econômico e social era preciso controlar a "desordem" e definir um caminho de desenvolvimento. Sob a pressão das circunstâncias, temendo mais os desdobramentos da crescente ativação popular do que a negociação com os Estados Unidos, optam pelo segundo caminho.

A partir de 1953, o Exército é reestruturado e a maioria dos novos egressos do Colégio Militar passa a receber treinamento nos programas do Pentágono no Canal de Panamá. Em 1964, mais da metade da alta oficialidade havia passado pelas escolas dos Estados Unidos, a maior porcentagem em comparação aos outros países latino-americanos, o que terá reflexos políticos de longo alcance.

Em 1955, o novo Código de Petróleo outorga concessões de mais de 11 milhões de hectares a empresas estrangeiras, beneficiando especialmente a Bolivian Gulf Company, de origem norte-americana.

Em 1956, o novo presidente eleito, Siles Suazo, implementa um plano de estabilização negociado com o FMI.[12] O plano

estabelecia drásticas reduções do orçamento – que obrigaram a abandonar a maior parte das obras de desenvolvimento – e restringia ao máximo os créditos. O tipo único e livre de câmbio implicava a eliminação dos subsídios de que tinham se beneficiado os produtos importados de primeira necessidade. Abandonou-se o controle dos preços e os salários foram congelados. (ibidem)

O plano de estabilização implicou uma deterioração ainda maior dos indicadores sociais e apenas controlou a inflação. O

---

12 A Bolívia foi o primeiro país da América Latina a fazer um acordo com o FMI. Entre 1956 e 1960, a lista de créditos concedidos pelo FMI foi da seguinte ordem: "Argentina, de 1958 a 1960, 275 milhões de dólares; Bolívia, de 1956 a 1957, 27 milhões de dólares; Chile, de 1956 a 1959, 63,6 milhões; Colômbia, de 1956 a 1960, 157,25 milhões; México, 50 milhões em 1954 e 90 em 1959; Nicarágua, de 1956 a 1960, 26,25 milhões; Paraguai, de 1957 a 1960, 13,25 milhões; Peru, de 1955 a 1960, 91 milhões; Rep. Dominicana, 1959, 11,25 milhões; Uruguai, 1960, 30 milhões e Venezuela, 1960, 100 milhões. Apenas escaparam Brasil, Cuba e Panamá; mas 17 repúblicas austrais se submeteram. Foram concedidos 48 empréstimos e assinados 10 convênios *stand by* até fins de 1960" (Trias, 1977, v.2, p.272-3).

sentido restaurador de privilégios presente na postura em relação ao capital estrangeiro elevou a agitação política, e os partidos de esquerda romperam a aliança com o MNR. No entanto, os Estados Unidos reagem favoravelmente à nova orientação. Relatório de inteligência do Departamento de Estado, em 31 de janeiro de 1958, ressalta as virtudes estabilizadoras do governo de Siles Suazo:

O regime do Movimento Nacionalista Revolucionário (MNR) ... continua a representar a única organização capaz de manter um equilíbrio entre as principais forças sociais e políticas na Bolívia. Sua habilidade de preservar um governo estável e uma orientação pró-EUA na Bolívia durante os próximos anos será condicionada em grande parte pelo nível de assistência externa que ela possa receber. Nem a oposição direitista nem os partidos comunistas ameaçarão a estabilidade contínua, exceto em caso de séria deterioração econômica ... O curso da prudência seguido pelo MNR durante seu primeiro período no poder conferiu-lhe amplo apoio, e nas eleições de 1956, seu líder, Hernán Siles Zuazo, recebeu um evidente mandato popular.

O governo de Siles concentrou-se em impedir o declínio econômico da Bolívia por meio de um programa de estabilização inaugurado em dezembro de 1956 com assistência dos EUA. No ano passado, um modesto progresso foi alcançado pelo programa, e o presidente conseguiu angariar o influente apoio trabalhista organizado e amparo popular para suas diretrizes políticas. Com ajuda contínua dos EUA, Siles provavelmente será capaz de manter uma margem de apoio para a estabilização por todo o ano de 1958.

Uma séria deterioração na situação econômica ou uma austeridade severa demais provavelmente uniria o movimento trabalhista contra Siles, pelo menos em bases *ad hoc*, e enfraqueceria grandemente a liderança moderada no MNR. Se a inquietação trabalhista levasse a tumultos e violência em larga escala, o governo provavelmente não conseguiria preservar a ordem. De qualquer forma, o resultante alvoroço político melhoraria amplamente as perspectivas para a tomada do poder por um regime trabalhista esquerdista e

Estados Unidos e América Latina

aumentaria a influência dos pequenos mas militantes grupos comunistas. (OSS/State Department, s.d., rolo VI, doc. 0107)

Siles Suazo chegará ao final de seu mandato, sendo sucedido por Victor Paz Estenssoro. Na sua segunda presidência, os principais apoios com que conta se encontram no Exército, representado na vice-presidência por René Barrientos, militar treinado nos Estados Unidos; só que esse apoio está condicionado à capacidade de o governo eleito manter a estabilidade política. Em pouco tempo, os receios explicitados no documento do Departamento de Estado se concretizam. O vice-presidente encabeça um golpe militar, com pouquíssima resistência, iniciando um ciclo de instabilidade institucional em que as Forças Armadas assumem o papel principal no controle do poder político.

A intervenção dos Estados Unidos na Guatemala

No final de junho de 1954, a "Operação Êxito", idealizada, organizada, financiada e dirigida pela CIA, atinge seus objetivos com a renúncia de Jacobo Arbenz à presidência da Guatemala e sua substituição por uma junta militar. O acontecimento representa a segunda intervenção de envergadura da CIA com resultados diretos na mudança de governo em favor de setores aliados dos Estados Unidos, após a derrocada do primeiro-ministro Mossadeh, do Irã, em 1953.

Sob o argumento do combate à crescente infiltração comunista no governo Arbenz e os perigos que isso representava para a estabilidade na região, os mais variados instrumentos, legais e ilegais, oficiais e extraoficiais, serão utilizados pelo governo norte-americano: a denúncia nos fóruns internacionais (ONU e OEA) da intervenção do comunismo internacional na América

103

Latina pela Guatemala, campanhas nos meios de comunicação, no parlamento e na opinião pública dos Estados Unidos, e a criação de um "exército de libertação" formado por mercenários nacionais e estrangeiros com base em Honduras e Nicarágua.

Alguns aspectos da "Operação Êxito" chamam a atenção, entre eles, os elevados custos do investimento, que chegam a 20 milhões de dólares contra um orçamento inicial de 4,5 milhões (Kinzer & Schlesinger, 1982, p.126), e o destaque dispensado pelo governo dos Estados Unidos à situação da Guatemala, num contexto internacional com graves problemas decorrentes do conflito na Coreia e contra qualquer evidência de que os perigos anunciados fossem verdadeiros. De acordo com Kinzer & Schlesinger (1982, p.120):

> No final de 1953, os analistas do Departamento de Estado afirmavam que a influência comunista era relativamente trivial, com exceção do que pudesse influenciar no próprio Arbenz. O difundido argumento de que a Guatemala podia converter-se em base para uma tomada do Canal do Panamá pelos soviéticos também era difícil de se sustentar. A Guatemala não tinha vínculos diplomáticos ou militares com a Rússia nem com nenhum país da Europa oriental, com exceção de encontros ocasionais com funcionários da Tchecoslováquia, da qual a Guatemala tinha comprado recentemente um único carregamento de armas à vista.

A única atitude do governo Arbenz passível de ser considerada como sinônimo de mudanças que contrariavam interesses dos Estados Unidos foi a reforma agrária de 1952, que atingiu parte das propriedades da United Fruit Company (UFCO). Os laços existentes entre a empresa e setores influentes, tanto dentro do governo como nos meios políticos do país, pesarão decisivamente no processo que transformou a Guatemala num alvo de ataque direto dos Estados Unidos. A análise se voltará, prioritariamente, para esse aspecto.

Jacobo Arbenz (1951-1954) era o segundo presidente eleito da Guatemala em 133 anos de independência. O primeiro foi seu antecessor Juan Arévalo, em 1945, que inicia um período de mudanças políticas e econômicas visando à modernização do país. A principal atividade econômica da Guatemala era a agricultura, na qual se destacavam dois setores, um dedicado à subsistência, que ocupava 70% da população na produção dos seus próprios alimentos (milho, feijão, arroz, trigo, batata, hortaliças), e outro dedicado à comercialização, que representava 90% das exportações, no qual se destacavam o café (entre 75% e 80%) e a banana (Rubial, 1986a, v.3, p.188 – dados de 1950).

A estrutura da propriedade rural, de acordo com dados de 1950, era altamente concentrada, e 2,1% das propriedades ocupavam 72,2% do território plantado e, dentro deste, 22 proprietários detinham 13% (ibidem, p.88-9). A UFCO era a maior empresa, mantendo sob o seu controle dois terços da produção de banana, o transporte por barco e ferrovia, e os três portos do país.

O principal objetivo do governo de Arévalo foi a criação de condições adequadas para o controle nacional dos instrumentos de política econômica e social, como pré-requisito do desenvolvimento capitalista do país.

Entre as medidas mais importantes no campo econômico, destaca-se a criação do Banco Central, que passa a controlar a distribuição do crédito, até então em mãos dos bancos privados; do Instituto de Fomento à Produção, que busca estimular, a partir do Estado, a atividade econômica privada; e do Instituto Nacional do Petróleo, dando prioridade ao capital nacional na sua exploração, já que, pela Constituição de 1945, as riquezas do subsolo pertenciam à Nação. No campo social, o governo de Arévalo cria o Instituto de Previdência Social e o Código do Trabalho, que reconhece o direito à sindicalização e à greve, e estabelece o salário mínimo e a jornada de 8 horas.

A aplicação do Código do Trabalho desencadeará o primeiro confronto do governo com a UFCO, preocupada com as conse-

Luis Fernando Ayerbe

quências da organização em sindicatos dos trabalhadores ligados à cultura da banana.

A companhia conseguiu contratar o senador Henry Cabot Lodge do seu Estado natal de Massachusetts para uma campanha de oposição às reformas do governo da Guatemala. Lodge, cuja família possuía ações na United Fruit, irrompeu nos salões do Senado em 1949 e denunciou o Código do Trabalho por discriminar a *United Fruit* e levá-la a uma "séria bancarrota econômica" por meio de perturbações trabalhistas. (Kinzer & Schlesinger, 1982, p.95)

Ironicamente, o código inspirou-se no similar dos Estados Unidos; no entanto, o próprio governo Truman manifestou preocupações em relação ao seu alcance, solicitando ao FBI que reunisse informações sobre o presidente Arévalo e alguns dos seus auxiliares mais próximos.

A partir de 1950, a UFCO passará a desenvolver uma campanha de opinião pública nos Estados Unidos contra o governo de Arévalo, alertando sobre os perigos da penetração do comunismo na Guatemala. Sintomaticamente, pouca atenção recebeu na imprensa a resposta de Arévalo, que, ao mesmo tempo em que reafirmava sua solidariedade com os Estados Unidos na guerra da Coreia, destacava a inspiração das suas reformas no espírito que norteou a administração de Franklin Roosevelt (Kinzer & Schlesinger, 1982, p.96).

Com a ascensão de Jacobo Arbenz, disposto a estender e aprofundar as reformas iniciadas com Arévalo, o confronto com a UFCO se radicalizará, envolvendo cada vez mais o governo dos Estados Unidos na defesa dos interesses da companhia.

Entre os objetivos explicitados pelo programa de governo de Arbenz, destacava-se a "independência econômica da nação, a transformação do país numa nação capitalista e a elevação do nível de vida do povo".[13]

---

13 Trecho do programa de governo de Arbenz, extraído de Rubial, 1986a, p.100.

106

A reforma agrária tinha um papel central nessa estratégia, permitindo diversificar a agricultura, fornecer matéria-prima para a indústria em fase inicial de desenvolvimento, aumentar a produção e diminuir a dependência do comércio exterior. Nos seus itens principais, a lei de 1952 estabelecia os seguintes objetivos:

Artigo 1º – liquidar a propriedade feudal no campo e as relações de produção que a originam para desenvolver a forma de exploração e métodos capitalistas de produção na agricultura e preparar o caminho para a industrialização da Guatemala.

Artigo 2º – Ficam abolidas todas as formas de servidão e escravidão e, por conseguinte, proibidas as prestações pessoais gratuitas dos camponeses, moços colonos e trabalhadores agrícolas, o pagamento em trabalho do arrendamento da terra e os repartimentos de indígenas, qualquer que seja a forma em que subsistam.

Artigo 5º – A expropriação a que se refere a presente lei decretada por interesse social se consumará de acordo com prévia indenização, cujo importe será coberto com "Bônus da Reforma Agrária", ressarcíveis na forma em que determina a lei.

Artigo 6º – O montante de indenização será fixado com base na declaração da matrícula fiscal de bens rústicos, de acordo a como se encontre em nove de maio de mil novecentos e cinquenta e dois, e será pago proporcionalmente à extensão da terra expropriada.

A expropriação afetou apenas as terras improdutivas, e a nova estrutura agrária não colocou em questão a existência da grande propriedade. Apesar do breve tempo de duração, os resultados foram bastante favoráveis:

O produto nacional bruto subiu de 451 milhões de quetzales em 1952 para 492 milhões de quetzales em 1954. O consumo pessoal real subiu de 340 milhões de quetzales em 1952 para 347

---

14 Lei da Reforma Agrária. Trechos extraídos de Rubial, 1986a, p.97.

milhões em 1954. A importação de maquinarias e equipamentos subiu no mesmo período de 76 a 77 milhões e as exportações de 87 a 95 milhões. (Rubial, 1986, p.103)

Em relação às propriedades da UFCO, a reforma agrária expropriou 219.159,96 acres de terras ociosas em Tiquisaque, sobre o Oceano Pacífico, pelas quais pagou indenização de 627.572,82 quetzales, e 173.790,47 acres de terra em Bananera, sobre o Oceano Atlântico, pagando 557.542,88 quetzales. A partir desse momento, a UFCO deflagra uma campanha em várias frentes contra o governo de Arbenz.

Em 5 de março de 1953, um relatório de inteligência do Departamento de Estado dos Estados Unidos avaliava os efeitos da reforma agrária da Guatemala da seguinte maneira:

A adoção, em 17 de junho de 1952, de um amplo programa de reforma agrária prenuncia significativas mudanças políticas, econômicas e sociológicas na Guatemala. A implementação completa da lei libertaria milhares de trabalhadores rurais de uma dependência secular da privilegiada classe latifundiária, mas a maioria ficaria sujeita, quase que com certeza, a um controle próximo pelo Estado por meio de supervisão de um virtualmente autônomo Departamento Agrário Nacional, pelo limite sobre o uso da terra, por meio de concentrações populacionais e de extensão da assistência técnica ou qualquer outra.

A implementação completa e rápida do programa de distribuição de terra possivelmente produziria sérias repercussões econômicas. O nervosismo já tem diminuído a atividade empresarial. Até agora, contudo, a produção agrícola, que vem a ser a base da economia da Guatemala, aparentemente não foi afetada.

As forças administrativas usarão a lei, quase que certamente, para eliminar todo o controle que as grandes classes latifundiárias conservadoras exercem sobre os trabalhadores rurais. Com a assistência dos comunistas, que aproveitarão a oportunidade para estender sua influência sobre as classes rurais, deverá resultar um apoio mais forte para o governo. É também provável que as vantagens para os comunistas sejam intensificadas por maiores oportunidades de atacar a *United Fruit Company* e pela desunião crescente entre os moderados e a esquerda resultante do patrocínio do governo para o programa de reforma.

Os empreendimentos agrícolas estrangeiros, especialmente a *United Fruit Company*, provavelmente terão suas propriedades não cultivadas desapropriadas, uma vez que elas parecem não ter nenhuma proteção especial sob suas concessões de operação. Enquanto eles podem apelar com decisões que afetam seus interesses para o Departamento Agrário Nacional, esta agência e os tribunais civis, que provavelmente não poderiam ser utilizados, estão tão rigorosamente sujeitos às vontades da administração que tal recurso pouco valeria.

Existe uma forte possibilidade de que uma aceleração rápida demais do programa agrário, juntamente com a crescente força e influência comunista, possa levar a uma violência difícil de ser contida pela administração de Arbenz. (OSS/State Department, s.d., rolo IX, doc. 0208)

No dia 12 de março, Spruille Braden, conselheiro em relações públicas da UFCO, que anteriormente foi embaixador dos Estados Unidos na Colômbia (1939-1941), Cuba (1942) e Argentina (1945), pronuncia discurso no *Dornauth College* criticando a omissão de Eisenhower em relação à situação na Guatemala e solicitando a intervenção dos Estados Unidos para deter o avanço do comunismo.

Em 26 de março, o Departamento de Estado emite nota questionando a expropriação de terras da UFCO. O próprio secretário de Estado, John Foster Dulles, teve participação, como advogado do escritório Sullivan e Cromwell, na redação dos contratos de 1930 e 1936 entre a companhia e o governo da Guatemala, na época presidido pelo ditador Ubico. Em 1954, ele solicitará, em nome do governo dos Estados Unidos, uma indenização para a empresa de 15.854.848 de dólares pelas terras de Tiquisaque. Embora exorbitante, já que o valor declarado para impostos era de

627.527 dólares, a soma é menor que os 20 milhões gastos pelos cofres públicos para financiar a derrocada de Arbenz.

Em agosto de 1953, Eisenhower aprova plano elaborado pela CIA, sob o comando de Allen Dulles, para derrubar o governo da Guatemala. Um grupo de 200 homens recrutados entre exilados da Guatemala e mercenários de outras nacionalidades começa a ser treinado em Honduras e Nicarágua. O escolhido para desempenhar o papel de "libertador" foi Carlos Castillo Armas, coronel exilado em Honduras após golpe frustrado contra Arbenz em 1950.[15]

Em março de 1954, na X Conferência Pan-Americana realizada na Venezuela, a delegação dos Estados Unidos, presidida por Foster Dulles, propõe resolução declarando que "a dominação ou controle das instituições políticas de qualquer Estado americano por parte do movimento comunista internacional ... constituiria uma ameaça (para o hemisfério inteiro e requeria uma) ação apropriada de acordo com os tratados existentes" (Kinzer & Schlesinger, 1982, p.160).

Na sua resposta, Guillermo Toriello, representante da Guatemala e ministro de Relações Exteriores, denuncia o caráter intervencionista da proposta de Dulles:

a delegação de Guatemala se oporá categoricamente a toda resolução ou declaração que, com o pretexto do comunismo, conculque os princípios fundamentais da democracia, postule a violação dos direitos do homem ou vulnere o princípio de não intervenção com a tendência a converter o pan-americanismo num instrumento para manter os povos de América Latina em condições semicoloniais em

15 O chefe de política e propaganda da "Operação Êxito", Howard Hunt, especificou posteriormente à operação o porquê da escolha de Castillo Armas: fora o natural anticomunismo, "possuía esse conveniente aspecto de índio. Parecia um índio, o que era algo excelente para o povo" (Apud Kinzer & Schlesinger, 1982, p.137).

Estados Unidos e América Latina

benefício de poderosos interesses dos monopólios estrangeiros. (Apud Selser, 1967, p.57)

A resolução, no entanto, é aprovada por ampla maioria, com a abstenção do México e da Argentina e o voto contrário da Guatemala.

No dia 18 de junho, aviões dos Estados Unidos bombardeiam o território da Guatemala e as forças rebeldes de Castillo Armas iniciam a invasão a partir de Honduras. O governo apresenta solicitação ao Conselho de Segurança da ONU para que peça um cessar-fogo e nomeie uma comissão observadora que analise a situação no país. Apesar da decisão do Conselho em favor do cessar-fogo, o conflito continua. O presidente Arbenz solicita uma segunda reunião, mas a ação do representante dos Estados Unidos, Henry Cabot Lodge (cuja família, por coincidência, era acionista da UFCO), consegue bloquear a discussão graças aos votos favoráveis de Brasil, Colômbia, Turquia e China nacionalista.

Apesar da oposição enfrentada pelas forças de Castillo Armas, com crescentes dificuldades para avançar dentro do território da Guatemala, o exército se nega a atender ao pedido do presidente Arbenz para armar a população civil e enfrentar os invasores, cujo poder de fogo aéreo superava o das forças locais. Em 27 de junho, dois dias após a votação no Conselho de Segurança da ONU, o embaixador dos Estados Unidos no país, John Peurifoy, anuncia ao ministro de Relações Exteriores que a substituição de Jacobo Arbenz por uma junta militar faria a guerra cessar imediatamente. No mesmo dia, Arbenz renuncia, afirmando o desejo de evitar um maior derramamento de sangue.

O argumento da penetração do comunismo na Guatemala está longe de refletir a realidade objetiva. Nas eleições que deram a vitória a Arbenz, o Partido Guatemalteco do Trabalho, nome do partido comunista, obteve quatro cadeiras no parlamento, de um total de 56. A maior influência do partido estava no movimento operário, no qual se destacava na organização de sindicatos

111

e na implementação da reforma agrária. Em termos de poder decisório, nunca chegou a ter uma presença próxima do núcleo presidencial. Na realidade, o grande problema que desencadeou a campanha contra o governo de Arbenz foi a expropriação de terras da UFCO, empresa que mantinha uma importante rede de influências nos mais altos escalões do governo dos Estados Unidos, especialmente em setores vinculados à política externa. Um claro exemplo de favorecimento de interesses privados a partir da ação estatal.

A atuação do governo Eisenhower na derrocada de Arbenz continua gerando controvérsia nos Estados Unidos. Na sua crítica às teorias do imperialismo e da dependência como fator cultural do subdesenvolvimento latino-americano, Lawrence Harrison atribui parte da responsabilidade a intelectuais dos Estados Unidos que promoveram uma visão errônea do papel do país na região. Entre os alvos principais da crítica, destaca o livro de Kinzer & Schlesinger, uma das fontes da nossa análise.

Harrison considera que houve uma injusta demonização da ação da *United Fruit* na América Central e Caribe. Para ele, os instrumentos de pressão utilizados pela empresa na defesa dos seus interesses estariam plenamente justificados, caso contrário, ficaria em desvantagem ante outros concorrentes nesses mercados. Na realidade, a UFCO teria sido obrigada a fazer uso de instrumentos típicos da cultura latino-americana nas relações entre o setor privado e o poder público:

> A *United Fruit* se envolveu nas políticas locais, e é quase certo que isso incluiu favores para políticos e burocratas. No entanto, conforme Hernando de Soto[16] tem argumentado, é isso o que o tradicional

---

16 Economista peruano autor do livro *O outro Sendero*, uma das principais referências, ao lado do *Manual do perfeito idiota latino-americano*, da crítica ideológica conservadora do nacionalismo latino-americano.

"mercantilismo" econômico latino-americano significa – relações acomodadas entre homens de negócios e governos. A *United Fruit* não poderia ter sobrevivido se não jogasse o mesmo jogo dos homens de negócios nacionais. (Harrison, 1997, p.99)

Pela análise que fizemos da estrutura econômica da Guatemala, resulta difícil identificar os poderosos empresários nacionais e representantes de grandes companhias internacionais que, de acordo com Harrison, estariam disputando o mercado com a UFCO. Na ausência de evidências, a ideologia justifica.

No que se refere à intervenção do governo dos Estados Unidos, Harrison considera que os fatores desencadeadores foram essencialmente geopolíticos e que a defesa dos interesses da UFCO teve um papel secundário:

A prevenção contra a influência de países hostis aos Estados Unidos – a Alemanha à época da Primeira e Segunda Guerras Mundiais, a União Soviética e Cuba durante a guerra fria – tem sido o objetivo maior da política dos EUA na América Central e Caribe durante todo este século e explica não apenas as intervenções dos EUA na Guatemala em 1954, mas também na Nicarágua em 1912 e 1982; na República Dominicana em 1916 e 1965; e no Haiti em 1915. A despeito dos investimentos da *United Fruit* e de outras companhias dos EUA, o significado econômico da América Central para os Estados Unidos é minúsculo. (ibidem, p.101)

De acordo com essa abordagem, a UFCO e o governo dos Estados Unidos agiram corretamente. A defesa do interesse nacional justificou o intervencionismo. A culpa estava do lado do governo Arbenz, incapaz de perceber os benefícios da presença da UFCO e o fato "óbvio" de que qualquer possibilidade de mudança nessa região estava geopoliticamente sobredeterminada.

Em visita à Guatemala em março de 1999, como parte de uma viagem a países da América Central, o presidente Clinton

Luis Fernando Ayerbe

fez um pedido formal de desculpas ao povo guatemalteco pela ingerência nos assuntos internos do país durante a guerra fria: "para os Estados Unidos, é muito importante que eu diga claramente que o suporte a forças militares e unidades de inteligência que se envolveram na difusão da violência e da repressão foi errado, e que os Estados Unidos não devem repetir esse erro".[17]

---

17 Parte do discurso do presidente Clinton (apud Falcoff, 1999, p.42). Na sua crítica ao pedido oficial de desculpas, Falcoff adota argumentos curiosos: "não é impossível que, deixada à sua própria conta, a Guatemala poderia ter se tornado o primeiro Estado cliente da União Soviética na América Latina ... Nós nunca saberemos. Mas era essa a preocupação do governo dos Estados Unidos e da Agência Central de Inteligência na época" (p.44).

4
O período Kennedy-Johnson: entre o reformismo e a segurança hemisférica

O período em que os Estados Unidos são presididos pelas administrações democratas de Kennedy e Johnson corresponde a uma fase de crescimento econômico e prosperidade. O Produto Nacional Bruto (PNB) se expande de 502,6 bilhões de dólares em 1960 para 870 bilhões em 1968 (Trias, 1977, v.3, p.12).

Na política externa, Kennedy propõe mudanças nas relações com a União Soviética, sinalizando para uma política de "dissuasão flexível", que diminua os riscos do confronto direto e priorize a concorrência nos campos tecnológico, produtivo e comercial, buscando demonstrar, na prática, a superioridade do *American way of life*. Nos anos da administração Eisenhower, o acento nos ganhos de curto prazo limitava as possibilidades de resolução das crises internacionais a uma opção entre extremos. Com a volta dos democratas ao poder, os Estados Unidos apostam no esvaziamento das alternativas não capitalistas ou nacionalistas antinorte-americanas, pelo estabelecimento de um consenso majoritário em favor das vantagens oferecidas pelo alinhamento com o "mundo livre".

Nos anos em que Kennedy esteve à frente do governo, aumentou a importância da América Latina na política externa, situação que mudou radicalmente com a ascensão de Johnson, quando os Estados Unidos se envolveram cada vez mais no conflito do Vietnã.

As preocupações com a América Latina adquirem prioridade a partir da constatação dos erros das políticas anteriores que, como vimos, enfatizavam o alinhamento político da região em razão da guerra fria, apoiando sem qualquer seletividade todo regime aliado e combatendo aqueles que ensaiavam voos próprios, sem medir meios e consequências de médio e longo prazos causadas pela imposição de opções antipopulares.

A revolução cubana aparece nesse momento como um indício do que pode acontecer com outros países caso a política externa dos Estados Unidos continue apostando exclusivamente no intervencionismo. O eixo inicial da mudança de rumos proposto por Kennedy será a promoção de reformas econômicas e sociais, o que não significa o abandono das políticas preventivas e repressivas das administrações precedentes. Na prática, nos dois campos haverá inovações e aperfeiçoamento dos instrumentos de política externa, que serão combinados de forma a atender às exigências colocadas pela conjuntura desses anos.

Para pensar o novo enfoque das relações com a América Latina, será formada uma equipe de intelectuais de diversas áreas, sem a participação de funcionários das administrações republicanas anteriores, sob a direção de Adolf Berle, diplomata que já havia trabalhado no Departamento de Estado com Franklin Roosevelt, o que não significou uma opção pela volta da "boa vizinhança". A postura do governo Kennedy será pragmática: para implementar a política de reformas estruturais, criará a Aliança para o Progresso (Alpro) e, para prevenir novas experiências inspiradas na revolução cubana, a política de treinamento e aparelhamento das forças repressivas latino-americanas será reforçada. O novo secretário da Defesa, Robert McNamara, será o responsável pela reformulação dos programas do Pentágono.

Durante o período em que Kennedy é presidente, a expectativa maior recai na política reformista, com a ascensão de Johnson; há um retorno do *big stick* como principal resposta para as crises latino-americanas.

A possibilidade de uma nova política dos Estados Unidos para a América Latina criou expectativas favoráveis na maioria dos governos da região. De acordo com Antiásov (1986, p.70):

> Antes de formular definitivamente seus lineamentos nos assuntos interamericanos, Kennedy procurou esclarecer a opinião daqueles líderes latino-americanos com os quais abrigava esperanças de estabelecer boa colaboração. Com esse propósito, em relação à América Latina, foi comissionado Arthur M. Schlesinger Jr. Suas entrevistas com Arturo Frondizi na Argentina, com Victor Paz Estenssoro na Bolívia, com Rómulo Betancourt na Venezuela e com Victor Haya de la Torre no Peru confirmaram que todos os dirigentes citados, considerados por Kennedy um apoio para sua futura política na América Latina, consideraram imprescindível que, num determinado momento, os Estados Unidos realizassem reformas sociais orientadas a impedir o crescimento da influência comunista.

Em março de 1961 é entregue a Kennedy um memorando assinado por Raúl Prebish, pela Comissão Econômica para a América Latina (Cepal), por José Mora, pela OEA, e por Felipe Herrera, pelo Banco Interamericano de Desenvolvimento (BID),[1] contendo as ideias dos setores empresariais e círculos intelectuais

---

1 O BID foi criado em 1959, por pressão dos países latino-americanos, com a função de fornecer créditos a juros baixos para o desenvolvimento da região. O capital inicial foi de 1 bilhão de dólares, dos quais 45% aportados pelos Estados Unidos e 55% pelos países latino-americanos.

latino-americanos influentes em relação aos problemas e saídas mais adequados para a região. Nessa ocasião, Kennedy apresenta um programa de dez pontos que sintetizam os objetivos da Aliança para o Progresso. Entre os principais pontos do programa destaca-se a implementação de um Plano Decenal de desenvolvimento, com destinação de uma verba de 500 milhões de dólares para "combater o analfabetismo, para melhorar a produtividade e o emprego da terra, para exterminar as doenças, para derrubar as estruturas arcaicas do sistema tributário e de posse da terra e para fornecer oportunidades educacionais" (Kennedy, *Alliance for Progress Address to Latin American Diplomats*, in May, 1964, p.234). O programa também prometia apoio à integração econômica, propondo a criação de uma área de livre comércio, programas de emergência de alimentos para a paz e intercâmbio científico entre as universidades.

Um mês depois, a invasão a Cuba pela Baía dos Porcos, que discutiremos neste capítulo, reduz rapidamente as expectativas favoráveis suscitadas pelas declarações iniciais do governo Kennedy. A partir daqui, ficam claramente especificadas as respostas que se devem esperar em caso de não alinhamento com os Estados Unidos.

O fracasso da invasão desencadeia um processo de radicalização nas relações entre Cuba e Estados Unidos. Nas discussões dos organismos interamericanos sobre a implementação da Alpro, o isolamento de Cuba será o objetivo paralelo e condicional do oferecimento de ajuda econômica.

O programa da Alpro é apresentado na reunião da OEA em Punta del Este, em agosto de 1961. Entre os principais objetivos, destacam-se a reforma agrária, o crescimento do produto bruto *per capita* a uma média anual de 2,5%, a eliminação do analfabetismo até o ano de 1970, a redução pela metade da mortalidade infantil, e o estímulo à industrialização e à integração econômica das nações. Os recursos prometidos para atingir esses objetivos ascendem a 20 bilhões de dólares ao longo de dez anos, metade originários do tesouro dos Estados Unidos e o restante dividido em partes iguais entre o setor privado e os Estados latino-americanos (ver Donghi, 1990, cap. 7; Kryzanek, 1987, cap. 3; e Nathan & Oliver, 1991, cap. 5).

A Alpro recebe severas críticas da delegação cubana, chefiada por Ernesto "Che" Guevara, argumentando que o eixo da ajuda não apostava no desenvolvimento econômico da região, mas destinava-se basicamente a suprir deficiências no plano da alimentação, saneamento básico e educação. A única mudança estrutural apresentada era a reforma agrária.[2]

A proposta dos Estados Unidos é aprovada, e o programa da Alpro começa a ser implementado. Como mostra a Tabela 6, a partir de 1961 há um aumento substancial no desembolso de recursos oficiais para a América Latina. Na parte correspondente ao setor privado, "os investimentos dos EUA na região passaram de 4,4 bilhões de dólares acumulados em 1950 a 9,01 em 1967, 11,9 em 1973 (Minsburg, 1987, p.66). No período 1950-1973, o PIB *per capita* da América Latina cresce a uma média anual de 3,8%.[3]

Apesar do respaldo político do governo norte-americano, do aumento dos investimentos oficiais e privados, e do crescimento

---

2 No seu discurso na Conferência, Guevara critica as projeções de crescimento da Alpro para a região, contrapondo sua percepção otimista do futuro de Cuba: "A taxa de crescimento que se apresenta como ideal para toda a América é de 2,5% ... Nós falamos sem nenhum receio em 10% de desenvolvimento ... O que Cuba calcula que terá em 1980? Uma renda *per capita* de 3 mil dólares, maior que a dos Estados Unidos atualmente ... Que nos deixem em paz, que nos deixem crescer, e dentro de vinte anos reunamo-nos todos de novo para ver de onde vinha o canto de sereia: se de Cuba revolucionária ou de outro lugar" (apud Castañeda, 1997, p.241).

3 French-Davis, 1998a, p.151, Tabela 4.1. Na comparação com os outros períodos históricos apresentados pelo autor, o de 1950-1973 apresenta maior crescimento: 1870-1913, 1,45%; 1913-50, 1,2%; 1973-90, 2,1%.

econômico acima da média prevista, o desenvolvimento latino-
-americano, no entanto, não apresenta os resultados satisfatórios
conjeturados pela Alpro. Como mostram os dados da Tabela 7,
relativos aos países mais industrializados da região nos anos 60
(ver Quadro 1), na maioria dos casos, há uma deterioração na
distribuição da renda, acompanhada de aumento dos índices de
subemprego informal urbano.

Tabela 6 – Ajuda total dos Estados Unidos à América Latina
1952-1975 (em milhões de dólares constantes para
1989)

Ano	Militar	Não militar	Total
1952	231.503	129.963	361.466
1953	452.154	179.934	631.088
1954	106.224	211.442	317.666
1955	120.714	429.288	550.002
1956	149.495	983.082	1.132.577
1957	257.195	1.154.243	1.411.438
1958	193.249	694.507	887.756
1959	252.400	685.910	938.310
1960	282.437	623.781	906.218
1961	466.517	1.604.880	2.071.397
1962	603.844	3.221.310	3.816.154
1963	359.076	3.053.770	3.412.846
1964	401.158	3.596.356	3.997.514
1965	352.446	2.625.777	2.978.223
1966	463.233	2.832.830	3.296.063
1967	308.153	2.052.937	2.361.090
1968	256.481	1.888.519	2.614.469
1969	139.921	1.216.872	1.356.793
1970	73.737	1.622.415	1.696.152
1971	228.886	1.186.806	1.415.692
1972	261.713	1.193.705	1.445.418
1973	222.373	907.528	1.129.901
1974	340.098	960.444	1.100.542
1975	340.736	873.478	1.214.217

Fonte: Tulchin, 1990, com base no Serviço de Investigação do Senado dos Estados Unidos.

Estados Unidos e América Latina

Tabela 7 – Crescimento do produto, distribuição de renda e subemprego informal urbano em países selecionados da América Latina (1950-1981)

	(1) Evolução do PIB (%)		(2) Distribuição da renda	(3) Subemprego informal urbano	
	1960-1973	1950-1981		1950	1980
Argentina	4,0	2,9	(Urbana) Início anos 50: 0,37 1961: 0,41 1974: 0,42 1980: 0,46	15,2	21,4
Brasil	7,5	6,8	(Nacional) 1960: 0,57 1970: 0,63 1980: 0,62	10,7	16,5
Chile	3,4	3,6	(Santiago) Início anos 50: 0,44 1960: 0,46 1968: 0,50 1971: 0,47 1981: 0,52	22,1	21,7
Colômbia	5,6	5,0	(Nacional) Início anos 50: 0,51 1964: 0,54 1971: 0,52 1978: 0,47	15,3	22,3
México	7,0	6,6	(Nacional) Início anos 50: 0,59 1963: 0,61 1967: 0,59 1977: 0,55	12,9	22,0

Fonte: (1) French-Davis, Bethell, 1998a, Tabela 4.3, p.178. (2) Coeficientes de Gini, distribuição das famílias segundo o total da renda familiar. (Thorp, 1999, Apêndice VIII, Tabela VIII.I, p.370). (3) % da população total economicamente ativa (Cardoso & Helwege, 1993, Tabela 9.7, p.257).

Kryzanek, um pesquisador próximo do *establishment* da política externa dos Estados Unidos, atribui os parcos resultados da Alpro a duas limitações originárias do meio ambiente cultural da região – crescimento demográfico e resistência à mudança:

Luis Fernando Ayerbe

Os Estados Unidos viram que, apesar do crescimento econômico, a população em aumento tornava difícil conseguir um desenvolvimento significativo. Além disso, os arquitetos da Aliança compreenderam que solicitar aos latino-americanos que cooperassem na realização de reformas econômicas e sociais nem sempre assegurava o cumprimento. Os funcionários americanos acharam grande resistência de parte das elites governantes e econômicas para avançar nas áreas de reforma agrária, equalização de impostos e formação de programas de bem-estar social. Finalmente, havia uma desconfiança subjacente entre os latino-americanos para este novo grande projeto dos Estados Unidos. Os latino-americanos haviam ouvido essas promessas antes e não estavam demasiado ansiosos por aderir à Aliança para o Progresso. (1987, p.108)

Paradoxalmente, os principais empecilhos não são debitados à oposição das forças de esquerda, é o comportamento das elites latino-americanas que dificulta o avanço das reformas. Com a política de isolamento de Cuba, que culmina com a sua expulsão da OEA, os Estados Unidos começam a priorizar as alianças com os setores mais conservadores, justamente os mais refratários às políticas da Alpro, especialmente a da reforma agrária. Os aliados originais das propostas de Kennedy vão perdendo espaço. Se, por um lado, a Alpro necessita deles para promover as reformas, por outro, a política de bloqueio a Cuba, mais urgente e decidida, encontra nos seus inimigos a principal base de apoio.

Com o aumento dos conflitos na América Latina crescem as preocupações dos Estados Unidos com a segurança. Cada vez mais, o eixo da política externa vai deslocando-se para uma ação preventiva e repressiva dos sintomas da crise, subordinando os problemas estruturais ao calendário, mais urgente, da governabilidade. As novas prioridades passam pelo apoio a aliados confiáveis.

O aspecto menos divulgado da administração Kennedy, geralmente associado com a retórica reformista da Alpro, foi a política de defesa, com a expansão dos gastos militares e a reestruturação das Forças Armadas buscando maior eficiência no combate às novas formas de insurgência que se disseminaram pelo Terceiro Mundo.

Para Arthur Schlesinger Jr., no momento em que os Estados Unidos tomavam a decisão de dar sustentação a um governo aliado, não havia lugar para dúvidas na percepção de prioridades entre política reformista, apoio à democracia e contenção do comunismo: "Existem três possibilidades, em ordem de preferência descendente: um decente regime democrático, uma continuidade do regime de Trujillo (uma ditadura de direita) ou um regime como o de Castro. Devemos apontar para o primeiro caso, mas na realidade não podemos renunciar ao segundo até estarmos certos de que poderemos evitar o terceiro" (apud Natan & Oliver, 1991, p.213-4).

Para enfrentar a disseminação do terceiro tipo de regime, os arsenais de mísseis intercontinentais, grandes bombardeiros e exércitos regulares apresentam pouca eficácia. O fracasso da invasão a Cuba e os problemas na Indochina representam um sinal de alerta. O desenvolvimento de novos programas de adestramento das Forças Armadas nas táticas da guerra de guerrilhas e o fortalecimento dos serviços de inteligência assumem maior destaque na política de defesa dos Estados Unidos.

O orçamento militar do primeiro ano do governo Kennedy supera em 2,3 bilhões de dólares o do ano anterior. Em relação à América Latina, os programas de treinamento das Forças Armadas iniciados nos anos 50, de acordo com as diretrizes do Tiar, sofrem algumas modificações. A noção de defesa continental que orientou os investimentos no aparelhamento da marinha e da aeronáutica, para o controle das vias de acesso de potências extracontinentais pela Costa Atlântica, cede espaço para uma visão centrada na contrainsurgência, fortalecendo as forças militares e paramilitares de cada país para enfrentar inimigos internos.

Entre 1949 e 1970, 54.720 oficiais e suboficiais latino--americanos passarão pelos programas de ajuda militar situados nos Estados Unidos e na zona do Canal do Panamá. De acordo com as palavras do então secretário da Defesa, Robert McNamara:

> Provavelmente, a maior retribuição que nos dá o nosso investimento em assistência militar provenha do treinamento de oficiais-chaves escolhidos nas nossas escolas militares e centros de treinamento nos Estados Unidos e ultramar. Esses estudantes são eleitos pelos seus países para que sejam instrutores quando regressarem para suas pátrias. São os futuros líderes ... Não preciso me explanar acerca do valor de ter em posições de liderança homens com um conhecimento de primeira mão sobre como os norte-americanos fazem as coisas e como pensam. Não tem preço para nós fazer desses homens nossos amigos. (Apud Selser & Diaz, 1975, p.60)

Os desenvolvimentos posteriores dessa política darão plena razão a McNamara. De acordo com dados divulgados em outubro de 1973 pelo *New York Times*, "mais de 170 graduados da Escola Militar das Américas de Estados Unidos são hoje chefes de governos, ministros em gabinetes, comandantes em chefe, chefes de Estado-Maior e chefes de inteligência" (Selser & Diaz, 1975, p.61).

A ascensão de Johnson, em 1963, fortalecerá ainda mais essa política. A Alpro, embora não seja formalmente abandonada, assumirá cada vez mais um sentido retórico. A nova orientação, conhecida como "doutrina Mann", por causa do seu inspirador, o novo assistente do secretário de Estado e coordenador da Alpro nomeado por Johnson, Thomas Mann, ex-funcionário da administração Eisenhower, recomenda uma postura neutra em relação ao caráter ditatorial ou democrático dos regimes políticos da região, privilegiando os interesses globais dos Estados Unidos, especialmente o combate ao comunismo.

Diferentemente do governo Kennedy, que atribuía maior peso aos recursos públicos nos programas de ajuda, a nova orientação prioriza os investimentos privados. Em 1965 é criado o Conselho para a América Latina (CLA), por iniciativa de David

Rockefeller, do *Chase Manhattan Bank*, que congrega mais de 200 empresas dos Estados Unidos, responsáveis por 90% dos investimentos na América Latina. A vinculação entre os mais altos executivos dessas empresas com setores-chaves do governo norte-americano, transmitindo um conhecimento pormenorizado da situação na região, torna esse organismo cada vez mais importante como instrumento de articulação entre os interesses do setor privado, a política externa dos Estados Unidos e os aliados nesses países.

O relatório do vice-presidente do CLA, Henry R. Geyelini, no encontro anual de dezembro de 1969, define bem o papel da entidade:

1. Devemos prever o desenvolvimento dos acontecimentos de longo alcance na América Latina e prepararmo-nos para eles. Desta decisão, saiu a encomenda do *Council à Decision Research Inc.*, que vai preparar um "mapa ambiental" da América Latina.

2. Precisamos, de uma vez por todas, organizar a documentação das contribuições de investimento privado estrangeiro para o desenvolvimento da América Latina.

3. Devemos estabelecer regras definitivas para a empresa privada, estrangeira e nacional.

4. A empresa privada deve ser estimulada a jogar uma parte mais ativa no planejamento econômico da América Latina. O trabalho de vários grupos empresariais binacionais associados ao *Council* está começando a focalizar o assunto.

5. Vamos providenciar todo e qualquer *input* no pensamento do governo norte-americano. Para isso, abriremos um escritório em Washington, em 1970.

6. Devemos aumentar o número de serviços do *Council* em benefício dos nossos membros na América Latina. (Apud Dreifuss, 1986, p.151)

Em 1970, o CLA mudará seu nome para Council of the Americas (COA), tornando-se, a partir da administração Nixon, um dos principais instrumentos não governamentais na criação da política externa para a América Latina.

No plano internacional, o país se envolve cada vez mais no conflito do Vietnã. Na América Latina, a opção pela segurança política fortalece as saídas não institucionais, e a visão do Pentágono e da CIA passa a ter um peso maior na caracterização dos amigos e inimigos dos Estados Unidos. Governos e setores políticos, considerados aliados pelo presidente Kennedy na promoção das reformas propostas pela Alpro, começam a ser vistos como indecisos e perigosos. Entre 1962 e 1968, o panorama político da região reflete a opção clara pelo militarismo: na Argentina, Arturo Frondizi é derrocado por golpe militar em 1962; o mesmo acontece com Juan Bosch na República Dominicana, Idigoras Fuentes na Guatemala e Villeda Morales em Honduras em 1963, mesmo ano em que Duvalier se autoproclama presidente vitalício do Haiti; João Goulart no Brasil e Paz Estenssoro na Bolívia em 1964; Illia na Argentina em 1966 e Belaúnde Terri no Peru em 1968, embora, neste último caso, o golpe militar responda a objetivos nacionalistas, sem relação com a política externa dos Estados Unidos, como veremos no próximo capítulo.

Nas seções a seguir, discutiremos as contradições entre o discurso mudancista e a prática intervencionista na política externa dos Estados Unidos no período 1961-1968, tomando como referência específica as ações contra Cuba, o golpe contra João Goulart no Brasil e a invasão da República Dominicana em 1965.

A revolução cubana

Os Estados Unidos têm um peso relevante na evolução dos processos políticos da Guatemala, Bolívia e Argentina analisados no Capítulo 3. As modalidades de intervenção são diversas: contrainsurgência combinada com o isolamento diplomático, graças ao alinhamento quase que incondicional dos países latino-

-americanos nos fóruns internacionais (ONU) e interamericanos (OEA); pressões econômicas que exploram os problemas de balanço de pagamentos e as dificuldades de acesso a fontes de financiamento internacionais, e a posição privilegiada do país como mercado consumidor e fornecedor de produtos industriais e capitais.

No caso de Cuba, repetir-se-ão as pressões utilizadas anteriormente, só que as medidas de boicote econômico, desestabilização política e sabotagens adquirem um alcance nunca antes visto e desempenham um papel decisivo na evolução dos rumos da revolução, tanto no plano interno como no das suas relações exteriores.

Os vários governos dos Estados Unidos e os analistas favoráveis às posições internacionais do país coincidem em retratar a política em relação a Cuba como de resposta pontual às medidas do governo de Fidel Castro que contrariam os interesses dos Estados Unidos e da "comunidade interamericana".

Um memorando da CIA de 21 de fevereiro de 1961 apresenta argumentos bastante curiosos para explicar a aliança de Cuba com a URSS:

a opinião pública revolucionária cubana foi fortemente preconceituosa contra os EUA quando Castro subiu ao poder em janeiro de 1959. Sem dúvida alguma, Castro acreditava que os EUA tinham tentado evitar sua vitória, e ele deve ter percebido que qualquer reforma séria em Cuba iria inevitavelmente chocar-se contra o capital americano investido, provocando mais hostilidade para com os EUA. E ainda mais, nenhum homem em sã consciência, que estivesse se comprometendo a governar e reformar Cuba, teria escolhido brigar com os EUA. Se, nesse ponto, Castro pudesse ter sido persuadido de que os EUA aceitariam sua revolução como um fato consumado e iriam cooperar com seu programa de reforma, um *modus vivendi* provavelmente poderia ter sido arranjado e subsequentes desenvolvimentos poderiam provavelmente ter sido evitados.

O que aconteceu depois evitou tais desenvolvimentos e deu início a uma cadeia de eventos que levou à aliança de Cuba com a URSS. Isso não é uma decorrência da política e ação dos EUA, mas da personalidade psicótica de Castro. É evidente, segundo o testemunho de seus seguidores na época, que Castro chegou a Havana num alto estado de exaltação equivalente à doença mental. Ele recebeu a adulação das massas, não só em Havana mas também em Caracas (em pessoa) e por toda a América Latina (por meio de relatórios). Mas dos EUA ele ouviu apenas a condenação universal do sumário conselho de guerra e execução dos partidários de Batista na atmosfera de um circo romano. Ele se convenceu de que os EUA nunca entenderiam e aceitariam sua revolução e que ele poderia esperar apenas hostilidade implacável de Washington. Essa foi a conclusão de sua própria mente desordenada, não relacionada a qualquer fato da política ou ação dos EUA. (CIA, 1982, rolo II, doc. 0610)

Independentemente do registro cronológico da partida inicial dos desentendimentos, o importante é a história conhecida do comportamento dos Estados Unidos em outras circunstâncias parecidas. Guatemala era o exemplo mais fresco na memória dos cubanos, inclusive porque alguns dos protagonistas da revolução, como Ernesto Guevara, ali se encontravam no momento da derrocada de Arbenz. Os revolucionários cubanos sabiam o que se podia esperar dos Estados Unidos, especialmente quando as transformações estruturais na economia tomassem corpo.

A dimensão da presença dos Estados Unidos em Cuba excedia em muito os interesses que a *United Fruit* tinha na Guatemala. No momento da independência da Espanha, em 1898, os investimentos ascendiam a 50 milhões de dólares e se elevaram para 80 milhões em 1902, quando o país impôs a Cuba a emenda Platt, que estabelecia as bases permanentes das relações entre os dois países:

Que o governo de Cuba permita que os Estados Unidos exerça o direito de intervir no sentido de preservar a independência cubana, manter a formação de um governo adequado para a proteção da vida, propriedade, a liberdade individual.

Que, a fim de auxiliar os Estados Unidos a sustentar a independência cubana, e para proteger a população dali, tão bem como para a sua própria defesa, o governo de Cuba deverá vender ou alugar terras aos Estados Unidos, necessárias para extração de carvão para linhas férreas ou bases navais em certos locais especificados de acordo com o Presidente dos Estados Unidos. (Morris, 1956, p.182-3)

Até 1930, Cuba abastecia 59% do mercado de açúcar dos Estados Unidos, que contribuía, por sua vez, com 54% das importações cubanas. Em 1959, a participação de Cuba nesse mercado tinha caído para 33% e as importações originárias dos Estados Unidos representavam 75% do total (Morales Dominguez & Pons Duarte, 1987, p.155).

O capital dos Estados Unidos estava presente nas plantações de cana-de-açúcar, nas usinas, nas refinarias de petróleo, no sistema telefônico e no de eletricidade. A dependência da exportação de um produto, em relação a um único mercado, limitava enormemente as opções do novo governo, preocupado em viabilizar uma saída alternativa à difundida sentença de que "sem cota não há país", sem comprometer o estado de "simpatia benevolente" característico das reações iniciais dentro dos Estados Unidos ante a revolução.

Na verdade, o que se esperava (ou desejava) nos EUA era um pequeno intervalo de moralização da imagem de Cuba como paraíso da corrupção, do jogo, da prostituição e de outros "excessos" que encontram melhor caldo de cultura em regimes ditatoriais. Feito isso, e sem demora, deveriam convocar-se eleições. Com o esgotamento dos efeitos das medidas iniciais de moralização e melhoria conjuntural da situação econômica dos setores populares, assumem importância as ações de alcance estrutural. Nesse momento, a "boa vontade" dos Estados Unidos desaparece rapidamente.

A disponibilidade inicial de recursos para financiar um processo de desenvolvimento com autonomia de decisões, tendo em vista a experiência conhecida, não pode depender do sistema financeiro internacional ou dos países capitalistas desenvolvidos, especialmente dos Estados Unidos. De acordo com Fernandes (1979, p.108-9):

> Certas medidas elementares e instrumentais foram tomadas entre 1959-1960 ou até 1962-1963. A "expropriação dos expropriadores" teria de começar, logicamente, pelos aproveitadores do regime ou pelos agentes externos e internos do capitalismo neocolonial: a recuperação dos bens malversados; a primeira e segunda reformas agrárias; a nacionalização do capital estrangeiro; e a nacionalização geral da indústria. Por aí se fez o confisco, sob várias formas, e se pôs nas mãos do governo revolucionário uma considerável massa de riqueza ... Também se apelou, complementarmente, para outras medidas diretas ou indiretas de fortalecimento econômico do governo revolucionário, como, por exemplo: a contribuição voluntária de 4% do salário, com que os trabalhadores colaboravam na constituição de fundos para a industrialização, o fomento da produção açucareira, etc.; o congelamento dos salários, decidido pelas organizações sindicais; o controle das importações, a monopolização estatal do comércio exterior, a centralização da política cambial, etc.; o racionamento, a instituição do acopio, etc. No conjunto, o governo revolucionário preparava ou estimulava a criação de uma base econômica para certas medidas de grande impacto ou para o alargamento de sua intervenção na economia, ameaçada pela resistência empresarial ou pela represália dos Estados Unidos.

Grande parte das expropriações citadas aparece como resposta à radicalização dos Estados Unidos ante o novo governo. No programa inicial da revolução, baseado no documento "A história me absolverá", redigido por Fidel Castro na prisão após o fracassado assalto ao quartel de Moncada em 26 de julho de 1953, a medida mais radical em termos de mudança estrutural era a reforma agrária. No restante, previam-se ações direcionadas a melhorar as condições de vida do povo (aumentos salariais, direitos trabalhistas, diminuição de aluguéis residenciais etc.) ou diversificar o perfil econômico do país, fortalecendo a industrialização.

Entre 8 de janeiro de 1959, quando os revolucionários assumem o poder, e 17 de maio, data de assinatura da Lei de Reforma Agrária, as reações negativas ante o novo governo nos Estados Unidos tiveram mais um caráter de advertência, cujo veículo principal foi a imprensa, sem que as opiniões vertidas assumissem um caráter oficial. As principais preocupações eram com a magnitude da repressão aos antigos aliados do regime de Batista (fuzilamentos e juízos sumários) e a demora para convocar eleições. No entanto, a decretação da reforma agrária (RA) desencadeou o início do confronto entre os objetivos da revolução e a política dos Estados Unidos.

A nova lei cria o Instituto Nacional de Reforma Agrária (Inra), que passa a atuar diretamente na economia rural, definindo as áreas de propriedade pública e privada.

Pretendia três correções essenciais: 1) eliminar o latifúndio (a lei prescrevia, de imediato, os latifúndios improdutivos; o artigo 2 excetuava da medida: as áreas semeadas de cana, cujos rendimentos estivessem 50% acima da média nacional; as áreas de criação de gado que correspondessem aos critérios de produtividade do Inra; as áreas de cultivo de arroz que rendessem não menos que 50% da média da produção nacional; as áreas dedicadas a um ou vários cultivos ou à agropecuária, com ou sem atividade industrial, "para cuja exploração eficiente seja necessário manter uma extensão de terra superior à estabelecida como limite máximo no artigo 1 desta Lei"); 2) corrigir os minifúndios; 3) extinguir legalmente, em futuro próximo, a alienação de terras cubanas e estrangeiras. (Fernandes, 1979, p.118)

A resposta oficial dos Estados Unidos vem no dia 12 de junho de 1959, em nota que demonstra preocupação em relação às indenizações previstas nos casos de expropriações de terras pela reforma agrária. O que estava previsto era o pagamento, em bônus da RA com prazo de carência de 20 anos e juros de 4,5% anuais, do valor de renda declarado nos cartórios até 10 de outubro de 1958. Levando-se em consideração que, na reforma agrária implementada pelos Estados Unidos no Japão durante a ocupação de 1945-1952, determinou-se uma indenização aos antigos proprietários em bônus de 24 anos de carência e juros de 3,5% ao ano, a crescente exaltação com Cuba parecia fora de propósito (Morales Dominguez & Pons Duarte, 1987).

A política de retaliação, no entanto, começa a delinear-se claramente a partir de 1960, no fim da administração Eisenhower, aprofundando-se ao longo das administrações Kennedy e Johnson. Em razão desse contexto, as respostas do governo cubano serão na linha do ataque aos interesses econômicos estrangeiros e nacionais que promovem o boicote à revolução, amadurecendo, no decorrer do processo, uma visão mais radical sobre as alternativas em direção a um desenvolvimento independente.

Faremos uma breve reconstrução desse percurso, intercalando cronologicamente os fatos principais que marcaram a trajetória das relações entre Cuba e Estados Unidos no período de 1960 a 1962:

- Pressões dos Estados Unidos para restringir a venda de combustíveis a Cuba obrigam o país a recorrer ao fornecimento soviético de petróleo. Em junho de 1960, a Texaco nega-se a refinar o petróleo soviético. Posteriormente, a Esso e a Shell fazem o mesmo.

- Em julho, o governo dos Estados Unidos reduz a cota de importação de açúcar cubano em 95%.

- Em agosto, o governo cubano nacionaliza as empresas estrangeiras e suas propriedades rurais. Em outubro, nacionaliza as empresas privadas nacionais.

- Em 3 de janeiro de 1961, os Estados Unidos rompem relações diplomáticas com Cuba. No mesmo mês, Cuba assina acordos com a União Soviética de venda de cota açucareira a preço fixo, independentemente das flutuações do mercado internacional, e de importação de petróleo soviético.

- No dia 15 de abril de 1961, aviões dos Estados Unidos bombardeiam quartéis e aeroportos com a finalidade de destruir aviões cubanos.

- No dia 16 de abril, em concentração popular para velar as vítimas do bombardeio, Fidel Castro proclama pela primeira vez publicamente o caráter socialista da revolução cubana.

- No dia 17 de abril, desembarca na Baía dos Porcos, vindo da Guatemala, um grupo paramilitar de exilados cubanos composto por 1.500 homens treinados pela CIA.[4]

- No dia 19 de abril, a invasão já está derrotada e o presidente Kennedy assume oficialmente a participação do país.

- Em janeiro de 1962, Cuba é expulsa da OEA.

- Em fevereiro, os Estados Unidos decretam o bloqueio econômico do país, o que inclui a proibição de todas as importações de produtos de origem cubana ou importados por Cuba.

- Em março, estendem a proibição à importação de produtos fabricados em qualquer país, que contenham total ou parcialmente produtos de origem cubana.

- Em outubro, Kennedy impõe o bloqueio naval a Cuba, o que inclui barcos comerciais, a raiz da instalação de mísseis soviéticos no território do país. A OEA aprova as medidas, e as negociações entre os EUA e a URSS culminam em acordo que inclui a retirada dos foguetes em troca do reconhecimento, por parte dos Estados Unidos, do regime político da Ilha.

Como podemos observar, várias formas de pressão econômica, política e militar são tentadas nesse breve período de tempo. No plano econômico, o bloqueio traz graves problemas para o

---

4 O plano de invasão foi elaborado pela CIA durante a administração de Eisenhower e deixado de herança para o governo Kennedy.

país. "Cuba viu-se obrigada a reorientar seu comércio para regiões distantes, encarecendo-se, como consequência, suas exportações e importações: as primeiras se fazem menos competitivas e as segundas provocam fortes egressos no balanço de pagamentos em conceito de fretes" (ibidem, p.162).

Pelas avaliações oficiais, até 1985, as perdas econômicas sofridas por causa do bloqueio nos planos comercial e marítimo internacional ascenderam a 9 bilhões de dólares (ibidem, 1987).

As opções de Cuba, a partir da decisão de se manter fiel aos objetivos que levaram ao desencadeamento do processo revolucionário, não são muitas. No âmbito interamericano as portas se fecham, e não por iniciativa de Cuba. A dependência da exportação de açúcar, vulnerabilidade explorada ao máximo pelos Estados Unidos, torna urgente uma definição de novos parceiros comerciais e os países socialistas oferecem uma garantia de compra da cota de açúcar e abastecimento dos produtos de que o país necessita. A desestabilização política interna e externa, que encontra aliados nos grupos empresariais privados, leva o governo a acelerar a política de nacionalizações, o que imprime uma dinâmica de transformação centrada no Estado, que dispõe cada vez mais dos recursos econômicos e políticos necessários para implementar as reformas num país em que a iniciativa privada está em retração.

Em outubro de 1963, a segunda reforma agrária adjudica ao Estado todas as terras superiores a 67 hectares, passando a controlar 60% da propriedade agrícola. As cooperativas criadas na primeira reforma são transformadas em granjas do Estado.

Em 1964, os acordos açucareiros com a URSS são renovados por mais cinco anos, garantindo a colocação de até 5 milhões de toneladas anuais a preço fixo.

Em 1965 é criado o Partido Comunista Cubano, pela fusão do Movimento 26 de Julho (que agrupava os revolucionários ligados a Fidel Castro), o Partido Socialista Popular (nome do antigo Partido Comunista) e o Diretório Revolucionário.

Em 1968 são nacionalizados os setores comerciais urbanos que ainda permaneciam em mãos privadas.

A Tabela 8 mostra a evolução do processo de nacionalização na economia cubana.

Tabela 8 – Nacionalização progressiva dos setores econômicos em Cuba (em %)

Setores	1961	1963	1968
Agricultura	37	70	70
Indústria	85	95	100
Construção	80	98	100
Transporte	92	95	100
Comércio	52	75	100
Comércio no atacado	100	100	100
Sistema Bancário	100	100	100
Educação	100	100	100

Fonte: Rodriguez, 1980, p.168.

O golpe militar de 1964 no Brasil

Diferentemente dos processos políticos analisados anteriormente, o golpe de 1964 não representa a interrupção de um governo representativo de uma postura crítica do modelo capitalista dependente. Provavelmente, como temiam os setores que promoveram o golpe, a continuidade institucional permitiria o crescimento das forças políticas favoráveis a um governo nacionalista nos moldes do peronismo, mas é apenas uma especulação. O que nos interessa ressaltar nesse caso é o significado do pronunciamento militar como marco da instauração de um modelo político e econômico que teve ampla repercussão na América Latina, inaugurando uma nova modalidade de intervenção das Forças Armadas na política, em que já não se limitam a interromper uma situação conjuntural de crise convocando eleições no menor prazo de tempo possível, senão que se apresentam para o conjunto da sociedade como agentes da fundação de uma nova ordem, sem prazos de saída, apenas com objetivos a serem cumpridos.

Nesse sentido, a descrição do período pré-1964 se limitará a uma análise do modelo de desenvolvimento adotado a partir dos anos 50, os problemas de governabilidade, com crescentes dificuldades de convívio desse modelo com a estrutura política herdada do varguismo, e a percepção da crise por parte do governo dos Estados Unidos.

Como no restante da América Latina, a crise de 1929 teve grande repercussão no Brasil. Após um período crítico, até 1932, de queda da produção industrial, o país inicia um processo de crescimento ininterrupto até 1962.

Entre 1932 e 1939, a média anual de crescimento industrial foi de 10%. De acordo com Singer (1976, p.217), "os ramos que apresentaram taxas maiores de crescimento anual neste último período foram as indústrias de borracha (53%), de cimento (25%), de mobiliário (23%), de papel (22%) e siderurgia (20%)".

Os setores predominantes na industrialização ainda são os relativos ao setor de bens de consumo não duráveis, especialmente a indústria têxtil. A formação de um setor de bens de capital alcançará maior impulso a partir de 1956.

No período 1939-1952, o crescimento industrial atingiu uma média anual de 8,3%. "Os ramos que mais se desenvolveram nesse período foram a indústria da borracha (18,4% a.a.), de material de transporte (16,1% a.a.), metalúrgica (15,2% a.a.), de minerais não metálicos (12,1% a.a.) e química e farmacêutica (10,5% a.a.)" (ibidem, p.222).

A industrialização brasileira nesse período é substitutiva de importações, seus produtos não são competitivos no mercado internacional. Em 1952, mais de 80% das exportações do país correspondiam a produtos primários, dos quais 73,7% de café.

Diferentemente da Argentina, o Brasil era considerado pelos Estados Unidos um aliado tradicional. A ajuda brasileira durante a guerra, fornecendo produtos a preços controlados e participando diretamente da fase final do conflito com o envio de uma força expedicionária, não deixava lugar a dúvidas. Ante a "terceira posição" proclamada pela política externa argentina, o Brasil tendia a ser visto como contrapeso ideal às temidas ambições hegemônicas de Perón na América do Sul.

Para os governos brasileiros do período pós-Segunda Guerra Mundial, a posição de aliado preferencial dos Estados Unidos na região deveria ter como contrapartida o aumento substancial da ajuda econômica para o desenvolvimento do país. No entanto, até meados dos anos 50, o fluxo de recursos públicos será reduzido, contrariando as esperanças nacionais.

Com o aprofundamento da industrialização, há uma crescente necessidade de importação de tecnologia, bens de capital e insumos, que ultrapassa a capacidade de financiamento originária das exportações. As fontes externas de financiamento, por meio de investimentos diretos e endividamento, tornam-se decisivas. Ao lado do capital estatal, o capital estrangeiro, especialmente de origem norte-americano, será um importante sustentáculo do crescimento industrial do Brasil. Mesmo no segundo governo de Vargas (1954-1956), em que a retórica nacionalista se faz bastante presente, chegando a produzir resultados concretos com a nacionalização da exploração do petróleo e a criação da Petrobras, o Brasil é considerado um dos países em que as facilidades para o capital estrangeiro são maiores.[5]

Durante o governo Kubitschek (1956-1961), o país dá um grande salto no seu desenvolvimento industrial. De acordo com Singer (ibidem, p.225):

---

5 "Já em fins de 1956, notava um estudo do Departamento de Comércio norte-americano, o Brasil estava em terceiro lugar, após o Canadá e a Inglaterra, como o maior receptor de capital de risco de origem norte--americana na indústria manufatureira" (Malan, 1976, p.82-3).

Entre 1957 e 1962, a produção industrial aumentou 11,9% em média por ano, com particular destaque para os ramos de Material de Transporte e de Material Elétrico, ambos com 27% ao ano e Química, com 16,7% ao ano. Esses ramos são os que produzem bens de capital (capital fixo), bens intermediários e bens duráveis de consumo. As indústrias de bens não duráveis de consumo apresentam taxas menores, embora significativas: 8,8% ao ano a indústria têxtil e 7,5% a indústria de Alimentos, o que mostra que a demanda interna aumentou nesses anos, independentemente da substituição de importações, que estava na base do crescimento mais rápido dos ramos mencionados anteriormente.

Nesse processo, a presença do capital estrangeiro nos setores mais expansivos da industrialização se torna cada vez mais importante, como mostra a Tabela 9.

Tabela 9 – Brasil: participação do capital estrangeiro por setores industriais

Setores	Participação
Alimentos e bebidas	35%
Papel e celulose	30%
Farmacêutica	86%
Química	48%
Siderurgia	17%
Máquinas	59%
Autopeças	62%
Veículos a motor	100%
Mineração	20%
Alumínio	48%
Vidro	90%
Cimento	15%
Pneus (borracha)	100%
Indústria	31%

Fonte: Singer, 1986, p.226.

Estados Unidos e América Latina

O grande salto no crescimento do país se faz também com endividamento externo de curto prazo, cujos efeitos serão sentidos no próximo governo, que recebe uma pesada herança: déficit no balanço de pagamentos de 410 milhões de dólares; dívida externa de 3,8 bilhões de dólares, dos quais 600 milhões com vencimento em 1961; déficit previsto de um terço da receita para o orçamento de 1961; e inflação superior a 30% ao ano em 1959 e 1960, o dobro da média anual do período 1950-1958.

Apesar das mudanças na estrutura econômica do país, o comércio exterior ainda dependia em mais de 70% da exportação de produtos primários.

A eleição de Jânio Quadros, com apoio da União Democrática Nacional (UDN), desperta um otimismo inicial nos setores conservadores locais e no governo dos Estados Unidos. É o primeiro presidente das duas últimas décadas eleito sem o apoio da estrutura partidária montada por Getúlio Vargas, representada no Partido Social Democrático (PSD) e no Partido Trabalhista Brasileiro (PTB). Só que a euforia durou pouco.

O governo negocia com o FMI um plano de estabilização, permitindo-lhe renegociar a dívida e tomar novos empréstimos, contribuindo para gerar maior credibilidade na comunidade financeira internacional. No entanto, a pregação de uma Política Externa Independente,[6] num quadro regional bastante conturbado em razão das relações conflituosas entre Cuba e Estados Unidos, acrescenta um ingrediente de incerteza na percepção do governo norte-americano sobre o alinhamento do Brasil.

---

6 A Política Externa Independente de Jânio Quadros não expressava uma opção de princípio contra posturas hegemônicas nas relações internacionais. Afonso Arinos, ministro das Relações Exteriores de Jânio, reconheceu que "foi a linha de independência na política exterior que 'permitiu o apoio ou, pelo menos, a boa vontade popular para a política de saneamento financeiro e austeridade administrativa do governo', tornando, por sua vez, 'possível o auxílio econômico e financeiro internacional ao Brasil'" (Apud Bandeira, 1989, p.59).

Após a reunião de Punta del Este, em que a Aliança para o Progresso é apresentada, o presidente Quadros condecora Ernesto "Che" Guevara, contrariando setores importantes que dentro do país pressionam pela ruptura de relações diplomáticas com Cuba.

Inesperadamente, Jânio Quadros renuncia há pouco mais de seis meses da posse, numa conjuntura política que apresenta sinais crescentes de instabilidade, dado o descontentamento de amplas parcelas da população com os resultados do plano de estabilização, especialmente na parte referente a restrições salariais. A posse do vice-presidente João Goulart, ex-ministro do Trabalho de Vargas e vice-presidente de Juscelino Kubitschek, sensível às reivindicações do movimento sindical, no qual tem uma forte base de apoio, aumenta os receios quanto aos rumos da situação.

A nova tendência aponta para uma retomada da política desenvolvimentista, cujo esboço aparece com o Plano Trienal (1963-1965), elaborado pelo ministro do Planejamento Celso Furtado, que coincide com o período restante do mandato de Goulart após o plebiscito que lhe confere plenos poderes constitucionais.

O plano coloca como objetivos simultâneos a estabilização com controle da inflação e do déficit público, e crescimento a uma taxa de 7% ao ano. A sua aplicação efetiva se limita ao primeiro semestre de 1963, mostrando-se ineficaz no combate à inflação, que ultrapassa os 80% nesse ano.

A Política Externa Independente iniciada com Jânio Quadros adquire características mais definidas. O governo Goulart assume uma postura solidária com as lutas anticolonialistas na África, defende os princípios da autodeterminação e não intervenção em relação a Cuba, estabelece relações com os países socialistas e se posiciona a favor do ingresso da República Popular da China nas Nações Unidas. Por causa dessa política, aumentarão as pressões internas, numa tentativa de associar o governo a posições pró-comunistas.

Estados Unidos e América Latina

Relatório da CIA de 2 de julho de 1963 descreve a situação crítica do país, a possível aproximação com o bloco soviético e as probabilidades de que Goulart chegue ao final do mandato:

Goulart é essencialmente um oportunista cujas inclinações e associações são populistas e esquerdistas. Seu poder político depende grandemente do movimento trabalhista, e ele está sujeito a altas pressões de esquerdistas extremos e ultranacionalistas. Se, como resultado dessas inclinações e pressões, ele não ... evitar que o programa de estabilização brasileira falte às exigências dos EUA e se, como consequência, a necessária assistência externa não for fornecida, as tensões econômicas e políticas brasileiras realmente se tornarão críticas. Nesse caso, o ressentimento oficial e a pressão esquerdista poderiam fazer que o Brasil regredisse rapidamente em direção ao ultranacionalismo e a uma solução autoritária com sérias consequências para as relações Brasil-EUA. Por outro lado, isso também poderia levar Goulart e seus associados a tomarem as medidas drásticas necessárias para atender às exigências dos EUA e de outros países. Presumivelmente isso também poderia levar a uma união de elementos conservadores e moderados num esforço para depor Goulart e estabelecer um regime provavelmente mais adequado, a fim de ganhar a confiança exterior e executar uma política econômica mais austera.

Acreditamos que as chances ainda favorecem a retirada de Goulart da Presidência na conclusão de seu mandato constitucional em janeiro de 1966, e que há ainda uma chance ... de que seu sucessor seja alguém mais responsável e talvez mais leal quanto à adesão ao gradualismo e à cooperação hemisférica. Por outro, a profunda instabilidade política e econômica do país e as fortes posições que vêm sendo conquistadas pelos comunistas, esquerdistas extremos e ultranacionalistas tenderão a empurrar o país em direção a saídas mais radicais nas políticas interna e externa. Isso poderia levar finalmente ao estabelecimento de um regime esquerdista extremo com um caráter fortemente anti-EUA. (CIA, 1982, rolo II, doc. 0249)

O documento descarta como provável a deposição de Goulart, mas condiciona uma recuperação da economia do país ao

141

fornecimento de ajuda externa, caso contrário a polarização de interesses poderia levar a uma intensificação das posturas nacionalistas ou a uma reação golpista dos "elementos conservadores e moderados".

No segundo semestre de 1963, os Estados Unidos bloqueiam créditos externos que possam ser destinados a financiar o balanço de pagamentos do país, autorizando a embaixada a assinar acordos separados com governadores e prefeitos (ver Bandeira, 1989, cap.IV), o que significa na prática o financiamento de adversários políticos do presidente. Os setores empresariais retiram o apoio ao plano trienal, passando a exercer uma postura francamente oposicionista. Nesse contexto, a morte do presidente Kennedy e a ascensão de Johnson redefinem o discurso da política externa do país. Conforme assinalamos na parte inicial do capítulo, a doutrina Mann não condicionava mais a ajuda externa à existência ou não de governos eleitos. A tendência para a polarização, já prevista no documento citado, embora não seja explicitamente defendida, confirma-se cada vez mais com o endurecimento da posição dos Estados Unidos em relação ao governo brasileiro. Se não era isso o que se pretendia, a prática assumida não contemplava outra saída. A Tabela 10 mostra os altos e baixos da ajuda dos Estados Unidos de acordo com a evolução da conjuntura brasileira:

Tabela 10 – Despesas no Brasil da Agência para o Desenvolvimento Internacional

O ano fiscal termina em 30 de junho	Despesas (milhões de dólares)
1962	81,8
1963	38,7
1964	15,1
1965	122,1
1966	129,3

Fonte: Magdoff, 1979, Tabela XXVIII.

Goulart tende a apoiar-se cada vez mais nos setores políticos e sindicais favoráveis às mudanças estruturais. A lei de remessas de lucros regulamentada em janeiro de 1964 – considerando os lucros do reinvestimento de capitais estrangeiros como capital nacional – e os dois decretos de 13 de março – nacionalizando a distribuição de produtos petrolíferos, as refinarias de petróleo e expropriando os latifúndios próximos às grandes estradas federais – consolidam a indisposição com os interesses dominantes nacionais e estrangeiros.

Em 31 de março é desfechado o golpe, com pouca resistência. Em 29 de julho, memorando da CIA caracteriza o pronunciamento militar como vitória contra o comunismo. Diferentemente das afirmações do outro documento citado, que um ano antes relativizava o papel da União Soviética ou da presença comunista na evolução da conjuntura do país, este reflete a mudança de discurso da administração Johnson, mais próxima do eixo Leste-Oeste na avaliação de problemas localizados.

A revolução brasileira que acarretou a queda de Goulart marcou um sério retrocesso para os interesses soviéticos.

A revolução de abril também sobreveio como um choque para Fidel Castro e é evidente, por suas próprias declarações, que ele considerou o fato como uma grave perda para Cuba.

No Brasil, os primeiros três meses do governo do presidente Humberto Castello Branco foram bem-sucedidos em acalmar as ameaças maiores à estabilidade política. Castello Branco tem ministrado até agora uma liderança firme, responsável, executiva, e seu regime constituiu promover um início promissor para aliviar alguns dos graves problemas econômicos e sociais do Brasil. O apoio popular ao regime mantém-se relativamente alto, apesar da crescente resistência a certas medidas de reforma e estabilização e também à crescente insatisfação com os contínuos aumentos de preços e escassez de alimentos. (CIA, 1982, rolo II, doc.0374)

Luis Fernando Ayerbe

A invasão da República Dominicana

A evolução da situação política na República Dominicana entre 1961 e 1965 representa um bom exemplo das contradições que caracterizaram as administrações de Kennedy e Johnson, entre a retórica da ajuda ao desenvolvimento e aos regimes democráticos, e a prática do retorno aos piores anos do *big stick*.

Em 30 de maio de 1961, o ditador Rafael L. Trujillo é assassinado por um grupo de opositores com ajuda da CIA, encerrando um período de 31 anos de dominação familiar na República Dominicana. Apesar de antigo aliado dos Estados Unidos, que mantinham importantes interesses econômicos no país, nos últimos anos a excessiva autonomia adquirida pelo ditador, estendendo o raio das suas ações para fora das fronteiras, começava a criar situações incômodas. Embora fora do comando oficial da presidência, exercida desde 1952 pelo seu irmão Hector B. Trujillo, Rafael mantinha o controle absoluto do poder.

Com a derrocada de Perez Jimenez na Venezuela e de Batista em Cuba, a permanência no poder da família Trujillo estava ameaçada. Em junho de 1959, um grupo de opositores desembarca no país na tentativa de repetir a façanha da revolução cubana, só que o fracasso e a reação da ditadura não se limitam ao âmbito interno. Um ano depois, Rafael Trujillo encomenda o assassinato do presidente da Venezuela, Rómulo Betancourt, aliado político do seu principal opositor, Juan Bosch. A reação da maioria dos países latino-americanos será rápida. A OEA é convocada e se impõem sanções econômicas contra a República Dominicana. Em razão do incidente internacional, Hector Trujillo renuncia em agosto de 1960, e Joaquim Balaguer assume provisoriamente a presidência.

Nas eleições de 20 de dezembro de 1962, triunfa por grande maioria de votos o candidato do Partido Revolucionário Dominicano, Juan Bosch. Antes da sua posse, o novo mandatário realiza uma viagem aos Estados Unidos onde se entrevista com

144

o presidente Kennedy, a quem solicita apoio para o seu governo. O vice-presidente Johnson participa da posse, em 27 de fevereiro de 1963.

Em memorando da CIA de 7 de junho de 1963, o novo governo é visto como aliado dos Estados Unidos, embora existam ressalvas em relação à sua firmeza para controlar perigos "potenciais" de uma "escalada comunista":

1 O presidente Juan Bosch corretamente considera que possui um mandato popular para causar uma transformação radical de condições políticas, econômicas e sociais na República Dominicana. Ele espera realizar esse propósito por meio de medidas compatíveis com a Aliança para o Progresso, notadamente por crescentes investimentos estrangeiros privados (com preferência pelo auxílio governamental americano) e por meio de regulamentos que assegurem uma distribuição mais equitativa de ganhos do que a que tem vigorado até agora. Para os elementos privilegiados na sociedade dominicana, o programa de Bosch parece completamente comunista.

2 Com razão, Bosch acredita que a principal ameaça imediata ao cumprimento de sua missão é a constante possibilidade de um golpe reacionário. Nessas circunstâncias, ele tem tolerado notavelmente as atividades organizacionais e de agitação de elementos comunistas – contanto que elas não se dirijam diretamente contra ele. Bosch argumenta que sufocar essas atividades apenas provocaria uma campanha de terrorismo urbano e resistência de guerrilha como na Venezuela, o que impediria a realização de seus propósitos construtivos.

3 Bosch entende que a segurança de seu regime depende essencialmente do apoio contínuo dos EUA, particularmente em termos de uma repressão sobre os militares dominicanos. Ao mesmo tempo, ele é nacionalista, egoísta e astutamente ciente da inadequabilidade política de parecer ser uma marionete dos EUA. Consequentemente, ele não está prontamente receptivo aos conselhos dos EUA no que se refere à sua política com relação às atividades comunistas.

Luis Fernando Ayerbe

4 O perigo comunista na República Dominicana não é de imediato, mas potencial. É, entretanto, sério. Dada a presente liberdade de organizar e agitar, os comunistas se tornarão mais bem preparados para explorar alguma oportunidade futura. Se, por ineptidão administrativa, Bosch falhar em satisfazer as expectativas das massas dominicanas, ou se ele for deposto por um golpe reacionário, os comunistas estarão em posição para tomar a liderança do movimento revolucionário popular. (CIA, 1982, rolo IV, doc. 0202)

Em 25 de setembro, Bosch é derrubado por um golpe de Estado com participação dos setores conservadores derrotados nas eleições, aliados às Forças Armadas e com o apoio de empresas norte-americanas com filiais no país. O controle do espólio político e econômico do trujillismo figurava entre as principais aspirações dos promotores do golpe. A descrição dos bens da família Trujillo dá uma dimensão clara dos interesses em jogo:

22% dos depósitos bancários, 63% da produção açucareira, 63% da produção de cimento, 73% da de papel, 86% da de tinta, 71% da de tabaco, 85% da de leite e 68% da de farinha. Eram seus os principais jornais, a linha aérea dominicana, a maior parte das emissoras de rádio e televisão. De acordo com o *Basel National Zeitung*, a família Trujillo tinha depositado 200 milhões de dólares em bancos suíços e 35 milhões no Banco Nova Scotia do Canadá ... Possuía 30% da terra e 25% do gado vacum ... Todos os bancos que não eram de propriedade norte-americana pertencem à família Trujillo. (Lesce, 1986, v.52, p.35).[7]

_____

7 De acordo com Moya Pons (1998b, p.235): "o império econômico de Trujillo chegou a ser tão grande que, no final da sua vida, em 1961, ele controlava cerca de 80% da produção industrial e suas empresas davam ocupação para 45% da mão de obra ativa no país, o que, unido ao controle absoluto do Estado, que empregava 15% da população ativa, fazia que 60% das famílias dominicanas dependessem de uma forma ou de outra da sua vontade. Tudo isso estava conectado com um sistema de impostos e de contribuições forçadas em favor do Partido Dominicano e do governo, cujos fundos geria".

As poucas reformas implementadas em sete meses tocaram profundamente os interesses dominantes na República Dominicana. Elas se resumiam basicamente a uma nova constituição, sancionada em 60 dias, que dava ampla liberdade de expressão e organização a todas as correntes de opinião; o controle pelo Estado dos bens da família Trujillo, realizando assentamento de camponeses nas terras expropriadas; uma nova política em relação ao açúcar, em que o Estado ficava com os lucros obtidos pela diferença entre os preços de exportação, que estavam conjunturalmente mais altos e os preços internos, afetando os interesses da multinacional americana Central Romana Sugar Co.; a anulação de um contrato com a Standard Oil; e o combate à corrupção dentro das Forças Armadas.

A República Dominicana passa a ser governada por um triunvirato com forte participação de representantes do meio empresarial, sob a presidência de Donald Reid Cabral. O presidente Kennedy condena o golpe, prometendo cortar a ajuda ao país caso a situação não voltasse à normalidade, mas é assassinado dois meses depois.

Em 24 de abril de 1965, uma rebelião constitucionalista, com apoio de setores das Forças Armadas, destitui o triunvirato, convoca a Assembleia Legislativa e nomeia um presidente provisório até que Juan Bosch retorne do exílio e assuma o governo. Em 25 de abril, estoura uma guerra civil e em três dias as forças constitucionalistas derrotam o exército regular. Os Estados Unidos convocam reunião extraordinária da OEA e, com 14 votos favoráveis (incluindo o do representante do governo deposto da República Dominicana), aprovam a intervenção. Um exército de 42 mil soldados, composto majoritariamente por infantes da marinha dos Estados Unidos, com participação menor de tropas do Brasil, Honduras e Paraguai, invade o país em 28 de abril.

O suposto desbordo do movimento constitucionalista pela penetração comunista serviu de argumento para justificar a intervenção. Relatório da CIA de 5 de maio de 1965 expõe os motivos que a desencadeou:

Parece evidente agora, assim como o foi nos últimos dias de abril, que um modesto número de importantes líderes comunistas em Santo Domingo conseguiram, por meio de treinamento e táticas superiores, conquistar para si uma posição de influência considerável na rebelião nos primeiros dias. Sua influência dentro do movimento crescia a cada dia, e, logo após a queda do governo de Molina em 27 de abril, não parecia haver nenhuma organização dentro do campo rebelde capaz de negar a eles o controle total da rebelião dentro de alguns poucos dias.

Dessa forma, as perspectivas na época da intervenção dos EUA eram tais que um movimento crescente sob a influência de castristas e outros comunistas estava ameaçando ganhar a ascensão na República Dominicana. (CIA, 1982, rolo IV, doc. 0488)

Derrotada a rebelião, e sob ocupação, realizam-se eleições em 1º de julho de 1966, que dão a vitória ao candidato trujillista Balaguer.

Com um custo de 110 milhões de dólares, os Estados Unidos intervieram na República Dominicana para garantir os interesses de antigos aliados da ditadura trujillista, contra setores que, como Juan Bosch e os militares constitucionalistas, eram reconhecidamente partidários das reformas que o próprio partido democrata no poder proclamava. Investigações posteriores do Senado dos Estados Unidos reconheceram a legitimidade das reivindicações dos setores constitucionalistas e negaram a hipótese da presença comunista nos níveis em que foi apresentada pelo governo Johnson como justificativa da ação militar.

5
A crise do capitalismo e o declínio da hegemonia dos Estados Unidos nos anos 70

A fase de prosperidade vivenciada pelo capitalismo nas primeiras décadas do pós-guerra estimulou, em importantes setores econômicos e políticos, uma onda crescente de otimismo. A capacidade demonstrada pelo sistema de manter o ritmo de crescimento num marco de estabilidade por tantos anos levou o consenso majoritário a acreditar que uma etapa histórica marcada por crises cíclicas estava encerrada.

Os sinais de recessão que começam a aparecer no fim dos anos 40, com a conclusão da reconstrução europeia e a perda de dinamismo do mercado interno dos Estados Unidos, são conjunturalmente revertidos pela guerra da Coreia (1950-1953), que estimula a indústria bélica.[1] A partir desse conflito, o complexo industrial-militar passará a constituir setor permanente da

---

1 "Ainda que a guerra da Coreia fosse um conflito 'limitado', seu impacto sobre a América foi muito parecido ao produzido pela Segunda Guerra Mundial. Em 1952 existiam já perto de 4 milhões de homens nas Forças Armadas e os gastos militares haviam aumentado de 22,5 bilhões de dólares em

economia do país. No fim dos anos 60, no decorrer da guerra do Vietnã, a parte das despesas militares nos gastos das empresas com instalações e equipamentos alcançará o volume de 89% (Magdoff & Sweezy, 1982, p.18).

Em 1971, pela primeira vez desde 1935, os Estados Unidos apresentam déficit na balança comercial: 2,7 bilhões de dólares. No conjunto de países da Organização para a Cooperação e o Desenvolvimento Econômico (OCDE), o número de desempregados atinge, nesse ano, 17 milhões. Cai o produto bruto industrial e aumenta a inflação (Tabela 11).

Essa situação passa a afetar as expectativas otimistas em relação ao modelo de acumulação adotado a partir do fim da guerra. A diminuição da atividade e os sinais de saturação do mercado de consumo comprometem a manutenção das políticas de bem-estar.

As despesas públicas, destinadas à educação, à saúde, pensões e outros programas de garantia de recursos aumentaram, durante os últimos vinte anos no conjunto dos países da OCDE, quase duas vezes mais rapidamente do que o PIB e elas foram o elemento dominante no crescimento das despesas públicas totais: desde 1960, elas passaram, no conjunto dos sete maiores países da OCDE, de cerca de 14% a mais de 24% do PIB. (Oliveira, 1988, p.9)

A recessão reduz as receitas fiscais. O fechamento de postos de trabalho estimula um volume maior de solicitações de auxí-

---

1950 a 44 bilhões de dólares em 1952. No mesmo período, o produto nacional bruto passou de 264 bilhões de dólares para 339 bilhões, e o desemprego caiu para abaixo dos dois milhões" (Adams, 1979, p.353). A influência da guerra no ressurgimento da economia japonesa foi decisiva. De acordo com Cummings (1987, p.44-83): "a guerra da Coreia estendeu as fronteiras do capitalismo na região nordeste do Pacífico até a década de 1980; ao mesmo tempo, funcionando como o 'Plano Marshall' do Japão ... as encomendas de guerra impulsionaram o Japão pela via industrial, na qual ele superou o mundo inteiro" (apud Arrighi, 1996, p.352).

Estados Unidos e América Latina

lios estatais assegurados por lei, como o seguro-desemprego.
Aprofunda-se a disputa distributiva entre trabalhadores e empresários, numa tendência que dissocia os aumentos salariais dos ganhos de produtividade, comprimindo os lucros do capital. A inflação acelera o processo de descrédito das políticas de consenso socioeconômico. Entre 1972 e 1984, o déficit público no conjunto dos países industrializados passa de 2,09% do PIB para 4,93% (Oliveira, 1988, p.11).

Tabela 11 – Crescimento, inflação e desemprego nos principais
países capitalistas

	Estados Unidos	Grã--Bretanha	França	RFA	Japão
Taxa de crescimento anual do produto interno bruto*					
1960-1970	3,8	2,8	5,6	4,7	11,2
1970-1973	4,7	4,3	5,6	3,9	8,1
1973-1978	2,4	0,9	2,9	2,0	3,7
Índice dos preços ao consumidor**					
1973	114	28	120	119	124
1977	156	249	183	146	204
Número de desempregados***					
1968	2,8	0,6	0,3	0,3	0,6
1973	4,3	0,6	0,4	0,3	0,7
1977	6,8	1,5	1,1	1,0	1,1
1979	6,2	1,3	1,2	0,8	1,1

Fonte: Beaud, 1987, p.321, com base em *Économie prospective internationale*, n.1, janeiro de 1980; INSEE, *Annuaire statistique du travail*, 1979.
* PIB em volume. ** Base 1970. *** Em milhões.

Os países capitalistas avançados articulam um conjunto de políticas dirigidas a contornar os efeitos recessivos mais imediatos da crise. A médio prazo, a preocupação será com a reformulação do modelo de acumulação, tendo como um dos pressupostos principais a mudança do papel do Estado na economia.

Luis Fernando Ayerbe

A gestão da crise: internacionalização do capital e dívida global

A diminuição crescente da rentabilidade e a saturação do consumo interno estimulam a competição entre as economias capitalistas avançadas pela conquista de novos mercados. Cresce o esforço exportador e aumentam os investimentos diretos no exterior das firmas multinacionais.

Entre 1967 e 1971 as exportações aumentam anualmente 9% nos Estados Unidos, 12% na Grã-Bretanha, 16% na França, na República Federal Alemã e 23% no Japão. No mesmo período, o capital investido no exterior tem um crescimento anual de 8% para a Grã Bretanha, 10% para os Estados Unidos, 12% para a França, 24,5% para a República Federal da Alemanha e 32% para o Japão (Beaud, 1987, p.325-6).

Esse crescimento dos investimentos no exterior exige como contrapartida um aumento das fontes de financiamento. No caso dos Estados Unidos, o processo de internacionalização dos bancos, embora crescente a partir da Segunda Guerra Mundial, não acompanha o ritmo de expansão das firmas multinacionais. Para ampliar a rede bancária no exterior e financiar a expansão das empresas além-fronteiras, os grandes bancos dos Estados Unidos se defrontam com restrições impostas pelo governo federal para a saída de divisas do país.

O sistema monetário criado em Bretton Woods transformou o dólar em moeda universal, utilizável como meio de pagamento no comércio internacional e estocável como reserva, graças à conversibilidade ouro-dólar. No entanto, o financiamento dos gastos governamentais no exterior, por causa da reconstrução europeia e japonesa, da construção e manutenção de bases militares, de guerras localizadas e de diversos auxílios a governos aliados, obriga o tesouro a uma crescente emissão de dólares para além das reservas em ouro.

Na década de 1960, o governo dos Estados Unidos inicia uma política de restrição ao fluxo de dólares para o exterior. Em

1963 cria o Imposto de Equalização dos Juros, que penaliza com encargos fiscais os empréstimos a estrangeiros. Em 1968, o presidente Johnson amplia os controles criando o Programa Voluntário de Restrição ao Crédito Exterior (PVRCE), que define novas regras para os investimentos externos das empresas do país.[2]

O efeito prático dessas medidas foi o de estimular a expansão da rede bancária no exterior, financiando as atividades das empresas desde outras praças financeiras, principalmente Londres: "No final de 1964, apenas onze bancos tinham estabelecido agências no exterior, embora, em conjunto, eles estivessem operando em 181 cidades. No final de setembro de 1974, havia 129 bancos com um total de 737 agências estrangeiras" (Moffit, 1984, p.47).

A expansão externa da rede bancária dos Estados Unidos estimula o crescimento do mercado mundial de euromoedas, o euromercado. De acordo com Lever & Huhne (1987, p.57),

> O euromercado teve início ao longo da década de 50, parcialmente como uma resposta ao desejo dos países comunistas de depositarem seus excedentes em dólares fora dos Estados Unidos, mas também como resultado do crescente papel do dólar como moeda do comércio e do investimento internacionais.

A existência de um mercado internacional de divisas fora do controle das autoridades governamentais torna-se fundamental para o crescimento das atividades econômicas das grandes empresas no exterior. O euromercado aumenta de 12 bilhões de dólares em 1964 para 205 bilhões em 1975 (Sunkel, 1986, p.33).

---

2 "Sob o PVRCE, os bancos concordavam em manter 'tetos voluntários em seus empréstimos a entidades estrangeiras'. Por outro lado ... as empresas deveriam melhorar seus saldos de fluxos monetários com suas subsidiárias no exterior, mandando menos para o exterior e repatriando mais seus lucros" (Moffit, 1984, p.47).

Luis Fernando Ayerbe

A saída de dólares dos Estados Unidos cresce substancialmente. Em 1968, o volume de dólares no exterior já supera as reservas em ouro. Nos planos da administração Nixon (1969-1974), o objetivo central é a recuperação da competitividade da economia nacional para enfrentar a concorrência europeia e japonesa. Para favorecer as exportações, ele força a desvalorização do dólar e, em 1971, decreta o fim da conversibilidade ouro-dólar e impõe uma sobretaxa de 10% sobre as importações. Em dezembro, o dólar é desvalorizado em 8% em relação ao ouro e as taxas de juros caem. Nesse momento, para um volume de reservas em ouro de 10,5 bilhões de dólares nos Estados Unidos, havia 53,3 bilhões de dólares no exterior (Magdoff, 1979, p.15).

Devido à queda das taxas de juros, dólares fluíram dos Estados Unidos para o exterior; o excedente comercial evaporou-se, acarretando a deterioração do balanço de pagamentos. Num momento em que as demandas europeias e japonesas por dólares enfraqueciam, a política de Nixon forçava uma maior acumulação de dólares ... As reservas dos governos estrangeiros em dólares subiram de menos de US$ 24 bilhões em 1970 para mais de US$ 50 bilhões em 1971. (Moffit, 1984, p.35)

Em 1973, o dólar é novamente desvalorizado. Crescem as exportações de manufaturados e produtos agrícolas dos Estados Unidos, acompanhando o bom desempenho da economia mundial nesse ano. Em outubro, a guerra de Yom Kippur entre árabes e israelenses deflagra o primeiro choque do petróleo.

Entre 1960 e 1970, o preço do barril de petróleo caiu de 1,50 dólar para 1,30. Em relação a 1949, a capacidade de importação de um barril de petróleo havia sido reduzida em dois terços. Entre 1974 e 1975 o preço se eleva a mais de 10 dólares, repercutindo negativamente nas contas comerciais dos países importadores.

Os países exportadores de petróleo aumentaram seu superávit em conta corrente de 7 bilhões de dólares em 1973 para 68 bilhões de dólares em 1974. Isto inevitavelmente teve como contrapartida a deterioração das contas correntes dos países importadores de petróleo. Os países industriais viram um superávit em conta corrente de 12 bilhões de dólares, em 1973, tornar-se um déficit de 24 bilhões de dólares em 1974. (Lever & Huhne, 1987, p.48)

A retração da demanda interna nos países capitalistas avançados, a inflação, a desvalorização do dólar, o fim da conversibilidade com o ouro e o excesso de liquidez no mercado internacional, ao lado da elevação dos preços do petróleo, compõem o quadro crítico da economia mundial capitalista nos anos 70. A expansão do crédito privado internacional e o crescimento da dívida global aparecem nesse período como componentes principais da gestão da crise.

O mercado mundial de moeda foi criado para permitir que os bancos ocidentais prestassem serviços, em escala mundial, às grandes empresas suas clientes. Com a entrada de grande número de novos bancos no jogo monetário internacional, no início da década de 70, as margens de lucro sobre os empréstimos às empresas de primeira linha – os quais nunca foram muito grandes – caíram acentuadamente. Os bancos, por isso, saíram em busca de novos clientes a quem emprestar. Para muitos, a solução foi voltar a uma antiga prática bancária – a de financiar governos. (Moffit, 1984, p.93)

Os países do Terceiro Mundo aparecem como os novos grandes tomadores de empréstimos. Diferentemente dos anos 50 e 60, em que dois terços dos empréstimos provinham de organismos oficiais, no início dos anos 70, os governos desses países passam a receber o assédio constante dos banqueiros internacionais, preocupados com a colocação da enorme massa de dinheiro que circula no mercado financeiro.

Partindo da ideia de que, diferentemente das empresas, os países não podem falir, estabelece-se uma aliança implícita entre governos com dificuldades no balanço de pagamentos e problemas de acesso aos programas de ajuda multilateral, e bancos com excesso de liquidez.

Com o choque do petróleo, a situação torna-se mais crítica. O déficit em conta corrente dos países do Terceiro Mundo importadores de petróleo, que já era de 11 bilhões de dólares em 1973, passou para 37 bilhões em 1974. Em 1975, os preços dos produtos primários caem 19%, acompanhando a diminuição da demanda dos países capitalistas avançados, que promovem o ajuste das suas economias, restringindo as importações. Para esses países, o superávit comercial daquele ano será de 6 bilhões de dólares, suficientes para compensar os aumentos dos preços do petróleo importado. Os países do Terceiro Mundo importadores de petróleo aumentam o déficit para 46 bilhões de dólares. Em 1979, o preço do barril de petróleo sobe para mais de 30 dólares. A porcentagem com importações de petróleo nos países do Terceiro Mundo passa de 5,9% em 1973 para 21% em 1981 (Lever & Huhne, 1987, p.48).

Paralelamente ao aumento do déficit em conta corrente dos países importadores de petróleo, a crise energética promove um grande crescimento do euromercado pela reciclagem dos dólares originários dos superávits comerciais dos países da Organização para os Países Exportadores de Petróleo (Opep) – petrodólares –, estimados pelo tesouro americano, para o período de 1974-1980, em 117 bilhões.

A grande liquidez do mercado financeiro internacional permite aliviar por alguns anos os efeitos mais nocivos da crise global. O endividamento junto aos bancos privados permite aos países do Terceiro Mundo importadores de petróleo financiar o déficit externo e continuar importando bens e equipamentos industriais necessários para a manutenção do ritmo de desenvolvimento econômico. Os países industrializados e semi--industrializados aumentam substancialmente suas exportações, em grande parte estimuladas pelo crescimento das importações dos países da Opep.

O Japão, apesar do aumento de 17 bilhões de dólares nas importações de petróleo entre 1973 e 1977, obteve um excedente na exportação de manufaturados da ordem de 40 bilhões de dólares, gerando um superávit líquido de 22 bilhões no mesmo período. Na República Federal da Alemanha, o balanço de pagamentos manteve-se positivo, chegando em 1978 a um superávit de 17,5 bilhões de marcos (Fajnzylber, 1984, p.72). Nos Estados Unidos, o déficit comercial com os países da Opep, entre 1974 e 1977, foi de 36 bilhões de dólares: "Mas esse déficit foi mais do que compensado pelos investimentos de 38 bilhões de dólares dos países da Opep ... Esse dinheiro foi colocado em bancos norte-americanos ou usado para comprar obrigações do tesouro dos Estados Unidos e títulos e ações de empresas" (Magdoff & Sweezy, 1982, p.92).

A economia dos Estados Unidos passa por um breve período de recuperação. A política de crescimento do governo Carter (1977-1980) estimula o consumo interno pela expansão do crédito, aumentando o volume de dólares circulante no mercado internacional. Em 1979, o dólar sofre uma desvalorização em relação ao iene (20%), ao franco suíço (10%) e ao marco (7%). Os governos da Europa Ocidental e do Japão, que veem aumentar suas reservas em dólares cada vez mais desvalorizados, pressionam o governo norte-americano para que intervenha no mercado valorizando sua moeda. Com o segundo choque do petróleo nesse mesmo ano, o Banco Central anuncia o aumento das taxas de juros para as aplicações em ativos dolarizados, para evitar o colapso do sistema monetário internacional.

A valorização do dólar e o aumento das taxas de juros desencadeiam uma grande onda de especulação centrada no dólar. No Terceiro Mundo, inicia-se a crise da dívida:

> As taxas de juros nos empréstimos bancários do euromercado mantiveram uma média de 12% em 1979, 14,2% em 1980 e 16,6% em 1981. Para cada acréscimo de 1% nas taxas de juros do mercado,

os custos do serviço da dívida do Terceiro Mundo sobem cerca de US$ 2 bilhões. (Moffit, 1984, p.101)

Inicia-se uma fase recessiva. O crescimento do PIB mundial decai de uma média anual de 4% na década de 1970 para 3,8% em 1979, pouco mais de 2% em 1980 e 1,2% em 1981. O crescimento do comércio mundial se reduz de 7% no biênio de 1976-1978, para 6% em 1979-1980 (Castro, 1983, p.11-2).

A chamada crise das dívidas, que tem como marcos importantes o atraso nos pagamentos da Polônia em 1981 e a moratória mexicana de 1982, resulta da interação de vários fatores:

> Os preços do petróleo em elevação, as taxas de juros nominais e reais mais altas, a redução dos mercados dos países desenvolvidos, um aumento do dólar – com base no qual boa parte da dívida tinha sido contraída – e o preço das exportações em declínio formaram um formidável choque, reduzindo as fontes de moeda estrangeira e, ao mesmo tempo, aumentando a demanda por ela. (Lever & Huhne, 1987, p.51)

A dívida externa do Terceiro Mundo, que era de 130 bilhões de dólares em 1973, chega a 612 bilhões em 1982. O alívio temporário produzido pelo "dinheiro fácil" dos anos 70 se transforma no pesadelo dos anos 80. No entanto, para os países capitalistas avançados, a política do endividamento global facilitou a travessia por uma década conturbada, tornando menos doloroso o ajuste. Nesse contexto, o próprio modelo de acumulação é repensado, conforme analisaremos no próximo capítulo.

O declínio da hegemonia dos Estados Unidos e a ampliação da agenda interamericana

Durante a presidência de Richard Nixon, a hegemonia internacional dos Estados Unidos enfrenta desafios crescentes tanto no campo econômico, com a concorrência da Europa Ocidental e do Japão, como no político, com as crises no Sudeste Asiático e no Oriente Médio, e o forte impulso que adquirem os movimentos nacionalistas no Terceiro Mundo.

A nova abordagem da política externa reconhece essa situação e o governo passa a assumir uma postura diferente no encaminhamento de soluções para os problemas internacionais: a responsabilidade compartilhada. Os aliados passam a ser considerados também sócios na manutenção da ordem mundial.

O principal responsável pela formulação dessa nova postura é Henry Kissinger, assessor especial para a segurança nacional na primeira presidência de Nixon e secretário de Estado na segunda. De reconhecida trajetória acadêmica na área de estudos internacionais, professor em Harvard, na opinião de Raymond Aron (1986, p.671) "ele se destacava até certo ponto dos outros professores de relações internacionais por seu sentimento agudo de predominância da política sobre a técnica".

Consciente dos limites enfrentados pelo poderio dos Estados Unidos, Kissinger considera necessário o desenvolvimento de uma política pragmática e com definição clara de prioridades, dada a incapacidade do país em apresentar respostas simultâneas para o conjunto de desafios existentes.

Não era natural que as decisões importantes que afetavam o destino de países tão ricos em tradições, orgulho nacional e poderio econômico, como Europa Ocidental e Japão, fossem tomadas a milhares de milhas de distância. Eu tinha insistido durante anos que era em benefício do interesse nacional norte-americano favorecer para que as responsabilidades fossem compartilhadas. Se os Estados Unidos insistem em ser o fideicomissário de todas as áreas não comunistas, nos esgotaríamos psicologicamente muito antes do que fisicamente. Um mundo com mais centros de decisão, acreditava eu, era plenamente compatível com os nossos interesses, além dos nossos ideais. (Kissinger, 1979, p.61)

Para Kissinger, a existência de vários centros de decisão expressa a transição de um sistema bipolar, vigente desde o fim da Segunda Guerra Mundial, para um sistema multipolar, no qual cinco polos adquirem papel de destaque: Estados Unidos, União Soviética, China, Japão e Europa Ocidental. Nesse contexto, o principal desafio assumido por Nixon será o de "guiar a América pela transição da dominância à liderança" (Kissinger, 1994, p.704).

A permanente busca do equilíbrio de forças, a partir de uma postura pragmática na política de alianças, será a marca distintiva do período presidencial de Nixon. Explorando o conflito sino-soviético, ele se aproxima da China em 1971, o que não impede o início dos acordos Salt de limitação de armas estratégicas com a União Soviética. A descentralização dos conflitos para evitar o confronto direto das duas superpotências conduz à vietnamização da guerra na Indochina e à retirada das tropas americanas. Com a intervenção na guerra de Yom Kippur, os Estados Unidos obtêm um cessar-fogo no momento em que as tropas egípcias enfrentavam dificuldades e a União Soviética estava prestes a interferir no conflito.

Nas relações com a América Latina, o reconhecimento dos escassos logros da Aliança para o Progresso, a percepção de que a crise na região tende a agravar-se e a visão pragmática, antes destacada, que não prioriza soluções globais e definitivas, levam a uma oscilação entre a postura negociadora nos fóruns interamericanos e a desestabilização pura e simples de governos considerados perigosos para a segurança hemisférica.

A existência de uma situação explosiva na América Latina não era novidade para Nixon. Em 1958, como vice-presidente de Eisenhower, ele realizou uma visita a vários países, sendo alvo de agressões que chegaram a colocar em risco sua própria segurança. Consciente da gravidade dos problemas a enfrentar, sua primeira atitude será o envio de uma missão chefiada por Nelson Rockefeller com o encargo de consultar dirigentes políticos latino-

-americanos sobre as políticas a serem formuladas no âmbito do hemisfério ocidental.[3] No relatório final da missão, denominado "A qualidade da vida nas Américas", Rockefeller apresenta um panorama bastante pessimista da situação na região.

Se bem não é possível predizer o caminho exato que seguirão as mudanças, é provável que o hemisfério se caracterize nos próximos anos por:

– um desencanto cada vez maior no que se refere ao ritmo de desenvolvimento, desencanto intensificado pela industrialização e pelo crescimento urbano e da população;

– uma instabilidade política e social;

– uma tendência crescente a recorrer a soluções autoritárias ou radicais;

– uma continuidade da tendência dos militares para assumirem o poder com o propósito de guiar o progresso social e econômico; e

– uma contínua intensificação do nacionalismo por todo o espectro das organizações políticas, frequentemente expressado em termos de independência do domínio e da influência dos Estados Unidos. (Selser, 1971, p.381)

Em maio de 1969, antes da viagem de Rockefeller à América Latina, representantes dos países latino-americanos participantes da Comissão Econômica de Coordenação Latino-Americana

---

3 Na carta introdutória do relatório de viagem, dirigida ao presidente Richard Nixon, Rockefeller considera essa iniciativa altamente significativa: "apenas instalado na presidência, o líder da nação mais poderosa do mundo, no começo de sua administração, e antes de formular sua política no que respeita aos assuntos do hemisfério ocidental, busca o conselho e a opinião dos líderes dos Estados vizinhos. A meu juízo, essa iniciativa pressagia uma nova época de consulta e estreita cooperação nas relações internacionais".

Luis Fernando Ayerbe

(Cecla)[4] se reúnem em Viña del Mar (Chile), sem a presença dos Estados Unidos, e elaboram um documento crítico da postura desse país nas relações econômicas da região. Destacaremos algumas das questões levantadas no documento final, que revelam uma visão coletiva dos problemas latino-americanos diferente da apresentada pelo relatório Rockefeller e pela Aliança para o Progresso.

Os governos da América Latina e o governo dos Estados Unidos da América, na "Declaração dos Povos da América", na "Carta de Punta del Este", na "Ata Econômica e Social do Rio de Janeiro" e na "Declaração dos Presidentes da América" têm definido obrigações e programas de ação comum que incorporam as aspirações dos países latino-americanos para alentar o desenvolvimento e o progresso da região. Essas obrigações e programas não têm tido, até agora, adequado cumprimento e atenção.

Por isso, os países membros da Cecla estimam indispensável acordar formas mais eficazes de cooperação interamericana e internacional.[5]

Entre as disposições para atender a esses objetivos, destacam--se as seguintes:

Os países outorgantes (de empréstimos) e as entidades financeiras internacionais devem basear sua cooperação em critérios econômicos e sociais que respeitem a concepção de desenvolvimento do país receptor.

---

4 A Cecla foi criada em 1964, em Córdoba, Argentina, com participação dos ministros das relações exteriores de todos os países latino-americanos, com exceção de Cuba. Foi concebida como uma conferência aberta a convocações toda vez que os países membros o considerassem necessário. Em 1975, com a fundação do Sistema Econômico Latino-Americano (Sela), a Cecla deixa de existir (ver Pope Atkins, 1991, cap.7).

5 Consenso Latino-Americano de Viña del Mar, Cecla. Documento completo. In: SELSER, 1971, p.203-4.

Devem suprimir-se as disposições ou critérios que ligam a utilização de empréstimos à aquisição de bens e serviços em determinados países ou desde determinadas origens. É conveniente uma maior participação dos organismos públicos na canalização ou utilização de financiamento externo. (Deve-se) estabelecer que o investimento privado estrangeiro não deve ser considerado como assistência nem ser computado como parte da cooperação financeira para o desenvolvimento. O investimento estrangeiro privado, sujeito às decisões e prioridades nacionais, deve atuar em favor da mobilização de recursos internos, gerar entrada ou evitar saída de divisas, promover a poupança e a pesquisa tecnológica nacional, representar uma contribuição tecnológica real e participar como fator complementar do investimento nacional, de preferência associado a este, elementos que nem sempre têm estado presentes. (Selser, 1971, p.213-4, 216)

Esse documento receberá resposta do governo Nixon um ano depois, em mensagem ao Congresso de maio de 1970, aceitando algumas reivindicações da Cecla sobre restrições ao comércio e políticas de assistência, no entanto, o Legislativo bloqueia a discussão da maioria delas (Pope Atkins, 1991).

Dentro do espírito geral da política externa das "responsabilidades compartilhadas" e do pragmatismo realista, os Estados Unidos terão que responder de maneira criativa ao conjunto de pressões originárias de uma situação bastante diferente da até então conhecida, já que a agenda das relações hemisféricas se amplia consideravelmente nesses anos, e por iniciativa dos países latino-americanos, que reivindicam uma nova ordem regional.

Em 1969, os países andinos Chile, Bolívia, Peru e Equador assinam o Acordo de Cartagena, ao qual adere, em 1972, a Venezuela. Entre as principais decisões do acordo estão o controle regional à entrada do capital estrangeiro, estabelecendo que 51% do capital de filiais de empresas multinacionais devem pertencer

Luis Fernando Ayerbe

a cidadãos nacionais, barrando seu acesso a serviços públicos, transportes, bancos e meios de comunicação.[6] Em 1972, o Peru propõe na OEA a discussão sobre o levantamento do bloqueio a Cuba. A proposta obtém pouco apoio do restante dos países.

Em 1973, Panamá e Peru, membros na época do Conselho de Segurança da ONU, colocam em discussão projeto de resolução que restabelece a soberania do Panamá sobre a Zona do Canal. O projeto é rejeitado pelos Estados Unidos, que exerceram seu direito de veto.

Na terceira sessão da Assembleia Geral da OEA, em abril de 1973, Colômbia, Costa Rica e Venezuela apresentam projeto de resolução que reconhece o pluralismo político-ideológico nas relações interamericanas, aprovado pela maioria dos países.

Em 1974, os Estados Unidos assinam a Declaração das Relações Mútuas com o Panamá, prevendo o restabelecimento futuro da soberania do país na Zona do Canal. Também em 1974, em Tlatelolco (México), os países latino-americanos exigem o fim das sanções contra Cuba, o que se concretiza em parte na XVI Reunião de Consulta de Ministros de Relações Exteriores da OEA de 1975, que aprova uma resolução, com voto favorável dos Estados Unidos, liberando "os países membros da obrigação de aplicar as sanções de 1964 ... As sanções de 1962 que denegavam Cuba da participação no Sistema Interamericano não foram mencionadas e continuam vigentes" (Pope Atkins, 1991, p.298).

A ofensiva latino-americana provoca o abrandamento das posições dos Estados Unidos nas negociações coletivas, que fazem o país enfrentar uma situação de franca minoria nas votações nos organismos multilaterais. No entanto, nas relações bilaterais, o governo norte-americano fortalece os laços com regimes milita-

---

6 Informação mais detalhada pode ser encontrada em Antiásov, 1986, p.103, e Pope Atkins, 1991, cap.7.

Estados Unidos e América Latina

res e setores conservadores, apoiando intervenções das Forças Armadas nos países em que a situação se apresenta crítica para seus interesses estratégicos. Em 1971, na Bolívia, um golpe militar acaba com a curta experiência revolucionária do general Juan José Torres e coloca no poder o general Hugo Banzer. Em 1973, o governo socialista de Allende é derrubado por golpe militar comandado pelo general Augusto Pinochet; no Uruguai se produz um autogolpe do presidente Bordaberri, que dissolve o parlamento e passa a governar com apoio das Forças Armadas. Em 1976, o governo justicialista de Maria Estela Martinez de Perón é derrubado por golpe militar que coloca na presidência da Argentina o general Jorge Rafael Videla.

Para avaliar melhor a política externa do governo Nixon em relação à América Latina, analisaremos dois processos políticos que tiveram grande influência na evolução da conjuntura nesses anos: o regime militar de Velasco Alvarado no Peru e o governo da Unidade Popular no Chile.

O reformismo militar no Peru

No contexto de militarismo que predomina na política latino--americana nos anos 60-70, o golpe militar de 3 de outubro de 1968 no Peru assume características peculiares. Se, por um lado, como acontece nos outros países, o caráter preventivo contra as incertezas que a crise econômica e a crescente mobilização popular podem trazer para a manutenção da ordem se impõe como forte argumento da instauração de um estado de exceção, por outro, há o reconhecimento de que reformas estruturais em direção a uma economia menos dependente do capital estrangeiro e com melhor distribuição da renda são não apenas necessárias, senão prioritárias e inadiáveis.

Na realidade, o regime militar liderado pelo general Velasco Alvarado, no seu programa de mudanças, pretende implementar reformas há muito tempo reivindicadas pelos setores progressistas e de esquerda do país, embora dispensando sua participação organizada, já que os canais institucionais da representação política são fechados.

Essa concepção de uma política reformista determinada de "cima para baixo" não é o produto improvisado de uma circunstancial correlação de forças no seio dos militares, como aconteceu no Chile em 1932, com a República Socialista de doze dias de duração implantada pelo golpe militar liderado por Marmaduke Grove ou com as experiências de Toro e Busch na Bolívia dos anos 30. É o produto amadurecido de anos de formação de um pensamento que se tornou predominante nas Forças Armadas.

Da mesma forma que em outros países da América Latina, grande parte dos membros da junta militar era egressa dos programas de treinamento do Pentágono instituídos a partir do governo Eisenhower. Contudo, na formação do pensamento nacionalista e desenvolvimentista que se tornou característico do governo Alvarado, o fator decisivo foi a passagem da maioria deles pelo Centro de Altos Estudos Militares (Caem), instituição criada logo após a Segunda Guerra Mundial. De acordo com Cotler (in Gonzales Casanova, 1986, v.II, p.196):

> De início, essa instituição, que reunia oficiais superiores e pessoal executivo do setor público e privado, começou a analisar o "potencial do país", no caso de surgir uma situação bélica. Esses estudos, dirigidos por técnicos de tendência reformista, deram resultados que, ao serem comparados com o potencial de outros países, criaram uma situação de alarme. Os estudos deram como resultado que o Peru se encontrava num estado de "subdesenvolvimento" em relação aos países vizinhos. Daí nasceu a exigência militar pelo desenvolvimento e pelo planejamento do mesmo.

Conscientes de que resulta inviável a construção de um exército forte num país subdesenvolvido e que a segurança territorial, responsabilidade das Forças Armadas, não se sustenta num quadro de miséria e atraso, as reformas estruturais se tornam pressuposto dos objetivos militares associados à grandeza nacional.

A decisão em favor de uma política de reforma pela via militar se apoia em dois diagnósticos: a falência de um capitalismo oligárquico e dependente e a falência do sistema político institucional vigente, incapaz de servir de instrumento de mudanças. Ambos os diagnósticos terão influência decisiva nos rumos que serão dados à gestão política durante o governo Alvarado. Entre 1950 e 1965 o Peru passa por uma fase de crescimento econômico bastante significativa. As exportações aumentam a uma média anual de 8% (contra 4,3% no conjunto da América Latina) e o produto bruto a um ritmo de 6% ao ano.

Esse crescimento econômico significou uma mudança na composição relativa dos diferentes setores. Enquanto a agricultura baixou sua participação de 22% para 17% do produto bruto, a pesca industrial veio a cobrir essa diferença. A essa se agregou a crescente importância da manufatura e da mineração, que ganharam, em conjunto, de 18% a 24% na sua participação no produto nacional bruto. Ademais, estes dois últimos setores experimentaram um crescimento anual de 8 por cento. Em compensação, a agricultura de exportação – os enclaves – não cresceu mais de 2,7 por cento anuais, e a produção de alimentos para o consumo interno foi de 0,8 por cento anuais, muito abaixo da taxa de crescimento da população. (Cotler, 1986, v.II, p.188)

Esse processo de desenvolvimento, em comparação com as anteriores experiências latino-americanas de industrialização por substituição de importações, tem uma forte base de apoio na presença de capital estrangeiro, predominantemente dos Estados Unidos. Em 1965, o país participava de 47% das exportações e em 1967 respondia por 90,5% do conjunto dos investimentos estrangeiros no país (Bitar, 1985, Quadro I, p.314). Em termos de distribuição por setores econômicos, estava presente na mineração, pesca, indústria e sistema financeiro. Neste último setor, a participação estrangeira em 1966 correspondia a 62% (Cotler, 1986, v.II, p.188).

O desenvolvimento econômico associado com o capital estrangeiro não afeta, contudo, os setores tradicionais ligados à produção agropecuária, "em 1961, 1% dos proprietários do Peru detém 62,8% do total da área cultivada, 4% dos proprietários detêm 11% desse total e 95% dos proprietários apenas 25,4% do total" (Plá, 1986b, v.42, p.37).

A permanência de estruturas pré-capitalistas no campo começa a se tornar um entrave ao desenvolvimento do setor urbano-industrial. A crescente migração de mão de obra para as cidades coloca em relevo a baixa produtividade do setor agrário, incapaz de satisfazer a demanda interna por causa do aumento do contingente operário, a ampliação e a diversificação das opções profissionais para os setores médios em proporção direta ao processo de crescimento e modernização do país, as pressões distributivas relacionadas com a melhoria das condições de vida (salário, moradia, saúde, educação, emprego) e o aumento significativo do consumo. A isso somam-se os fortes movimentos camponeses pela reforma agrária que, no início da década de 1960, atingem um caráter insurrecional, combinando a sindicalização maciça, a ocupação de terras e a organização de milícias para combater as forças repressivas. A participação do exército no combate a esses movimentos trará como desdobramento importante o confronto direto da instituição com a realidade do campo, acentuando a percepção da urgência das mudanças.

Durante esse período, a intervenção das Forças Armadas na política começa a mostrar um perfil diferente do tradicional. A ditadura de Odria (1948-1956) foi associada, como aconteceu na maior parte dos países latino-americanos, com o favorecimento dos interesses oligárquicos tradicionais e dos Estados Unidos. Nas eleições convocadas pelo ditador em 1956, o candidato vencedor é Manuel Prado, apoiado pela Apra. Nas eleições de 1962

Estados Unidos e América Latina

para renovação presidencial, o triunfo apertado de Raúl Haya de la Torre, principal dirigente e fundador da Apra, provoca um golpe militar sob o argumento de fraudes promovidas pelo partido vencedor.

O movimento militar buscava conter as mobilizações no campo e na cidade – cujo resultado tinha sido o fortalecimento da Apra – sem, contudo, considerar injustas as reivindicações.[7] Nessa época, os egressos do Caem começam a ter voz ativa dentro das Forças Armadas e visualizam na figura de Belaúnde Terri, candidato da Ação Popular derrotado por escassa margem de votos, uma perspectiva de realização das mudanças anunciadas pela Aliança para o Progresso, com as quais se identificavam. Como líder carismático de um partido de criação recente (1956), com um programa de reformas que vinha ao encontro dos novos objetivos presentes em setores militares representativos, era o único candidato com capacidade potencial de minar as bases políticas da Apra. São convocadas novas eleições para 1963, quando triunfa Belaúnde Terri; no entanto, a oposição comandada pela Apra e o agrupamento de direita União Nacional Odrista (UNO) passam a controlar a maioria do parlamento.

O governo de Belaúnde Terri se revela um completo fracasso. Num momento em que o país passa por dificuldades econômicas pela queda das exportações e diminuição dos investimentos estrangeiros, as pressões distributivas crescem sob o estímulo dos partidos oposicionistas, cujo controle do poder legislativo

---

7 As divergências em relação à Apra, por parte das Forças Armadas, não são propriamente programáticas, já que várias medidas encaminhadas por Velasco Alvarado se inspiram nas posições historicamente defendidas pelo partido. Fora as inimizades originárias dos confrontos armados dos anos 30, quando o partido, proscrito várias vezes nas disputas eleitorais e sofrendo severa repressão da polícia e do exército, adotou posições revolucionárias defendendo a ação insurrecional, existem as disputas políticas pelo apoio popular, na medida em que a Apra se encontrava fortemente respaldada nas áreas consideradas como alvos principais pelos militares.

permite bloquear a iniciativa política do governo, gerando um clima de vazio de poder. O aumento dos gastos públicos para atender às demandas populares numa situação de queda das receitas leva a um crescimento inédito do déficit fiscal, que passa de 5% do PIB nos anos 50 para 16% em 1968, e a um incremento da dívida externa destinada a financiar o déficit com o exterior, que passa de 120 milhões de dólares em 1963 para 700 milhões em 1967, chegando a comprometer 18% das exportações com o pagamento dos serviços no ano de 1968.

À consciência da necessidade de reformas, já consensual nesse momento no seio das Forças Armadas, soma-se o descalabro do governo de Belaúnde Terri, que é interpretado como uma demonstração clara da falência do sistema político peruano. Como afirma Cotler (1988, p.229),

> concluía-se que havia urgência em levar a cabo uma revolução e constituir uma vontade revolucionária.
>
> Mas como e com quem levar a cabo essa revolução? A burguesia era estrangeira e estrangeirizante. O campesinato indígena não tinha um sentido de nacionalidade. Os setores populares e as camadas médias organizadas reclamavam a satisfação dos seus interesses setoriais. E, para completar o quadro, as organizações políticas dispersavam – ao invés de concentrar – as escassas energias disponíveis.
>
> A solução que a inteligência militar propunha envolvia as próprias Forças Armadas. Estas contavam com os requisitos necessários para congregar as espalhadas forças sociais e políticas: organização vertical, efetividade de comando organizado, capacidade de deslocamento, experiência organizativa, apoliticismo e patriotismo.

Para o governo militar, o programa de reformas estruturais, direcionado a melhorar a distribuição da riqueza e desenvolver a economia numa perspectiva de afirmação nacional, terá como principal ponto de apoio o fortalecimento da presença do Estado na economia. Entre 1968 e 1975, período em que Velasco Alvarado permanece na presidência do país, a participação do Estado nos investimentos passa de 13% para 23%, a parte do capital estrangeiro diminui de 31% a 21% e a do capital privado nacional se mantém estável em 56% (Di Franco, 1986a, v.74, p.86). A política de nacionalização atingiu quase todos os setores econômicos: mineração e petróleo (criação da empresa estatal Petroperu), serviços públicos (telefone, ferrovias, aeroportos, portos, eletricidade e água), a indústria da farinha de peixe, a comercialização de todas as exportações e a maior parte do sistema bancário. Na agricultura, passam às mãos do Estado as propriedades da grande burguesia nacional e estrangeira, eliminando o latifúndio e estabelecendo formas cooperativas de gestão. Na lógica do governo, as mudanças na agricultura traziam a médio prazo um aumento da produção de alimentos, aliviando a pressão importadora.

A expansão do Estado no setor financeiro permite uma centralização dos recursos e uma aplicação direcionada para os objetivos prioritários: obras de infraestrutura, incentivo à substituição de importações no setor de bens de consumo, estímulo à demanda interna pela expansão do emprego público e privado, melhorias salariais e reformas sociais.

Para viabilizar o programa de reformas, o governo conta com o acesso ao financiamento externo, aproveitando a conjuntura favorável de excesso de liquidez e as facilidades para a obtenção de crédito. O endividamento externo no período de Velasco não tem vinculação com a crise do petróleo, como aconteceu com grande parte dos países latino-americanos. Os investimentos produtivos e em obras de infraestrutura respondem pela maior parte dos novos empréstimos.

No âmbito das relações exteriores, o governo militar desenvolve uma política independente, estabelecendo relações diplomáticas com a União Soviética e a República Popular da China, questionando o bloqueio imposto a Cuba e participando ativamente no Movimento dos Países Não Alinhados.

Em relação aos Estados Unidos, como decorrência das nacionalizações, surgem vários pontos de atrito: a política de expropriações atinge algumas empresas norte-americanas. No caso específico da International Petroleum Company, seus representantes pressionarão o governo de Nixon para que corte a cota açucareira do país de acordo com a emenda Hickenhooper, aplicável a países que retardam o pagamento de indenizações às empresas expropriadas. Simultaneamente, desencadeia-se uma disputa em torno da soberania peruana no seu mar territorial, em que são reivindicadas 200 milhas marítimas. Barcos pesqueiros dos Estados Unidos são capturados no momento em que operavam dentro da faixa considerada pelo Peru como parte do seu território, e o governo Nixon aplica a emenda Pelly, que suspende a ajuda militar ao país. A resposta do governo peruano será a suspensão do convite a Nelson Rockefeller para visitar o país no momento em que ele realizava sua viagem oficial pela América Latina.

Apesar da situação crítica, a atitude dos Estados Unidos tende a ser conciliadora. Sob os efeitos da crise com Cuba, num contexto em que o conflito do Vietnã adquire prioridade e a ascensão de Allende no Chile centraliza as atenções na América Latina, os problemas com o Peru tendem a ser vistos como administráveis, evitando-se a confrontação (Madalengoitia, 1987).

De acordo com essa postura, a reforma agrária é considerada progressista e coerente com os parâmetros da Aliança para o Progresso. As nacionalizações não são percebidas como caminho irreversível em direção ao comunismo, mesmo porque, na perspectiva do governo militar, o que se pretende é uma reorientação da política em relação ao capital privado nacional e estrangeiro, na qual o Estado desempenhe um papel mais ativo, delimitando as áreas de atuação de cada um. O controle soberano dos recursos econômicos não significa o desconhecimento dos compromissos internacionais: negociam-se formas de indenização para as empresas estatizadas, assinam-se contratos para a exploração dos recursos minerais com participação do Estado e do capital estrangeiro, o que contribui para consolidar uma imagem positiva do governo militar nos meios financeiros e o consequente acesso ao crédito.

Pelo que relatamos até aqui, percebemos que, diferentemente de outros processos políticos nacionalistas analisados anteriormente, não existem no caso peruano grandes pressões no setor externo que imponham limites aos projetos do governo. No plano interno, o congelamento da atividade política institucional, compensada pela implementação de reformas historicamente defendidas pelos setores mais progressistas, deveria levar, no entender do regime militar, a um esvaziamento dos movimentos reivindicatórios e do apoio aos partidos políticos de tradicional inserção popular.

Na prática, o que se verifica é bastante diferente. Embora o programa de reformas seja levado adiante por um período razoável de tempo (1968-1975), a situação econômica continua crítica e os setores da sociedade beneficiados pelas mudanças não se tornam aliados incondicionais do regime militar. Os movimentos grevistas atingem um ritmo crescente, a nova burguesia protegida e estimulada pelo governo desconfia dos militares e se alinha com as forças políticas que demandam o retorno ao estado de direito, nas Forças Armadas surgem divisões que quebram o consenso em relação aos rumos que devem ser seguidos.

Analisaremos em primeiro lugar os limites das reformas e seus efeitos na economia do país, passando em seguida para a crise política que desencadeia a destituição de Velasco Alvarado da presidência e o início do retorno a um regime institucional.

A política econômica adotada pelo governo em relação aos grandes investimentos na produção, na infraestrutura e na dinamização do consumo interno traz como efeito decorrente uma pressão sobre as contas externas do país. A importação de equipamentos, bens de consumo e alimentos, sem uma contrapartida na elevação das exportações, leva a uma dependência crescente do acesso ao crédito internacional. Se o endividamento estimulasse um rápido processo de crescimento econômico, aumentando a capacidade de pagamento numa proporção maior do que o aumento dos compromissos com a dívida, a situação anterior não seria necessariamente problemática. Não é o que aconteceu no Peru:

> Enquanto a maior parte dos créditos vencia num prazo de 5 a 10 anos, o período médio de maturação dos principais projetos era de 9 a 30 anos. No caso de um desequilíbrio no balanço de pagamentos, o que aconteceu de maneira crônica durante a última parte da década de 1970, o programa de investimentos sofreu interrupções por diversas vezes. (Wise, 1987, p.104)

A reforma agrária conseguiu desestruturar a base do poder da oligarquia latifundiária, atingindo tanto os complexos açucareiros da região costeira como as fazendas do altiplano.[8] Ocorre a expropriação de 47% do total da área agrícola e 26% dos camponeses e trabalhadores rurais tornam-se proprietários das terras em que trabalhavam anteriormente; o restante continuará ligado às terras não expropriadas, minifúndios e comunidades rurais. Em termos de objetivos econômicos e políticos pretendidos pelo governo militar, os resultados são limitados. De acordo com Kay (1982, p.1296),

> Economicamente, a reforma agrária não permitiu um incremento do excedente agrícola comercializado e transferido ao setor industrial, também não ampliou notavelmente o mercado interno para os produtos industriais. Politicamente, a reforma agrária teve grande êxito no enfraquecimento do poder de classe dos latifundi-

---

8 O Peru é dividido geograficamente em três regiões: a costa, de maior desenvolvimento; a serra, onde as relações pré-capitalistas eram dominantes, e a selva, pouco explorada.

ários, porém não conseguiu desmobilizar o campesinato ou reduzir os conflitos no campo. Pelo contrário, a reforma desatou conflitos de classe latentes que levaram a reivindicações mais radicais e a uma aceleração do processo de expropriação.

A partir de 1973, o crescimento do serviço da dívida externa em relação ao PIB é cada vez maior. Fora as pressões importadoras a que nos referimos anteriormente, com a queda do governo Allende no Chile, reacendem-se antigas rivalidades entre os dois países, introduzindo o componente da probabilidade de uma guerra, especialmente em 1975, com os problemas de fronteira ocasionados pelas reivindicações da Bolívia em favor de uma saída para o mar,[9] provocando um grande aumento da compra de armamentos no exterior. Com a crise do petróleo e o agravamento da recessão mundial a partir de 1974, os preços internacionais das exportações peruanas, especialmente do cobre, sofrem uma queda considerável. A evolução do balanço de pagamentos entre 1970 e 1976 (Tabela 12) ilustra bem a situação descrita.

No campo político, o governo das Forças Armadas vai perdendo legitimidade. Os setores populares mantêm uma atuação política independente do governo, pressionando para o cumprimento das reformas propostas e questionando muitas vezes o seu alcance, especialmente em relação à reforma agrária. As tentativas de criar organismos estatais que incorporem os trabalhadores, como o Sinamos,[10] que busca esvaziar os sindicatos independentes, não obtêm o sucesso esperado. Os partidos de esquerda

---

9 Os governos militares do Chile e da Bolívia iniciam, em 1975, conversações visando a um acordo favorável que permita uma saída para o mar a este último.

10 Sistema Nacional de Apoio à Mobilização Social (Sinamos), organismo estatal que pretendia incorporar o conjunto dos trabalhadores do campo e da cidade em apoio à execução da política do governo. Estava organizado em oito regiões que coincidiam com as regiões militares, cujo chefe também exercia a direção do Sinamos local (Cotler, 1986, v.II, p.222).

aumentam sua atividade e o apoio internacional dos países socialistas às reformas de Velasco, refletidas internamente na adesão do Partido Comunista pró-soviético ao governo, não impedem o avanço de movimentos independentes e da esquerda trotskista e maoísta, que terá desdobramentos eleitorais importantes nos comícios constituintes de 1978. A Tabela 13 mostra a evolução dos movimentos grevistas, dando uma dimensão da posição dos trabalhadores em relação ao regime militar.

Tabela 12 – Peru: balanço de pagamentos (1970-1975)

	1970	1971	1972	1973	1974	1975	1976
Exportações (1) (Milhares de Dólares)	1.034	889	945	1.111	1.506	1.378	1.586
Importações (2) (Milhares de Dólares)	699	730	812	1.033	1.908	2.491	2.197
Balança Comercial (3)	335	159	133	78	-403	-1.112	-611
Serviços da Dívida (4) (Em Dólares)	166	213	220	433	456	474	485
Serviço da Dívida PIB % (5)	2.7	3.1	2.9	4.7	3.9	3.9	3.5
PIB Em Milhões de Dólares (5)	6.219	6.833	7.615	9.282	11.563	13.629	13.711

Fontes: (1), (2), (3). Reynolds, 1978, Quadro 5. (4) e (5). Ugarteche, 1987, Quadro 47, p.158.

No âmbito das classes dominantes, existe desconfiança em relação ao governo. Se as mudanças impulsionam o capitalismo nacional, especialmente no que se refere ao aumento da capacidade de consumo dos setores de renda média e alta, as incertezas com a condução da política de reformas e os acenos de Velasco em favor de uma postura cada vez mais socializante em relação ao controle da propriedade conseguem transformar a desconfiança em oposição sistemática.

Ante o agravamento da crise, Velasco Alvarado opta pela radicalização política. Em junho de 1974, expropria os meios de comunicação, principal canal de expressão da oposição burguesa. Em agosto de 1975, manda deportar vários dirigentes sindicais e políticos de esquerda. A onda de descontentamento se generaliza, culminando com a deposição do presidente e sua substituição pelo general Francisco Morales Bermudez, cujo principal compromisso será o de iniciar o processo de transição que culmina com a eleição constituinte de 1978 e a presidencial de 1980.

Tabela 13 – Número total de greves e trabalhadores participantes no Peru (1965-1979)

	Greves	Trabalhadores participantes
1965	397	135.586
1966	394	121.232
1967	414	142.282
1968	364	107.809
1969	372	91.531
1970	345	110.990
1971	377	161.415
1972	409	130.643
1973	788	416.251
1974	570	362.737
1975	779	617.120
1976	440	258.101
1977	234	406.461
1978	364	1.398.387
1979	637	516.900

Fonte: Di Franco in 1986a, v.74, p.89.

O governo da Unidade Popular no Chile

Diferentemente da maioria dos processos políticos analisados até aqui, as mudanças estruturais na economia e na sociedade implementadas durante o governo da Unidade Popular não tiveram como ponto de partida uma ruptura institucional. O governo socialista de Salvador Allende se apresenta como alternativa, dentro da institucionalidade vigente, à crise econômica e política enfrentada pelo país, agravada ao longo das duas administrações que lhe antecederam, a de Jorge Alessandri (1958-

Luis Fernando Ayerbe

1963) e Eduardo Frei (1964-1969). O objetivo era aprofundar, em vários aspectos, o que se convencionou denominar "modelo chileno":

> uma correlação histórica entre fenômenos que apareceram dissociados em outros países da América Latina. Nos referimos ao processo de industrialização substitutiva com um peso crescente da intervenção estatal na economia, a um processo de democratização substantiva, isto é, de incorporação de diversos setores sociais em forma progressiva ao sistema político e melhorias nos seus níveis de vida, e a existência de um regime político democrático. (Garretón, 1983, p.23)

Ao analisar o desenvolvimento da economia chilena até 1970, algumas características conferem ao processo uma marca singular em comparação com as tendências predominantes na América Latina.

O setor industrial e de serviços representam a parte principal do PIB, quase 70% (Bitar, 1980, p.32), diferentemente da maioria dos países latino-americanos, em que o setor primário é predominante.

A concentração da propriedade e das atividades econômicas é bastante alta. Na agricultura, 2% das propriedades correspondiam, em 1963, a 55,4% da superfície (ibidem, p.33). Na mineração, o cobre, principal produto, representava 75% das exportações do país, dos quais 59% eram comercializados por três empresas dos Estados Unidos. Na indústria,

> Em 1953, 3% dos estabelecimentos industriais controlavam 51% do valor agregado, 44% da ocupação e 58% do capital de todo o setor. Além disso, 284 sociedades anônimas eram detentoras de 78% dos ativos do conjunto dessas sociedades no país. Ainda mais, nas maiores 271 sociedades anônimas verificou-se que os dez maiores acionistas controlavam pelo menos 50% da propriedade em 230 delas. (Bitar, 1980, p.34)

No setor bancário, apesar da forte presença do Banco do Estado, com 46,4% dos depósitos e 52% das aplicações em 1970, cinco bancos controlavam 57% das contas do setor privado (Elqueta & Chelén, 1988a, v.1, p.177).

Em termos de distribuição da renda, em 1969, os 10% mais ricos concentravam 40,2%, os 10% mais pobres 1,5% e 25% viviam além do limite da pobreza. Em relação à renda *per capita*, 7% da população obtinham 4.290 dólares e 54% o equivalente a 212 dólares.

Em relação à presença do Estado na economia, o setor público chileno detinha, com exceção de Cuba, a maior participação na América Latina, com 58,6% do investimento fixo (1969) e gastos totais equivalentes a 36,1% do PIB (1967-1968) (Bitar, 1980, p.43 – dados da Cepal).

A expansão da presença do Estado na economia é uma tendência histórica que adquire impulso em 1939, quando o governo da Frente Popular[11] cria a Corporação de Fomento à Produção (Corfo), que passa a exercer um papel central no planejamento econômico e na expansão do setor público.

Paralelamente à intervenção no setor produtivo, o Estado exerceu um papel importante como instrumento de distribuição de renda, buscando amenizar a contradição entre um sistema político relativamente estável – com partidos bem estruturados e representativos da diversidade do espectro social e ideológico do país, atentos às demandas de movimentos sociais com tradição de combatividade e organização – e um sistema econômico caracterizado pela concentração da propriedade e da renda e pela dependência externa, gerador de constantes pressões distributivas em favor do aumento dos gastos sociais.

---

11 O governo da Frente Popular (1938-1943), presidido por Pedro Aguirre Cerda, teve o apoio dos partidos socialista e comunista.

Isso ocorreu sob o governo de diferentes ideologias; os progressistas fortaleceram seu papel mais do que os conservadores, mas a intervenção estatal aumentou sempre.

A expansão da máquina estatal cumpriu a função reguladora e moderadora do conflito socioeconômico.

Em matéria redistributiva, o Estado expandiu a oferta de serviços e gerou novas fontes de trabalho. A despesa pública em saúde, educação e habitação, para setores médios e operários, aumentou.

Por outro lado, o subsídio para produtos de consumo essencial (e o controle de seus preços) implicou numa maior despesa pública em favor dos grupos de rendas menores. (Bitar, 1980, p.42-3)

Nas eleições de 4 de setembro de 1970, a vitória da Unidade Popular foi por escassa margem: 1.075.616 votos para Salvador Allende, 1.036.278 votos para Jorge Alessandri do Partido Nacional (direita), e 824.849 votos para Radomiro Tomic, da Democracia Cristã.

Para o novo governo, formado por uma coalizão de partidos que incluía o Partido Socialista, o Partido Comunista, o Movimento Popular de Ação Unitária (Mapu – dissidência da Democracia Cristã), o Partido Radical e a Ação Popular, o encaminhamento de soluções para dar resposta ao quadro econômico-social descrito anteriormente passa necessariamente por uma delimitação clara dos interesses a serem atingidos:

Não somos uma garantia para os interesses do capital imperialista que explora, intriga, corrompe e retarda o desenvolvimento do nosso país. Não somos garantia para o latifúndio nem para a oligarquia bancária, nem para os potentados do capitalismo que exercem no Chile o verdadeiro poder, certamente não eleitos pelo povo.

O governo da Unidade Popular será sim garantia para a abrumadora maioria da população, para os 90% ou mais, composta de operários, camponeses, empregados, profissionais e técnicos, estudantes, professores, intelectuais, pensionistas e aposentados, artesãos, homens com capacidade organizadora, a grande maioria dos proprietários, produtores, comerciantes, que não estão unidos ao estreito círculo do poder capitalista, porque sofrem sua presença de muitas maneiras.[12]

A transformação da ordem econômica terá como principal ponto de apoio a ampliação da área sob controle do Estado, estabelecendo um contrapeso capaz de enfraquecer o poder do capital privado nos setores-chaves da economia. A política de expropriações dos meios de produção fundamentais será acompanhada simultaneamente por medidas de redistribuição da renda a partir da utilização da capacidade ociosa na indústria, o crescimento do emprego, das remunerações e a ampliação do gasto público na área social.

Para Salvador Allende, as condições políticas para alterar estruturalmente a correlação de forças, a partir do sistema legal vigente, estão dadas na medida em que "as instituições chilenas estão abertas à mudança": "Compreendo que tal coisa não seja factível em outros países, mas a história chilena nos mostra que aqui isso é possível pela sua peculiar tradição e até pela sua peculiar idiossincrasia" (Flores, 1972, p.176).

Durante o primeiro ano de governo, vários indicadores na economia apontam para uma atuação bem-sucedida no cumprimento dos objetivos propostos. O cobre é nacionalizado por meio de lei aprovada por unanimidade no Congresso, que estabelece mecanismos para calcular a indenização a partir do desconto dos lucros anteriores considerados abusivos. Isso significou, no caso das duas principais empresas dos Estados Unidos com filiais no país (Anaconda e Kennecott), o não pagamento de indenização. Ao lado do cobre, o Estado adquire o controle da maior parte da mineração, do petróleo, do salitre, do carvão e do

---

12 *Pacto de la Unidad Popular de Chile*. Documento complementar ao programa, apresentado em 26 de dezembro de 1969. In: Plá, 1986a, v.46, p.133.

ferro. A reforma agrária da Unidade Popular fundamenta-se na lei aprovada durante o governo de Frei, então considerado um fiel representante da "revolução em liberdade" propagada pela Aliança para o Progresso, mas adquire um ritmo muito maior, atingindo num ano os mesmos resultados que nos cinco anos anteriores, conforme mostra a Tabela 14.

Tabela 14 – Chile: reforma agrária 1965-1973

	Nº de propriedades expropriadas	Hectares com irrigação (milhares)	Total de hectares (milhares)
1965-1970	1.408	293	3.557
1971-1973	4.395	437	6.305
Total	5.803	730	9.862

Fonte: *Corporação da Reforma Agrária (Cora)*, Bitar, 1980, p.286.

No sistema bancário, o Estado passa a controlar a totalidade dos bancos estrangeiros e 90% do crédito no país. A formação da área social da economia, com a incorporação pelo Estado de empresas privadas, chega a atingir

mais de 30% da indústria manufatureira e mais da metade do conjunto da produção mineiro-industrial, incluindo a transferência para essa área, além das empresas mistas da grande mineração do cobre da Companhia Chilena de Eletricidade, antes filial da *American & Foreign Power Co.*, e da Companhia de Telefones do Chile, antes filial da *International Telephone and Telegraph (ITT)* (Elqueta & Chelén, 1988a, v.1, p.198).

Diferentemente do que aconteceu no início da revolução boliviana, em que as mudanças na propriedade com a reforma agrária e a expropriação das minas de estanho conviveram com uma fase de desorganização da produção e redução dos indicadores econômicos, durante o ano de 1971 a economia chilena se expande, com diminuição da inflação e aumento do salário real, conforme mostra a Tabela 15.

Estados Unidos e América Latina

Tabela 15 – Chile: indicadores macroeconômicos 1970-1973

Indicadores	1970	1971	1972	1973
Inflação(b)	34,9	34,5	216,7	605,9
Crescimento	2,1	9,0	-1,2	-5,6
Salários reais (1970:3 = 100)	98,4	115,1	103,5	70,3
Receita do governo(a)	23,7	20,4	18,2	20,2
Gasto do governo(a)	26,4	31,1	31,2	44,9
Déficit orçamentário(a)	2,7	10,7	13,0	24,7
Crescimento da moeda	52,9	99,3	100,9	264,4
Ágio do mercado paralelo	99,0	358,0	898,0	2349,0

Fonte: Dornbusch & Edwards, 1991.
(a) Porcentagem do PIB, (b) Porcentagem dezembro a dezembro.

A participação dos trabalhadores na renda nacional se eleva de 52,8% em 1970 para 61,7% em 1971, as remunerações no setor público crescem 40% e, no setor privado, 52% (Bitar, 1980, p.104-5), estimulando a demanda num nível superior à capacidade de crescimento da economia. "Em 1971, a renda pessoal disponível aumentou 49,8% em relação a 1970. Enquanto isso, os preços cresceram 20,1%, isto é, a renda disponível real teve uma expansão próxima de 30%. Nenhuma economia no mundo pode enfrentar tal expansão sem sofrer desequilíbrios" (ibidem, p.198).

Esses desajustes terão grande influência no desencadeamento da crise que se inicia em 1972, tendo em vista que nenhuma das atividades econômicas afetadas pelas expropriações, com exceção da agricultura, sofreu diminuição do ritmo da produção. Em 1971, o consumo cresce 11,3% e a oferta total, 8,9%. Em 1972, 5,7% e 1,9%, respectivamente.

Começa a haver escassez de produtos, pressionando a alta da inflação e estimulando o mercado negro. O governo responde aumentando as importações de alimentos e de equipamentos para a indústria. Somado a isso, há uma queda dos preços do cobre no mercado internacional e se fecha o acesso ao crédito dos organismos multilaterais, principalmente por causa das pressões dos Estados Unidos (Tabela 16). Entre 1970 e 1973, o balanço de pagamentos passa de um superávit de 91 milhões de dólares para um déficit de 310 milhões de dólares (ibidem, p.210).

Tabela 16 – Chile: financiamento outorgado pelo Banco Mundial e pelo BID (autorizações de novos créditos em milhões de dólares)

Média anual	BID	BIRF	Total
1965-1969	39,4	15,8	55,2
1970	13,0	19,3	32,3
1971	15,1	0,0	15,1
1972	0,0	0,0	0,0
1973 (1º semestre)	4,9	0,0	4,9

Fonte: Bitar, 1980, Tabela VII-11, p.211.

Apesar da crescente instabilidade econômica, no plano político, a tendência aponta para o fortalecimento do governo nas sucessivas disputas eleitorais. Nas eleições municipais de 1971 atinge 50% dos votos e nas eleições parlamentares de 1973, 44% dos votos, o que representa um avanço em relação aos 36,5% obtidos em 1970.

Na área oposicionista, as atividades conspirativas crescem proporcionalmente aos resultados eleitorais desfavoráveis. Com o apoio dos Estados Unidos, a base social da oposição é composta não apenas por setores diretamente afetados pela política do governo, mas também por médios e pequenos empresários que desconfiam das medidas estatizantes, junto às classes médias, que se mobilizam contra a escassez na oferta de produtos e o recrudescimento da inflação, somado ao receio da perda de posições e privilégios ante a ativação política dos setores populares e do fantasma de uma guerra redistributiva. No plano político--institucional, os Partidos Nacional e Democrata Cristão exercem todas as formas possíveis de bloqueio parlamentar às iniciativas do governo, apostando na possibilidade de que a crise force uma saída eleitoral favorável. A opção golpista será considerada inevitável a partir da vitória da Unidade Popular nos comícios de março de 1973.

Quando acusado de promover o golpe militar liderado pelo general Augusto Pinochet em 11 de setembro de 1973, o governo dos Estados Unidos sempre negou sua participação, alegando que as ações em relação à Unidade Popular limitavam-se a campanhas de isolamento político internacional e bloqueio ao acesso a financiamento, visando ao desgaste de sua imagem a ponto de impedir a reeleição. O golpe seria um acidente de percurso.

Nas eleições de 1964, os Estados Unidos, numa operação envolvendo a CIA e empresários chilenos liderados por Augustin Edwards,[13] organizam o apoio ao candidato da Democracia Cristã, Eduardo Frei, com o objetivo de derrotar Salvador Allende, então candidato da Frente Revolucionária da Ação Popular (Frap).

Em 1969, avaliando as dificuldades enfrentadas pela candidatura da Democracia Cristã e pelos sinais crescentes de apoio popular para as opções da esquerda canalizadas para a candidatura de Allende, o "Comitê 40",[14] responsável pela viabilização de ações de contrainsurgência para favorecer aliados com problemas, presidido na época por Kissinger, passa a se interessar pela evolução da situação no Chile. Monta-se um esquema de apoio a Jorge Alessandri, do Partido Nacional, que, de acordo com as pesquisas pré-eleitorais, encontrava-se em primeiro lugar nas preferências.

Com a vitória da Unidade Popular, grupos empresariais nacionais e estrangeiros, por iniciativa da multinacional ITT, formulam um plano de desestabilização econômica destinado a criar as condições para um golpe militar, inviabilizando a posse

---

13 Sua família é proprietária, entre várias empresas, do *El Mercúrio*, principal jornal do país.

14 O nome "Comitê 40" corresponde à Decisão-Memorando nº 40, do Conselho de Segurança Nacional, cujos membros são definidos em 1969. Ver Selser & Diaz, 1975.

de Allende. Em memorando interno da empresa, essas intenções são explicitadas:

> Esforços clandestinos já estão sendo feitos para levar à bancarrota uma ou duas das maiores instituições de poupança e empréstimos (do Chile). Com isto, espera-se que haja uma corrida aos bancos e o fechamento de indústrias, resultando em maior desemprego. Desemprego massivo e inquietação poderiam produzir suficiente violência, a ponto de forçar os militares a intervir.[15]

O plano de desestabilização, denunciado posteriormente pelo presidente Allende, conhecido como "Programa de 10 pontos", foi descartado pelo governo Nixon, que o considerou pouco viável. Uma outra tentativa de impedir a posse foi organizada pelo general Viaux, representante dos setores mais duros do Exército. É organizado o sequestro do comandante das Forças Armadas, general Schneider, principal expoente dos setores legalistas, cuja responsabilidade seria atribuída à esquerda. O fracasso do plano trouxe como resultado o assassinato de Schneider, que reagiu ao sequestro.

Com a posse de Allende, o "Comitê 40" revê seus planos, preparando o caminho para a desestabilização e a queda do governo. O programa de ação previa a combinação do boicote econômico externo e interno com o auxílio dos meios empresariais nacionais e estrangeiros, estimulando o desabastecimento, o mercado negro, financiando campanhas de propaganda e organizando greves e atentados.

No segundo semestre de 1972, a deterioração da situação econômica e o clima político caótico estão claramente delineados, com greves de comerciantes em Santiago e dos empresários de transporte terrestre, levando o governo a decretar o toque de

---

15 Enviado em 14 de setembro de 1970 pelo diretor Jack Neal ao vice-presidente da empresa, W. R. Merrian (apud Dreifuss, 1986, p.221).

recolher na capital. Em 1973, produzem-se várias mudanças no gabinete; o general Prats, ministro e chefe do Exército, renuncia, sendo substituído por Augusto Pinochet. No início de setembro, os partidos de oposição solicitam a renúncia do presidente e no dia 11 consuma-se o golpe de Estado. Allende é assassinado.

O dado de "última hora" que gerou alguma incerteza em relação ao rumo efetivo que tomaria o novo governo foi a participação do general Pinochet, um homem pouco conhecido até esse momento pelos principais setores que articularam a queda de Allende.

Esse fato será utilizado posteriormente como argumento que demonstraria a "objetividade" da política externa dos Estados Unidos. Nas suas memórias, Henry Kissinger (1979, p.450) considera

> irônico que alguns daqueles que vociferam condenando o que chamavam de "intervenção no Chile" têm sido sumamente insistentes em pedir pressão por parte do governo contra os sucessores de Allende. As restrições à ajuda norte-americana para o Chile têm sido muito mais severas contra o governo posterior a Allende do que durante o seu governo.

As pressões posteriores contra a violação dos direitos humanos no Chile, especialmente na administração Carter – junto às reações contra os excessos de autonomia do general Pinochet no comando do poder, que chega a perseguir e assassinar opositores dentro do território dos Estados Unidos, como aconteceu com o ministro de Relações Exteriores de Allende, Orlando Letelier – em nenhum momento colocarão em risco a estabilidade do regime militar.

Henry Kissinger justifica de forma bastante curiosa a política de Nixon contra um governo democraticamente eleito, num marco institucional que não contraria os princípios que orientam o sistema político americano, que respeitou a Constituição e não violou a soberania de outros países.

Luis Fernando Ayerbe

> Nas semanas que se seguiram [a eleição de Allende], nosso
> governo considerava os acontecimentos chilenos, não isoladamente,
> senão contra o telão de fundo da invasão síria na Jordânia e dos
> nossos esforços para forçar a União Soviética a desmantelar suas
> instalações para a manutenção dos submarinos nucleares no Caribe.
> A reação deve ser considerada neste contexto.
> De qualquer forma, a eleição de Allende era um desafio ao nos-
> so interesse nacional. Não podíamos nos reconciliar facilmente com
> um segundo Estado comunista no Hemisfério Ocidental. Estávamos
> convencidos de que logo estaria incitando políticas antiamericanas,
> atacando a solidariedade do hemisfério, fazendo causa comum com
> Cuba, antes ou depois, estabelecendo estreitas relações com a União
> Soviética. E isso era mais penoso porque Allende representava uma
> ruptura na longa história democrática de Chile e seria presidente
> não como uma autêntica expressão da maioria, senão por uma
> casualidade favorável do sistema político chileno. Os trinta e seis
> por cento do voto popular não eram realmente um mandato para a
> transformação irreversível das instituições políticas e econômicas
> do Chile que Allende estava decidido a efetuar. (1979, p.455-6)

Estranho argumento para um funcionário de um governo
eleito por 30% dos cidadãos americanos em condições de votar.
Na eleição de 1968, apenas 61% dos eleitores compareceram às
urnas, e Nixon conseguiu a vitória com uma votação menor do
que a recebida quando concorreu com John Kennedy e obteve o
segundo lugar. Isso não limitou sua autoridade para levar adiante
o programa de governo, mas parece que a retórica dos Estados
Unidos sobre a importância do império da lei não se aplica ao
Chile, reduzindo-se a vitória de Allende a uma mera "casualidade".
Certamente, os chilenos nunca suspeitaram da enorme responsabilidade internacional implícita no exercício do voto:

> Nossa preocupação com Allende estava baseada na segurança
> nacional, não na economia.
> O desafio a nossa política e interesses representados por Al-
> lende ... não era apenas nacionalizar propriedades; ele reconhecia

sua consagração ao marxismo-leninismo autoritário. Era um admirador da ditadura cubana e um decidido opositor do "imperialismo norte-americano". Sua meta declarada por mais de uma década antes de ser presidente tinha sido minar nossa posição em todo o hemisfério ocidental, se necessário pela violência. Dado que era um país continental, a capacidade do Chile para fazê-lo era muito maior que a de Cuba, e esta já apresentava um desafio substancial ... O Chile limitava com Argentina, Peru e Bolívia, países infestados de movimentos radicalizados. O êxito de Allende teria tido importância também para o futuro dos partidos comunistas na Europa ocidental, cujas políticas inevitavelmente socavariam a Aliança ocidental ... Nenhum presidente responsável poderia ver a ascensão de Allende ao poder sem outro sentimento que não fosse inquietação. (ibidem, p.457-8)

A reação de Nixon à eleição de Allende, de acordo com Kissinger, foi maior do que a simples inquietação, no dia 15 de setembro de 1970,

Nixon disse a Helms[16] que queria um esforço maior para ver o que poderia ser feito para evitar que Allende chegasse ao poder. Se houvesse uma oportunidade em dez de nos livrarmos de Allende, deveríamos experimentá-la: se Helms precisava dos milhões, ele os aprovaria. O programa de ajuda ao Chile seria interrompido; sua economia devia ser espremida "até que gritasse". (p.468)

Nada do que o governo Allende pudesse fazer, fora renunciar, alteraria esse diagnóstico. O problema não estava na forma pela qual Allende havia alcançado o poder, nem na forma pela qual se comportaria em relação às instituições vigentes. Pouco interessava o caráter ditatorial ou democrático do governo. O problema do governo da Unidade Popular era o simples fato de existir, independentemente do que ele pudesse fazer para diminuir atritos e conciliar interesses com os Estados Unidos.

---

16 Richard Helms era o então diretor da CIA.

Luis Fernando Ayerbe

Olhando os acontecimentos do Chile desde a perspectiva das abordagens culturalistas apresentadas no Capítulo 1, resulta difícil estabelecer um vínculo de coerência entre as justificativas de Kissinger para a ação do governo dos Estados Unidos e os propalados "valores ocidentais de convívio humano" associados ao compromisso com a lei e a democracia.

A comissão trilateral e o governo Carter

O cenário de crise que marca o fim do governo Nixon-Ford, cujos dados mais reveladores são a derrota no Vietnã e o escândalo Watergate, tem componentes globais mais amplos: a crise do modelo de acumulação do pós-guerra e o fim da prosperidade vivenciada pelo capitalismo por mais de 25 anos, a crise do petróleo como agravante conjuntural que traz para a cena política mundial novos atores do Terceiro Mundo e a presença cada vez mais visível da União Soviética, disputando em nível de igualdade com os Estados Unidos a corrida espacial e armamentista e ampliando sua influência na Ásia e África.

Para setores importantes do *establishment*, a estratégia do "pentagrama"[17] de Kissinger, buscando o equilíbrio de poder com base numa política de alianças direcionada a isolar os adversários conjunturalmente mais fortes, sem, contudo, sinalizar para associações estáveis com aliados estratégicos, tinha-se revelado de curto alcance, além de dar nítida visibilidade ao enfraquecimento da posição dos Estados Unidos no mundo.

Contra essa visão de curto prazo dos problemas internacionais, começa a ganhar força uma perspectiva de ação de alcance global, que leva em consideração a nova correlação de forças e tem como preocupação estratégica permanente a hegemonia

---

17 O termo "pentagrama" faz referência aos cinco polos de poder mundial definidos por Kissinger: Estados Unidos, União Soviética, China, Europa Ocidental e Japão.

mundial do capitalismo. As novas diretrizes serão apresentadas no "Projeto para os anos 80" do Council on Foreign Relations (CFR).

Conforme analisamos no Capítulo 3, o CFR teve participação decisiva na formulação dos lineamentos que nortearam a estruturação do mundo após a Segunda Guerra Mundial. A influência na política externa dos Estados Unidos desse organismo privado cresce durante a administração de Eisenhower e alcança notoriedade com a elaboração, nos anos 60, dos estudos para o plano de paz no Vietnã, que será negociado pela administração Nixon.

O "Projeto para os anos 80", que tem início em 1974 sob a liderança de David Rockefeller (ver Dreyfuss, 1986; Assmann et al., 1986), é apresentado como uma versão atualizada dos "Estudos de guerra e paz – 1939-1943", levando em consideração o novo quadro internacional em que Europa ocidental e o Japão tornaram-se novamente protagonistas destacados; o que é fundamental, aliados dos Estados Unidos. Uma nova ordem mundial, coordenada pelos países capitalistas avançados e com maior integração econômica entre eles, é o objetivo central do projeto do CFR, que tem como base de apoio uma organização internacional criada em 1973, a Comissão Trilateral (CT).

Diferentemente do CFR, cuja atuação se volta para os Estados Unidos, a Trilateral reúne empresários, políticos e intelectuais da América do Norte, Europa Ocidental e Japão. Propõe uma visão global dos problemas do mundo, uma gestão coordenada da política internacional, a partir de uma perspectiva que privilegia os espaços econômicos transnacionais como objeto de análise e atuação, contra a visão tradicional centralizada nos espaços políticos nacionais.

De acordo com Zbigniew Brzezinski, um dos membros fundadores da CT, junto com David Rockefeller,

O Estado-Nação, como unidade fundamental na vida organizada do homem, deixou de ser a principal força criativa: os bancos internacionais e as corporações multinacionais planejam e atuam em termos que levam muitas vantagens sobre os conceitos políticos do Estado-Nação ... No plano formal, a política, no seu processo global, funciona mais ou menos como antes. Porém, as forças que configuram a realidade interna desse processo são cada vez mais aquelas cuja influência ou alcance transcende os limites nacionais. (Apud Assmann et al., 1986, p.85-6)

De acordo com o novo credo patrocinado pelo CFR e a CT, o capital financeiro internacional e as firmas multinacionais são reconhecidos como protagonistas privilegiados da interdependência e da gestão associada da economia mundial, e essa visão terá defensores nos níveis decisórios mais altos dos governos dos países capitalistas avançados.

De uma perspectiva que coloca a resolução dos problemas econômicos como central e a tensão norte-sul como principal obstáculo, contra a visão predominante até esse momento, fundamentada no eixo político do confronto leste-oeste,

a defesa inicial da Comissão Trilateral, de uma ideologia universal de interesses globais comuns que requeiram o gerenciamento de uma tecnocracia internacionalista, pode em parte ser visto como um meio de desenvolver uma resposta cooptativa em relação à resistência do trabalho e à ameaça de um nacionalismo destrutivo do Terceiro Mundo durante os anos 70. (Gill, 1990, p.53-4)

A guinada na política externa dos Estados Unidos durante a presidência de Carter expressa em grande medida a influência das diretrizes da CT, da qual tanto ele como seus principais auxiliares no governo fazem parte.

Em resposta ao descrédito internacional do país pelo escândalo Watergate, pela intervenção no Vietnã e pela associação corrente dos Estados Unidos com as ditaduras mais reacionárias do Terceiro Mundo, o novo governo procurará mudar essa imagem apresentando-se como defensor da democracia, dos direitos humanos e da autodeterminação das nações.

Na América Latina, onde os regimes militares tornaram-se predominantes, será deflagrada uma campanha em favor do respeito aos direitos humanos instrumentada pela OEA, que organizará visitas a países cujos governos são acusados de promover tortura, assassinato, desaparecimento e demais formas de perseguição aos opositores políticos. As ditaduras de Brasil, Chile, Argentina e Uruguai serão alvos diretos dessa campanha, em que os Estados Unidos ameaçam com o corte da ajuda econômica e militar caso as denúncias se mostrem verdadeiras e os respectivos governos mantenham a mesma postura.

Na América Central e Caribe, haverá também uma mudança de enfoque. O regime de Somoza na Nicarágua sofrerá pressões crescentes para que inicie um processo de normalização institucional, buscando antecipar-se a uma saída revolucionária em que a Frente Sandinista seria a principal beneficiária. Em 1977, é assinado um tratado com o Panamá, que dispõe a devolução gradual do canal até 1999. As relações com Cuba também sofrem uma pequena melhora. Eliminam-se as restrições para que os cidadãos americanos viajem ao país e assina-se um acordo de "cessão de interesse" pelo qual Cuba abre escritório em Washington e os Estados Unidos em Havana, o que representa um início de contato diplomático.

Apesar dos esforços da administração Carter, a mudança de imagem dos Estados Unidos perante os principais círculos dirigentes econômicos, militares e políticos do país não se dá no sentido esperado. A imagem agressiva e intervencionista dá lugar a uma sensação de fraqueza e de crescente retração no cenário internacional.

Alguns fatos contribuíram para isso, e quase todos no ano de 1979: a revolução xiita no Irã, que derruba o principal aliado dos Estados Unidos no Golfo Pérsico, substituindo-o por um governo que declara o país como inimigo número um; a revolução Sandinista na Nicarágua, vista nos meios conservadores como uma nova Cuba prestes a incendiar toda a América Central; a revolução de Maurice Bishop em Granada; a crise dos reféns na embaixada dos Estados Unidos no Irã, a qual o mundo assiste à impotência do país em obter alguma solução; a VI Conferência dos Países Não Alinhados em Cuba, na qual Fidel Castro é eleito presidente; e a invasão soviética do Afeganistão. O segundo choque do petróleo e os seus efeitos recessivos na economia mundial, que analisamos neste capítulo, completam o cenário catastrófico que associa o governo Carter com a pior situação já vivida pelos Estados Unidos, eliminando qualquer possibilidade de reeleição.

6
Os anos Reagan e o recrudescimento da guerra fria

A crise do capitalismo dos anos 70, que abordamos no capítulo anterior, traz como uma das suas consequências importantes a quebra do consenso econômico e social em torno da equação crescimento-políticas estatais de bem-estar social. Para o conservadorismo neoliberal, o *Welfare State* teria efeitos inibidores na capacidade de inovação e de eficiência que seriam próprias da iniciativa privada. Os argumentos a seguir contemplam vários aspectos importantes dessa abordagem (ver Offe, 1984; Draibe & Henrique, 1988):

- os gastos sociais elevados são a causa principal do déficit público e da inflação, porque exigem maior emissão de moeda e aumento de impostos;

- a elevação da carga tributária e das contribuições sociais compromete a poupança e o investimento, e eleva os custos salariais, prejudicando a competitividade externa da produção nacional;

- os programas sociais solapam a ética do trabalho, criando uma proteção artificial contra os riscos, desestimulando a eficiência, a produtividade e a competitividade da mão de obra.

A proliferação de interesses diversos, setores atrasados, pessoas de idade, minorias, ecologistas, consumidores, teria conduzido a uma intervenção pública incompatível com o dinamismo e a criatividade. Dessa interpretação se conclui que a recuperação da vitalidade econômica requer a desobstrução dessa vasta gama de atividades públicas que interferem na atividade empresarial, o que se traduzirá no reingresso ao ciclo expansivo. De acordo com essa interpretação, o "custo social" associado à "canibalização da ação pública" se veria compensado largamente, uma vez que se tivesse conseguido a médio prazo a revitalização da economia. (Fajnzylber, 1984, p.217)

Para Milton Friedman, principal expoente nos Estados Unidos do pensamento neoliberal, o Estado não deve intervir em questões como controle de aluguéis, fixação de preços, salários mínimos, seguros de proteção a setores sociais e programas de habitação. O Estado deve fortalecer e não coibir os mecanismos de mercado, o que torna sua ação aceitável nas seguintes condições:

> Um governo que mantenha a lei e a ordem; defina os direitos de propriedade; sirva de meio para a modificação dos direitos de propriedade e de outras regras do jogo econômico; julgue disputas sobre a interpretação das regras; reforce contratos; promova a competição; forneça uma estrutura monetária; envolva-se em atividades para evitar o monopólio técnico ... suplemente a caridade privada e a família na proteção do irresponsável, quer se trate de um insano ou de uma criança; um tal governo teria, evidentemente, importantes funções a desempenhar. (Apud Draibe & Henrique, 1988, p.73)

Quando Ronald Reagan se candidata pelo Partido Republicano à presidência dos Estados Unidos, o diagnóstico da situação econômica do país e o seu programa de governo incorporam, nos seus lineamentos principais, os argumentos do neoliberalismo.

A economia dos Estados Unidos

Comparativamente ao período que vai do final da Segunda Guerra Mundial até a década de 1960, de expansão contínua, os indicadores econômicos dos anos 70 mostram uma reversão dessa tendência. Entre 1974 e 1980, o PNB real dos eua cresce 2,5% contra 4% no período anterior, o índice de preços ao consumidor passa de 3% para 8% anuais, decai o crescimento da produtividade de 2,5% a 0,1% ao ano e o desemprego aumenta de 4,7% a 7% (Sela, 1985, p.11-2). Setores tradicionalmente importantes da economia do país, como a indústria siderúrgica e a automobilística, perdem competitividade internacional perante o Japão e a Europa Ocidental. Os déficits comerciais são constantes ao longo da década de 1970 (com exceção dos anos 1970, 1973 e 1975), embora compensados pelos superávits obtidos com os retornos dos investimentos no exterior, conforme mostra a Tabela 17.

O programa de governo de Reagan leva em consideração esse novo contexto, conforme ele mesmo manifesta na mensagem ao Congresso em 1981: "Temos um programa de recuperação econômica, um programa que deverá equilibrar o orçamento e nos colocará definitivamente no rumo de nosso objetivo derradeiro de eliminar completamente a inflação, aumentar a produtividade e gerar milhões de novos empregos" (ibidem, p.11).

As diretrizes principais para atingir tais objetivos estão presentes na plataforma econômica do Partido Republicano:

> O Partido Republicano considera que um orçamento equilibrado é essencial, mas se opõe à tentativa democrata de atingi-lo por meio de impostos mais elevados. Acreditamos que um aspecto fundamental no equilíbrio do orçamento consiste em restringir o gasto

governamental e em acelerar o crescimento econômico, e não em incrementar a carga fiscal nas costas dos homens e das mulheres que trabalham. A estendida distribuição da propriedade privada é um dos alicerces da liberdade norte-americana. Sem ela não pode sobreviver nosso sistema de livre empresa nem nossa forma republicana de governo. As reduções de impostos estimularão o crescimento econômico e, dessa maneira, se reduzirá a necessidade do gasto governamental com desemprego, bem-estar e programas de trabalhos públicos.[1]

Tabela 17 – Transações internacionais dos Estados Unidos, 1960-1982 (saldos líquidos em bilhões de dólares)

	1960 1964	1965 1969	1970	1971	1972	1973	1974	1975	1976	1977	1978	1979	1980	1981	1982
Mercadoria	5,4	2,8	2,6	-2,3	-6,4	9	-5,3	9,0	-9,3	-30,9	-33,7	-27,3	-33,7	-27,3	-25,3
Renda de inves.	4,2	5,3	6,2	7,2	8,2	12,2	15,5	12,8	16,0	18,0	20,6	31,2	29,9	-33,0	29,3
Trans. militares	2,4	2,9	-3,3	-2,9	-3,4	-2,1	-1,6	-0,7	0,6	1,5	0,6	-2,0	-2,5	-1,5	1,2
Viagens e transp.	-1,1	-1,5	2,0	-2,3	-3,1	-3,2	-3,2	-2,8	-2,6	-3,3	-3,1	-2,4	-0,9	-0,9	-0,9
Outros serviços	0,8	1,6	2,2	2,5	2,8	3,2	4,0	4,6	4,7	5,2	6,0	5,7	7,1	7,1	7,1
Balanço de bens e serviços	6,8	5,4	5,6	2,3	-1,9	11,0	9,3	22,9	9,4	-9,4	-9,7	5,1	8,3	11,1	6,0
Transf. unilaterais	-2,6	-3,0	-3,3	-3,7	3,8	-3,9	-7,2	-4,6	-5,0	-5,0	-5,0	-5,6	-6,8	6,6	7,2
Balanço conta corrente	4,2	2,4	2,3	1,4	-5,8	7,1	2,1	18,3	4,4	-14,1	-14,8	-0,5	1,5	4,5	-1,2
Ativos EUA no exterior (saída)	-6,1	-9,1	-9,3	-12,5	-14,5	-22,9	-34,7	-39,7	-51,0	-34,8	-61,1	-64,3	-86,0	-109,3	-127,5
Ativos estrang. nos EUA (entrada)	2,7	6,9	6,4	23,0	21,5	18,4	34,2	15,7	36,5	51,3	64,0	38,5	54,5	77,9	94,3
Distribuição DES	–	–	0,9	0,7	0,7	–	–	–	–	–	–	1,1	1,1	1,1	–
Discrep. estad.	-0,9	-0,2	-0,2	-9,8	-1,9	-2,6	-1,6	5,7	10,4	-2,5	11,9	25,2	28,9	25,8	34,0

Dados de 1982, obtidos pela transformação em valores anuais dos três primeiros trimestres do ano. Fonte: Sela, 1985, p.15.

---

1 *Plataforma Republicana*, Béjar & Bianchi, 1986a, v.69, p.283.

Estados Unidos e América Latina

As mudanças mais radicais na política econômica do governo Reagan atingem a estrutura do gasto público, as áreas tributária e monetária.

Estrutura do gasto público: Redução de despesas pelo corte seletivo de programas sociais da ordem de 110 bilhões de dólares para o período 1981-1984.[2] Ampliação dos gastos com defesa como decorrência da retomada da política externa de contenção da União Soviética, prevendo um aumento anual de 8% nos cinco primeiros anos (Béjar & Bianchi, 1986a, v.69, p.283).

Política tributária: Aumento da poupança e dos investimentos com redução dos impostos para as pessoas físicas e aumento dos incentivos fiscais para as empresas.

Política monetária: Controle da inflação pela elevação da taxa de juros e pela valorização do dólar. A chamada "diplomacia do dólar forte" destina-se a financiar o déficit comercial e orçamentário pela captação da poupança internacional.[3]

Os resultados da política econômica são favoráveis às expectativas do governo. A inflação se reduz de 12%, ao ano no fim do governo Carter, para 5% em 1983. Entre 1982-1983, o desemprego cai de 10,7% para 7,3% e a renda média aumenta em 9%, contribuindo para a reeleição de Reagan em 1984.

Em relação a indicadores como inflação, desemprego e aumento da demanda,[4] a *performance* se mantém positiva até o final do segundo mandato. Os aspectos mais controversos se situam

---

2 A análise detalhada dos cortes efetuados nos gastos sociais se encontra em Sela, 1985, p.23.

3 Na política monetária, há uma continuidade com os rumos definidos pelo Banco Central, no final do governo Carter, sob a presidência de Paul Volker, que permanece no cargo, de restrição da oferta de dólares e aumento das taxas de juros. Ver Capítulo 5.

4 O estímulo ao consumo, favorecido pelos cortes no imposto de renda das pessoas físicas, incrementa o poder de compra em 300 dólares por ano, por família (Clairmonte & Cavanagh, 1988, p.5).

na área social e no setor externo, nos quais o quadro não se mostra tão promissor.

Os cortes nas despesas sociais, com o argumento de reduzir o déficit público, são compensados pelo aumento dos gastos militares, que elevam o déficit para 200 bilhões de dólares em 1985. A captação da poupança externa, favorecida pelas altas taxas de juros, permite financiar esse déficit e controlar a inflação; porém, o dólar valorizado compromete ainda mais a competitividade da indústria do país, barateando as importações e aumentando o déficit da balança comercial.

Além de aumentar o consumo, a política tributária de Reagan torna a estrutura social do país mais polarizada. Entre 1979 e 1989, a parcela 1% mais rica da população aumenta sua parte na renda nacional de 25% para 35% do total (De Brie, 1989, p.6).

Em relação à dívida do Terceiro Mundo, particularmente da América Latina, a política de valorização do dólar e aumento das taxas de juros representou uma dupla penalização: aumentam os encargos com o serviço da dívida, que se torna mais cara, e há um esvaziamento da oferta de capitais, dada a atração exercida pelo mercado financeiro dos Estados Unidos, incluindo os recursos das classes dominantes do próprio Terceiro Mundo. Disso nos ocuparemos com mais detalhes na próxima seção.

Para alguns analistas, a política de Reagan apresenta uma lógica coerente com o objetivo de retomada da hegemonia. No plano interno,

Os EUA praticamente estancaram o gasto em bens e serviços de utilidade pública, aumentaram o dispêndio no setor de armamentos e cortaram compensatoriamente os gastos com o Welfare. Em síntese, trocaram as despesas de bem-estar social por armas e fizeram uma redistribuição de rendas em favor dos ricos. Além disso, reduziram a carga tributária sobre a classe média e praticamente eliminaram a incidência de impostos sobre os juros pagos aos bancos para compras de consumo durável. Propiciaram também depreciações aceleradas dos ativos e refinanciamento dos passivos de certas firmas. Nestas circunstâncias, o endividamento das famílias passa a ser um excelente negócio, porque parte da carga financeira da dívida é descontada no imposto de renda. Assim, tomou-se crédito de curto prazo em larga escala para dar suporte à compra de casas e bens duráveis de consumo. Além disso financiaram investimentos, no terciário e na indústria de ponta, que não requerem um período de maturação muito longo e cuja taxa de rentabilidade esperada é muito superior à taxa de juros nominal, em declínio. (Tavares, 1985, p.9)

Nas relações econômicas internacionais:

Entre 1982 e 1984, os EUA conseguiram dobrar o seu déficit comercial a cada ano, o que, juntamente com o recebimento de juros, lhe permitiu absorver transferências reais de poupança do resto do mundo que só em 1983 corresponderam a cem bilhões de dólares, e em 1984 devem ter ultrapassado 150 bilhões. Por outro lado, suas relações de troca melhoraram e os seus custos internos caíram, já que as importações que os Estados Unidos estão fazendo são as melhores e mais baratas do mundo inteiro. Assim, sem fazer qualquer esforço intensivo de poupança e de investimento, sem tocar a sua infraestrutura energética, sem tocar na agricultura, sem tocar na velha indústria pesada, os EUA estão modernizando a sua indústria de ponta com equipamentos baratos de último tipo e capitais de risco do Japão, da Alemanha, do resto da Europa e do Mundo. (ibidem, p.8)

Essa análise resgata bem a coerência da política econômica de Reagan como ação unilateral que busca reconduzir o país à liderança absoluta na economia mundial. No segundo mandato, alguns limites à continuidade dessa política começam a aparecer.

Nos acordos do Plaza (setembro de 1985) e do Louvre (fevereiro de 1987), celebrados pelo Grupo dos Sete, o Banco Central dos Estados Unidos força a desvalorização do dólar, impondo grandes perdas aos seus credores. Essa decisão acontece num momento em que a dependência financeira externa do país atinge um estágio crítico em razão do crescimento acelerado do déficit fiscal, que chega a 220 bilhões de dólares em 1986.

Em outubro de 1987 estoura o *crack* da bolsa de valores de Nova York, no qual 1,5 trilhão de dólares se evapora.[5] Parte do déficit fiscal de 148 bilhões, nesse ano, é coberto, pela primeira vez nos anos 80, com reservas oficiais, dada a relutância dos investidores, principalmente japoneses, em continuar financiando as políticas de Reagan (Presser, 1988, p.191).

Nos debates da época, a ideia de declínio dos Estados Unidos começa a ganhar força crescente.[6] Os indicadores de perda de competitividade da economia e dependência do financiamento externo são claros: em 1986, 26 bancos japoneses figuram entre os cem primeiros controlando 40% dos ativos, contra 14 dos Estados Unidos, que controlam 12%; a participação na produção industrial mundial caiu de 53% em 1946 para 19,5% em 1987 e, nas exportações, de 36% para 10%. De acordo com dados apresentados por Arrighi (1996, p.328), que incluem, além dos dois períodos presidenciais de Reagan, parte do mandato do seu sucessor e vice-presidente, George Bush, entre 1981 e 1991, o déficit do orçamento federal e o total da dívida pública passaram, respectivamente, de US$ 74 bilhões e US$ 1 trilhão, para mais de US$ 300 bilhões e US$ 4 trilhões.

Paralelamente a esses dados negativos, outros indicadores destacam a dependência do dinamismo da economia mundial em relação ao mercado dos Estados Unidos:

> [O valor] do mercado dos Estados Unidos é ... o equivalente à metade do mercado das sete principais nações industrializadas. E esse mercado de consumo cresceu 23% nos seis primeiros anos do

---

5 Isso equivale a três quartas partes das exportações mundiais e a uma oitava parte do produto mundial bruto (Clairmonte & Cavanagh, 1988, p.4).

6 Entre os trabalhos representativos desse debate, destacamos Kennedy, 1989, e Gilpin, 1990.

governo Reagan. Durante esse tempo o consumo cresceu 18% no Japão e apenas 8% na Alemanha Federal ... O mercado dos Estados Unidos absorve atualmente dois quintos das exportações japonesas e a terceira parte das exportações dos oito principais países subdesenvolvidos. (Clairmonte & Cavanagh, 1988, p.4)

A evolução a partir dos anos 90 aprofunda essa tendência, apresentando uma situação paradoxal. Embora os Estados Unidos continuem dependendo do financiamento internacional, consolida-se sua posição como principal mercado de consumo e de investimentos, tornando o resto do mundo mais vulnerável em relação ao desempenho da sua economia. Qualquer abalo nos indicadores nacionais tende a colocar em risco a estabilidade do sistema.

A agenda latino-americana

Na seção anterior, analisamos o diagnóstico conservador da crise e sua influência na plataforma de Reagan nas eleições de 1980. A busca da retomada da hegemonia outorga à América Latina um lugar de destaque. No "Documento de Santa Fé", elaborado em maio de 1980 por um grupo de políticos, intelectuais e militares, que exercerão cargos importantes durante a administração republicana,[7] aparecem os lineamentos principais do que será a política dos Estados Unidos para a região nos anos 80:

Os Estados Unidos estão em retirada. O risco da perda do petróleo do Oriente Médio e o fechamento potencial das rotas

---

7 Destacam-se, na autoria do documento, Ralph Hindman Doxey, que será presidente do Conselho de Segurança Interamericana; Roger Fontaine, conselheiro do governo Reagan para os assuntos latino-americanos no Conselho de Segurança Nacional, e o general Gordon Summer, chefe do Conselho Interamericano de Defesa (Antiásov, 1981).

marítimas do Oceano Índico, juntamente com a satelitização da região de minerais da África do Sul na órbita soviética, prefiguram a "finlandização" da Europa ocidental e o isolamento do Japão. Até o Caribe, que sempre foi espaço de tráfico marítimo e centro de refino de petróleo para os Estados Unidos, está se transformando em lago marxista-leninista. Nosso país jamais se havia encontrado em situação tão delicada em seu flanco sul. Jamais a política externa dos EUA abusou de seus aliados do sul da América Latina, os abandonou e os atraiçoou como agora. (Peixoto, 1981, p.23)

A partir desse diagnóstico, várias propostas são apresentadas. Destacaremos algumas:

Revitalizar o sistema de segurança hemisférica por meio da sustentação do Tratado Interamericano de Assistência Recíproca (TIAR). (ibidem, p.39)

Os EUA devem abandonar a suposição errônea de que se pode facilmente introduzir e impor um estilo democrático como o dos EUA como alternativa aos governos autoritários, do mesmo modo que devem abandonar a crença difundida de que a mudança de *per se* em tal situação é inevitável, desejável e conveniente aos EUA. (p.52)

Os EUA devem dedicar atenção especial a três países: Brasil, México e Cuba, devido a sua importância particular no hemisfério ocidental. (p.95)

Os EUA estimularão ainda ativamente a aproximação argentino-brasileira, o que abrirá novas possibilidades para um rápido desenvolvimento econômico do Cone Sul, desenvolvimento este que ajudará a estimular o crescimento dos países periféricos desta região: Bolívia, Paraguai e Uruguai. (p.87)[8]

---

8 Embora não tenhamos evidências concretas que permitam associar os objetivos expressos nessa parte do documento com a evolução posterior das relações Brasil-Argentina, não deixa de chamar a atenção a coincidência com os acordos bilaterais iniciados em 1985 pelos presidentes Sarney e Alfonsín, ponto de partida para a posterior formação do Mercosul.

Os EUA devem promover uma nova política positiva para todo o Caribe, incluindo a América Central. Essa política proverá uma ajuda multiface a todos os países amigos, sob ataque de minorias armadas e que recebem assistência de forças hostis estrangeiras. Os EUA devem oferecer uma alternativa clara a Cuba. Primeiro, deve ficar absolutamente claro para eles que, se continuarem no seu caminho, outros passos apropriados serão dados. (p.95)

...

A América Latina é vital para os EUA: a projeção do poder global dos EUA repousou sempre sobre um Caribe cooperador e sobre uma América do Sul que nos apoie. O isolamento é impossível para os EUA. A contenção da União Soviética não é suficiente. A distensão é a morte. (p.109)

A crise na América Central e no Caribe

Para o governo Reagan, o principal temor nessa região é o chamado "efeito dominó" que, a partir das mudanças em Nicarágua e Granada e a crescente instabilidade em El Salvador e Guatemala, poderia favorecer uma onda revolucionária capaz de arrastar o México e penetrar nos próprios Estados Unidos, pelas grandes comunidades negras e hispânicas.

Em 1981, elabora-se um programa de ajuda denominado "Iniciativa da Bacia do Caribe", que busca ampliar o comércio e melhorar os investimentos, injetando 330 milhões de dólares, liberando o comércio com os Estados Unidos e dando incentivos fiscais para as empresas que decidam investir na região. Ao mesmo tempo, aumenta a ajuda militar. Entre 1981 e 1983, El Salvador e Honduras recebem, respectivamente, 700 e 300 milhões de dólares para treinamento e compra de armas (Kryzanek, 1987, p.123). Nesse período, inicia-se o apoio financeiro e militar à guerrilha dos "contras", formada por ex-guardas somozistas e mercenários que atuam na Nicarágua pela fronteira com Honduras.

No dia 23 de outubro de 1983, os Estados Unidos invadem a ilha de Granada. O argumento foi o aumento da presença soviética e cubana a partir do golpe de Estado liderado por Bernard Coard, que no dia 14 desse mês derrubou e assassinou o presidente Maurice Bishop. Além da radicalização da revolução, anunciada pelo novo governo, a alegação de supostas ameaças ao território dos Estados Unidos, por causa da construção de um aeroporto internacional, foi apresentada como justificativa da ocupação do país.

Essa agressão, apesar das suas dimensões, na medida em que envolve tropas dos Estados Unidos intervindo diretamente na política de uma nação soberana, não chega a despertar grandes reações na comunidade latino-americana. As atenções principais estão voltadas para a pacificação da América Central, destacando-se nesse item a crítica da política dos Estados Unidos em relação à Nicarágua.

Em janeiro de 1983, forma-se o grupo de Contadora, nome da ilha de Panamá onde se reúnem os ministros de Relações Exteriores de México, Venezuela, Colômbia e Panamá, que decidem posicionar-se em favor do princípio da não intervenção, autodeterminação e defesa da democracia nos conflitos centro-americanos.

Em agosto de 1985, forma-se o Grupo de Apoio a Contadora, composto por Argentina, Brasil, Peru e Uruguai, que em seguida passará a agir conjuntamente com os outros países, formando o Grupo dos 8 e estendendo sua atuação para vários problemas que atingem a América Latina, especialmente a dívida externa.

A intervenção dos Estados Unidos na América Central gera respostas dentro do próprio país. O Congresso começa a negar

---

9 O objetivo do aeroporto era melhorar o acesso de turistas à ilha, e estava sendo financiado pela União Soviética, Cuba, países da comunidade europeia, Venezuela e Iraque.

autorização para a ajuda econômica aos "contras" e aos governos ditatoriais de El Salvador e Guatemala. Como resposta à ofensiva da oposição democrata no Congresso e para conseguir apoio à sua política centro-americana, Reagan nomeia uma comissão presidida por Kissinger com o encargo de elaborar um estudo da situação na região. O relatório da comissão, em 11 de janeiro de 1984, reafirma as posições do governo sobre a influência comunista nessa área, e pede respostas abrangentes no campo econômico e militar para que El Salvador não enverede pelo mesmo caminho que a Nicarágua. Num ponto o relatório contradiz a política de Reagan, quando critica a atuação dos esquadrões da morte salvadorenhos ligados à direita no poder. A democratização política de El Salvador, com apoio ao líder da Democracia Cristã, Napoleão Duarte, passa a ser vista como solução intermediária entre a ultradireita e as forças de oposição da social-democracia e da esquerda comunista agrupadas na Frente Democrática Revolucionária (FDR).

Em novembro de 1986, a publicidade do escândalo "Irã--contras" desencadeia uma crise de credibilidade do governo Reagan, favorecendo as opções pacificadoras no interior dos Estados Unidos e na América Latina. O presidente da Costa Rica, Oscar Arias, formula um plano de paz com os seguintes pontos: "a) um cessar-fogo em toda a América Central por 90 dias; b) anistia a todos os presos políticos e comandantes rebeldes na região; c) fim de toda ajuda externa a rebeldes armados contra qualquer governo centro-americano; d) diálogos internos e processos de democratização em cada país" (Boersner, 1990, p.36).

O "Plano Arias" recebe o apoio de todos os países latino--americanos, que constrangeram os Estados Unidos em favor da sua aprovação. As consequências, além do prêmio Nobel da Paz de 1987 outorgado ao autor, será o acordo "Esquipulas II" em agosto do mesmo ano, assinado por todos os presidentes centro--americanos, que sinaliza para uma diminuição das tensões a partir do reconhecimento do princípio da não intervenção. Os Estados

Unidos passam a assumir uma retórica menos intransigente na questão da ajuda aos "contras"; em contrapartida, o governo nicaraguense põe fim ao estado de sítio, declara uma anistia e inicia o diálogo com a oposição ("contras" incluídos) para preparar as eleições de 1990.

No que se refere às relações com Cuba, os poucos avanços iniciados durante o governo Carter são revertidos. As viagens de negócios e turismo à Ilha, feitas pela American Airways Charter Inc., de frequência diária, são proibidas por disposição do Departamento do Tesouro. A partir de 1982, agudiza-se o bloqueio econômico. Em 1983, os Estados Unidos proíbem a importação de aço que contenha níquel cubano, independentemente do país de origem. Em 1986, começa a funcionar a Radio Marti, que transmite programação contra o governo cubano desde a estação situada na Flórida.

Uma outra área tradicional de atrito, que durante o governo Carter tinha apresentado avanços consideráveis, é a das relações com o Panamá. Em julho de 1983, o presidente Omar Torrijos morre em duvidoso acidente aéreo, sendo substituído pelo general Manuel Noriega, o que é interpretado, num primeiro momento, como retomada da influência dos Estados Unidos no país. No entanto, o antigo aliado passa a assumir posturas independentes, mantendo relações de amizade com Cuba e Nicarágua e reafirmando a disposição de cumprir o tratado assinado em 1977, que devolve ao Panamá o controle sobre a zona do canal. A "tardia" descoberta de ligações de Noriega com o narcotráfico servirá de argumento para o início, em 1987, de uma ofensiva política dos Estados Unidos para destituí-lo do poder. A destituição acaba acontecendo em dezembro de 1989, quando o sucessor de Reagan, George Bush, ordena a intervenção militar no país.

A democratização política

De acordo com o "Documento de Santa Fé", o fortalecimento das relações com a América Latina deveria incluir uma revitalização do Tratado Interamericano de Assistência Recíproca e uma revisão da política de Carter em relação às ditaduras militares.

O pragmatismo do governo Reagan, que defende o apoio aos países que se comportam como aliados, independentemente do regime político vigente, sustenta-se teoricamente nas análises da cientista política Jean Kirkpatrick, que, nos seus artigos da revista *Commentary*, defende a necessidade de estabelecer uma distinção entre regimes autoritários e totalitários. Para ela, os primeiros representam uma forma de governo que, embora inevitável em certas circunstâncias, não assume um caráter permanente. É o caso da maioria dos países latino-americanos, onde os regimes autoritários, de natureza passageira, não são hostis aos Estados Unidos. Os segundos, associados aos regimes comunistas, são essencialmente desrespeitosos aos direitos humanos, assumem um caráter permanente e são definitivamente inimigos dos Estados Unidos. A partir do posto de representante do governo Reagan nas Nações Unidas, Kirkpatrick será uma voz ativa favorável às ditaduras militares latino-americanas, que enfrentam um crescente isolamento internacional.

Em 1982, são levantadas as sanções comerciais contra o Chile e melhoram as relações com a junta militar argentina. No entanto, a ocupação das Ilhas Malvinas em 2 de abril de 1982 introduz um complicador inesperado para os planos da administração Reagan, que apresentavam o reforço dos instrumentos de defesa interamericanos contra agressões externas como um dos itens importantes da sua política externa.

A postura inicial mediadora entre as partes cede rapidamente espaço para o apoio explícito à Inglaterra, aliado preferencial de uma perspectiva global, contra um aliado regional que não acreditou, primeiro, numa resposta tão rotunda da primeira-ministra Margaret Thatcher de enviar uma esquadra para retomar as ilhas, e segundo, na opção dos Estados Unidos em favor de uma potência extracontinental, tendo em vista a generosa colaboração da ditadura argentina no treinamento dos "contras" e dos grupos paramilitares salvadorenhos. O apoio à Argentina da maioria dos países da América Latina, menos os de fala inglesa da região do Caribe (exceto Granada), que se posicionaram em favor da Inglaterra, colocou de manifesto a parcialidade dos Estados Unidos na defesa do sistema interamericano, apenas válido quando se trata de respaldar ações favoráveis à sua política externa.

A derrota na guerra das Malvinas desencadeia o processo de transição democrática na Argentina, que culmina com a eleição de Raúl Alfonsín, da União Cívica Radical, em 1983.

Paradoxalmente, levando em consideração o discurso em favor do militarismo e as críticas a Carter pela injusta condenação de governos aliados apenas por causa do seu caráter autoritário, será durante o período de Reagan que a normalização institucional toma corpo na América Latina. Em 1982, Siles Suazo, eleito em 1980 e deposto logo em seguida pelo golpe liderado pelo general García Meza, é empossado pelo Congresso como presidente da Bolívia. Em 1984, Julio Sanguinetti, do Partido Colorado, é eleito presidente do Uruguai. Em 1985, um colégio eleitoral formado pelos representantes no Congresso Nacional elege a fórmula Tancredo Neves e José Sarney, do Partido do Movimento Democrático Brasileiro (PMDB), para a presidência do Brasil. No Chile, a derrota do general Pinochet no plebiscito de outubro de 1988 desencadeia o processo de transição política que culmina nas eleições de dezembro de 1989. Em fevereiro de 1989, o ditador paraguaio Alfredo Stroessner é destituído do cargo, sendo substituído pelo general Andrés Rodriguez, que convoca eleições para 1º de maio do mesmo ano, elegendo-se presidente pelo Partido Colorado.

A transição para a democracia na América Latina nos anos 80 não pode ser considerada um crédito no balanço da administração Reagan, que nunca apresentou essa questão como parte dos objetivos da sua política externa. Ela é um desdobramento da crise econômica que se agudiza a partir do segundo choque do petróleo, da fase recessiva que acompanha essa década e da crise geral na sociedade e no sistema político da maior parte dos países latino-americanos, dada a incapacidade dos regimes militares em apresentar soluções que contemplem a maioria do espectro social. Esses regimes se limitaram a impor, pela força, políticas excludentes, reprimindo as organizações representativas da pluralidade de interesses econômicos, sociais e políticos.

A década perdida na economia

Em razão do aguçamento da crise econômica da América Latina, a década de 1980 será conhecida como "década perdida". De acordo com Carlos Ominami (*América Latina en la economia mundial*, in Portales, 1989, p.246),

os fatores que tiveram impacto mais negativo no desenvolvimento da região foram:
- o lento crescimento das economias desenvolvidas e a instabilidade prevalecente na economia mundial;
- a regressão registrada pelo ritmo de expansão do comércio mundial e a configuração de um padrão de especialização internacional no qual a região só consegue uma inserção marginal;
- a queda nos preços dos produtos primários e a consequente deterioração dos termos de troca;
- a persistência de altas taxas de juros e a interrupção do financiamento bancário;
- a queda do investimento estrangeiro direto.

Esses fatores serão agravados pela crise da dívida externa que, a partir da moratória mexicana de 1982, se transforma no tema principal da agenda econômica das relações internacionais da região.

Conforme analisamos neste capítulo, a política econômica do governo Reagan de valorização do dólar e elevação das taxas de juros torna a dívida mais cara, aumentando os encargos com o serviço. Em 1982, o valor da dívida era mais do que o dobro em relação a 1978, e os desembolsos com o pagamento de juros atingiram mais de 40% das exportações de bens e serviços. A Tabela 18 retrata a evolução da crise da dívida nos anos 80.

Tabela 18 – Dívida externa da América Latina (bilhões de dólares e porcentagens)

	1980	1981	1982	1983	1984	1985	1986	1987	1988	1989
I) Dívida externa global bruta	230,4	287,8	326,9	351,4	367,1	337,3	393,6	416,3	413,0	415,9
II) Pagamento de juros	22,0	32,5	42,3	37,1	41,4	39,1	35,0	32,9	36,3	40,0
III) Relação entre I e V (em %)	212	247	331	354	327	351	423	394	341	316
IV) Relação entre II e V (em %)	20,4	28,0	41,0	36,2	36,4	35,8	36,6	30,4	29,5	29,9
V) Exportações de bens e serviços	107,7	116,1	103,2	102,4	113,7	109,3	95,5	108,2	122,9	133,8

Fonte: Elaborado a partir da Cepal, Extraído de Leiva in Muñoz, 1990. Informações referentes a 20 países: América Central e do Sul, México, Haiti e República Dominicana.

Por causa dessa situação, as economias latino-americanas promovem um ajuste interno para aumentar a capacidade de pagamento e fazer frente aos compromissos financeiros internacionais. Diminuem os investimentos, as importações, o consumo interno se retrai, expandem-se as exportações. A América Latina se transforma numa região exportadora de capitais. As consequências serão sentidas na evolução dos indicadores econômicos e sociais ao longo dos anos 80. A média de crescimento do PIB *per capita* entre 1981 e 1989 é de -0,8%, contra 2,7% no período 1950-1980.[10] "Ao começar a década de 90, o desemprego afeta 10 milhões de pessoas e o subemprego perto de 80 milhões. Em outras palavras, apenas 64 milhões de latino-americanos se en-

---

10 Dados de Cardoso & Helwege, 1993, Tabela 1.4, p.23, com base no *Preliminary overview of the Latin American economy* (Cepal, New York, United Nations, 1989).

contram plenamente empregados, ou seja, apenas dois quintos da população economicamente ativa" (Leiva, 1990).

A politização do combate ao narcotráfico

Ao longo dos anos 80, um novo item torna-se objeto de atenção cada vez maior na agenda latino-americana do governo Reagan: o narcotráfico.

O combate ao tráfico de drogas assume crescente importância nos Estados Unidos a partir da década de 1960. Em 1968, o Serviço Federal de Entorpecentes, por causa de denúncias que envolviam a participação de alguns dos seus agentes no tráfico de heroína, é desativado e substituído pelo Serviço de Entorpecentes e de Drogas Perigosas. Em 1973, a administração Nixon reorganiza esse organismo, que passa a se denominar Drug Enforcement Administration (DEA), cujas principais novidades são sua subordinação ao Departamento de Estado e um padrão de organização fortemente influenciado pelos serviços de inteligência, especialmente a CIA, que lhe transfere vários dos seus agentes.

A partir das administrações republicanas dos anos 80, a grande mudança que se opera no combate ao tráfico de drogas será a vinculação desse problema com a segurança nacional, extrapolando o âmbito interno e policial da repressão, para transformar-se em tema de política externa, no qual a participação das Forças Armadas em operações fora do país começa a ser discutida.

As dimensões do tráfico e consumo de drogas nos anos 80 podem ser avaliadas nos seguintes números:

Segundo a Comissão Nacional de Informação sobre Consumidores de Narcóticos (NNICC), o mercado norte-americano absorve

---

11 Análise mais detalhada dessa questão pode ser encontrada em Delpirou & Lebrousse, 1988, cap. IV.

anualmente a quase totalidade de drogas produzidas na América Latina. Para lá se escoam 33% da heroína, 80% da maconha e a totalidade da cocaína produzida pela Bolívia, Colômbia, Jamaica, México e Peru.

O número de usuários regulares de maconha nos Estados Unidos passa dos 20 milhões de pessoas, enquanto de 8 a 20 milhões consomem cocaína e o número de dependentes de heroína chega a 500 mil.

O mercado do tráfico de drogas nos anos oitenta movimenta aproximadamente 100 bilhões de dólares nos Estados Unidos, e rende aos países produtores da América Latina mais divisas que a exportação de seus produtos tradicionais. (Chavez Alvarez, 1988, p.10)

Quando o governo Reagan começa a dar destaque ao problema do combate às drogas, o enfoque privilegiado revela uma mudança de eixo. Para reduzir os custos políticos internos de uma repressão mais efetiva ao consumo, a ênfase será dada ao lado da oferta do produto, atingindo de maneira mais violenta as fontes produtoras.

No âmbito regional, a assinatura de convênios bilaterais permitirá a participação de assessores militares dos Estados Unidos e da DEA no treinamento das forças de segurança da Bolívia, do Peru e da Colômbia, países responsáveis por 90% da produção de folhas de coca da América do Sul.

Buscando uma ação internacional mais abrangente, em 1986 é aprovada no Congresso a lei de "certificação", que requer do presidente, anualmente, a identificação dos principais países responsáveis pelo tráfico de drogas em direção aos Estados Unidos.

A inclusão nesta lista, que normalmente abrange 30 países, automaticamente inicia um processo de sanções, a menos que o presidente decida "certificar" o país. Aqueles que se consideram inteiramente cooperantes nos esforços para o controle das drogas são certificados. Aqueles considerados pouco cooperativos perdem o certificado, o que resulta em cortes na assistência do governo dos Estados Unidos (com exceção da ajuda humanitária e dos fundos para o controle das Drogas), oposição dos Estados Unidos à concessão de empréstimos multilaterais para o desenvolvimento para esse país e o estigma de ser marcado como nação traficante de drogas. (Falco, 1998, p.146)

Na América Latina, o primeiro país a ser enquadrado na nova lei é o Panamá, nos anos de 1988 e 1989, num processo que precede a invasão por tropas dos Estados Unidos no mês de dezembro, justificada pelo governo Bush como ação de captura do general Noriega, considerado um aliado do narcotráfico. Nos anos 90, as maiores pressões recaem sobre Peru, Bolívia, Paraguai, Colômbia e México.

No caso da Colômbia, a situação assume feições mais dramáticas do que nos outros países. A emergência combinada do crime associado ao tráfico de drogas, a insurreição armada levada a cabo por organizações de esquerda de longa trajetória na vida nacional e a ação de esquadrões de direita estão conduzindo o país a uma crise de governabilidade, colocando em estado de alerta os governos dos países vizinhos e dos Estados Unidos.

A desestabilização do governo sandinista

A derrota eleitoral dos sandinistas, na Nicarágua, e a transferência do poder para a candidata vencedora, Violeta Chamorro, da coalizão partidária União Nacional Opositora (UNO), ao mesmo tempo em que revela aspectos peculiares para a análise das transições políticas a partir de regimes revolucionários, confirma antigas certezas sobre os efeitos desgastantes que a agressão externa lhes impõe, limitando ao extremo a margem de manobra para uma política que se pretende de ruptura com o passado.

O novo governo se elege a partir de um quadro institucional originário do regime revolucionário, de acordo com a lei eleitoral de 1984, que estabelece a eleição periódica para o Poder Executivo (presidente e vice-presidente) e o Poder Legislativo (Assembleia Nacional). Isso significa que, como ocorre nas democracias representativas, a alternância no poder pode significar a volta da Frente Sandinista de Libertação Nacional (FSLN) ao governo em futuras eleições.

Onze anos após a derrubada da ditadura de Somoza, o governo eleito em 1990 defronta-se com uma herança econômica crítica, produto do bloqueio norte-americano e da agressão da guerrilha dos "contras" na fronteira com Honduras. Essa política de desgaste impôs um gasto de mais de 50% do orçamento federal do governo sandinista com a defesa, comprometendo os programas de desenvolvimento definidos pela estratégia da revolução.

O governo norte-americano considerou-se o grande vencedor das eleições – não é sempre que se obtêm os resultados políticos desejados sem arcar com o ônus da desestabilização institucional. No entanto, uma análise mais aprofundada do significado da revolução sandinista, em termos de mudanças estruturais na economia, na sociedade e na orientação da política externa, coloca sérias dúvidas em relação ao principal argumento que justificou a política de terra arrasada levada a cabo pelos Estados Unidos: evitar uma nova Cuba.

A FSLN foi fundada em 1961. Em outubro de 1975 se produz uma divisão interna e três tendências, com orientações diferentes em relação ao conteúdo da revolução e a tática de combate à ditadura de Somoza, passam a disputar a hegemonia na organização. A tendência "terceirista", predominante, partidária da luta insurrecional baseada na guerrilha urbana, na qual se centraria o processo de acumulação de forças que prepararia a ofensiva final, era composta de quadros de origens ideológicas bastante heterogêneas (marxistas, cristãos e social-democratas) e favoráveis à participação dos setores médios – intelectuais, estudantes, profissionais liberais – junto à Igreja e ao empresariado não somozista na frente antiditatorial. A tendência "proletária", minoritária, defendia uma tática "foquista" de luta, considerando a classe operária como vanguarda da revolução, de caráter socialista, trabalhando em favor da organização de um partido operário. A terceira tendência, denominada "guerra popular prolongada", era favorável a um processo de acumulação de forças a partir do trabalho prioritário no campo, com a formação de zonas liberadas, a exemplo da revolução chinesa. A luta contra a ditadura da família Somoza, no poder desde 1937, unificava as três tendências.

Em 1978, a situação se complica bastante para a ditadura. Anastacio Somoza manda assassinar o jornalista Joaquim Chamorro, diretor do jornal *La Prensa* e figura destacada da oposição liberal, perdendo vários aliados nos setores dominantes, que tendem a considerar pouco seguras as condições de convivência com um governo cada vez mais isolado e imprevisível. Os Estados Unidos também pressionam em favor de uma convocatória eleitoral, temendo pela radicalização política e pelo fortalecimento da via insurrecional liderada pela FSLN.

Em 1979, é feita a reunificação das várias tendências da FSLN, que passa a trabalhar em favor de um acordo com o conjunto da oposição para a derrocada de Somoza. Forma-se a Frente Patriótica Nacional, que define como pontos básicos do seu programa a expropriação dos bens da família Somoza e a formação de um novo exército nacional, eliminando qualquer resquício de influência da Guarda Nacional que tão bem serviu à ditadura.

Analisando retrospectivamente, podemos afirmar que as reformas estruturais levadas adiante pela FSLN não foram contraditórias com esses dois objetivos. Durante os onze anos de governo sandinista, a Nicarágua continuou sendo uma economia mista, na qual a participação direta do Estado não chegou a ultrapassar os 40%, e as terras confiscadas para realizar a reforma agrária, organizando a área de Propriedade do Povo (estatal) e o setor cooperativo, eram propriedades da família Somoza e dos seus aliados. Em substituição à "Guarda Nacional" organizou-se um novo exército, sob o comando da FSLN.

Na verdade, nesses onze anos, a preocupação central do governo foi com a sobrevivência, num clima interno e externo cada vez mais crítico. A questão da transição ao socialismo esteve mais presente nas discussões teóricas do que na prática real. Na Nicarágua repete-se a história de outros países do continente, onde mudanças consideradas básicas e que fazem parte da trajetória da maioria dos países capitalistas avançados apenas tornam-se possíveis por meio de uma revolução armada.

A estratégia econômica da FSLN não determinava alterações em relação ao setor dinâmico no modelo de acumulação: "O governo sandinista reconhece que, se a agroexportação foi o elo que encadeou a Nicarágua à economia mundial capitalista, também é a área da economia de maior desenvolvimento relativo, e com uma certa especialização internacional" (Vilas, 1986b, p.124).

O modelo agroexportador, centrado na produção e exportação de café, algodão, carne bovina e cana-de-açúcar, sempre monopolizou o acesso aos melhores recursos em terras e investimentos, prejudicando a produção de alimentos para o mercado interno e tornando-a insuficiente, obrigando o país a importar parte considerável.

Tanto na produção agropecuária como na indústria, a participação do capital estrangeiro era reduzida (a menor da América Central), já que se concentrava nos setores comercial e financeiro. A indústria era pouco diversificada.

> Apesar de certa especialização em agroquímicos, agroindústria (laticínios, açúcar) e metal-mecânica, a diversificação da produção industrial tem sido mínima nos dois últimos decênios. Em 1979, a elaboração de alimentos, bebidas e fumo representava 60% do valor agregado industrial total, praticamente a mesma coisa que em 1969 (63%). (Vilas, 1986a, p.17)

Contrariamente ao setor agropecuário, essencialmente exportador e gerador de divisas, o setor industrial dependia da importação de insumos, maquinaria e combustível. (Vilas, 1986a, p.17).

A partir dessa situação, a estratégia da FSLN buscará: 1. fortalecer o setor agroexportador, realizando grandes investimentos em infraestrutura e desenvolvimento tecnológico, dirigidos a melhorar a produtividade e à competitividade do setor; 2. elevar o nível de consumo dos setores populares com a reforma agrária, que deverá favorecer o acesso dos camponeses ao financiamento, à assistência técnica e a melhores terras, diminuindo a dependência da importação de grãos, e pela dinamização do setor agroindustrial, aumentando a produção de alimentos; 3. reorientar as relações econômicas internacionais, iniciando intercâmbio comercial com os países socialistas e aprofundando as relações com a Europa Ocidental e o Terceiro Mundo.

A implementação da estratégia econômica da FSLN encontrará vários obstáculos. Como decorrência da guerra revolucionária, o estado da economia no momento em que os sandinistas assumiram o poder era crítico. Os danos na infraestrutura física e social ascendiam a 520,3 milhões de dólares, a fuga de capitais a 662 milhões de dólares, as perdas pela retração das atividades econômicas a 1,246 bilhão de dólares e a dívida externa a 1,650 bilhão. Esses déficits, para uma economia das proporções da Nicarágua, representavam dois anos de produção nacional e sete anos de exportações (López, 1988, v.4, p.442).

Como mostramos anteriormente, a unidade opositora liderada pela FSLN estava respaldada num programa que delimitava a extensão das reformas na estrutura da propriedade ao círculo de família Somoza e dos seus aliados. A consolidação de uma economia mista, com uma área estatal e uma área privada, era um princípio estratégico da revolução. Os objetivos desenvolvimentistas associados com a agroexportação e a agroindústria, que requeriam um amplo programa de investimentos, contavam com o acesso a fontes internacionais de crédito, junto com a participação do Estado e do capital privado nacional. A confiabilidade interna e externa era muito importante para a consecução desses objetivos.

O governo da Frente Sandinista cumpriu a sua parte nos compromissos assumidos antes da derrubada de Somoza, mantendo e fortalecendo a área de controle privado na economia, no entanto isso não alterou o comportamento dos capitalistas nacionais e estrangeiros, que retraíram seus investimentos, estimulando a expansão do setor informal da economia e do mercado negro.

No período inicial da revolução (1980-1981), a reconstrução da capacidade produtiva e a reativação da economia ocuparam os principais esforços. Nesse período, a agressão norte-americana começa a tomar corpo. Em 1982 os Estados Unidos autorizam ações encobertas contra a Nicarágua e a CIA começa a dar apoio material e militar às forças contrarrevolucionárias que atuavam a partir de Honduras. Em 1984, bloqueiam os portos do país, desafiando as resoluções contrárias do Tribunal Internacional de Justiça das Nações Unidas, resoluções essas motivadas pela ação do governo nicaraguense, que submete o problema à sua jurisdição. A cota açucareira no mercado norte-americano é reduzida.

Setores da iniciativa privada começam a apostar numa reversão do quadro político nas eleições de 1984 e, encorajados pela postura norte-americana em relação ao governo sandinista, retraem ainda mais os investimentos. O quadro começa a se tornar crítico em várias frentes.

As exportações diminuem, afetadas pela queda dos preços internacionais e dos volumes exportáveis, em decorrência da redução na produção do setor privado, do aumento do consumo interno e dos atos de sabotagem da guerrilha dos "contras". Aprofunda-se o déficit fiscal, como consequência do financiamento público aos programas de investimento e dos gastos militares. O balanço de pagamentos torna-se crescentemente deficitário, pressionado pelo saldo negativo da balança comercial, pelo fechamento do crédito dos organismos multilaterais e pelo crescimento da dívida externa. A inflação foge ao controle. (Tabela 19). Em fevereiro de 1988, o governo implanta um programa de estabilização visando a conter a hiperinflação. Fortemente influenciado pela ortodoxia monetarista presente nas políticas de ajuste latino-americano desses anos, o governo promove o enxugamento da máquina estatal com demissão de funcionários, a diminuição do salário real com reajustes abaixo da inflação e a retração do consumo e dos investimentos, compondo um quadro recessivo que agrava ainda mais a situação dos setores populares e apresentando resultados limitados no controle da inflação, do déficit público e da balança comercial (Tabela 19).

Tabela 19 – Nicarágua: indicadores econômicos selecionados (1977-1989)

	1977	1980	1981	1982	1983	1984	1985	1986	1987	1988	1989
PIB por habitante*	100	64,9	66,2	63,6	64,3	61,2	56,7	54,3	52,1	44,9	41,8
Balança comercial** (milhões de dólares)	-68	-352,5	-491,2	-367,8	-375,6	-441,8	-593,7	-535,2	-525,0	-483,0	-285,0
Dívida externa**	1.300,0	1.570,7	2.163,7	2.578,4	3.788,1	4.436,5	5.116,9	6.123,8	6.270,0	6.700,0	7.570,0
Déficit público** (% do PIB)	sem dados	10,01	10,49	13,70	29,98	24,76	23,23	17,03	s.d.	25,0	5,0
Inflação*	4	25	23	22	36	47	334	747	1.347	33.603	1.690
Salário real (1985 = 100)	s.d.	119	121	117	115	112	100	101	74	51	33

Fontes: *Cardoso & Helwege, 1993, com base no Informe Preliminar de la Economia de América Latina. Cepal, 1990. ** Lopez, 1988, v. 4, Tabelas 1, 5, 6, 7, 11, 12 , exceto anos 1988-1989, extraídos da Cepal, 1990.

Nesse quadro, um retorno à situação econômica de 1978 seria considerado um avanço. Mas as dificuldades da Nicarágua não terminam aqui. No mesmo ano da reforma econômica, o furacão "Joan" derruba qualquer expectativa de saída da crise. De acordo com dados da Cepal apresentados por Sader, os prejuízos com o furacão representaram 40% do PIB.

Os efeitos combinados da guerra, do bloqueio comercial dos Estados Unidos e do furacão provocaram um retrocesso econômico difícil de recuperar. Uma comissão econômica calculou que, com um crescimento de 3% ao ano – muito difícil de conseguir nas condições atuais – a Nicarágua levaria dez anos para retornar aos índices de 1987. E dezessete anos para voltar aos níveis de 1978. (Sader, 1989, p.31)

Se acrescentarmos a esses problemas a política recessiva adotada em fevereiro, teremos resultados que tornam a situação ainda mais dramática: aumento do desemprego e do subemprego, que atinge 35% da população economicamente ativa; diminuição do consumo de produtos básicos como leite (50% em 1988) e açúcar (38% entre 1988 e início de 1989); crescimento do índice de mortalidade infantil; e aumento da incidência de doenças como tuberculose e malária (Vilas, 1990, p.12).

Entre os fatores que contribuíram para a vitória de Violeta Chamorro nas eleições de 1990, três se destacam: o recrudescimento da crise e os seus efeitos acentuados no nível de vida dos setores populares; o desejo de paz, alimentando a esperança de que um governo apoiado pelos Estados Unidos acabasse rapidamente com a agressão externa e o descontentamento com alguns rumos da política da FSLN.

Quando analisamos a situação vivida pelo Chile no período de Allende – em que o sistema político existente permitiu o acesso ao poder a uma coalizão de partidos de esquerda disposta a realizar transformações estruturais –, a oposição das classes dominantes, dos Estados Unidos e das Forças Armadas tornou-se um obstáculo intransponível, culminando na frustração do processo pela via do golpe militar. Na Nicarágua, as Forças Armadas foram um sustentáculo fundamental da ordem pós-revolucionária; no entanto as reformas estruturais propostas e encaminhadas foram mais tímidas do que no Chile. Manteve-se a todo custo o compromisso de fortalecer a iniciativa privada, dentro do espírito de uma ordem econômica de "unidade nacional com economia mista". A reforma agrária, restrita às terras dos Somoza e aliados, só foi ampliada a partir de 1985, quando se percebeu que a guerrilha dos "contras" encontrava na insatisfação dos camponeses uma fonte potencial de apoio. Entre junho e dezembro de 1985 foram distribuídos 235 mil acres de terra, correspondentes a 75% de toda a terra distribuída após 1981 (Vickers, 1990, p.26). Essa distribuição afetou alguns latifúndios privados e terras da Área de Propriedade do Povo (setor estatal). No entanto, o efeito político dessas medidas foi pequeno. Na percepção dos camponeses, a iniciativa foi uma resposta às pressões dos "contras" e não uma mudança de rumos na estratégia dos sandinistas, que sempre atribuíram ao campesinato um papel secundário, na medida em que acreditavam que a cooperativização das terras expropriadas era o caminho mais viável para a melhoria da produtividade do setor agrícola.

Se a ordem interna foi mantida graças ao controle do poder armado por parte da FSLN, a agressão militar externa e o boicote econômico com o apoio da maior parte do empresariado local assumiram níveis maiores do que no Chile, num país economicamente mais vulnerável. Nenhum dos sinais emitidos pelo governo sandinista – em favor do não alinhamento externo, do estabelecimento de um regime de democracia representativa e de diálogo com os países da Europa Ocidental – produziu efeitos positivos na diminuição da pressão norte-americana. Em síntese, a opção por uma economia mista não garantiu o apoio da iniciativa privada, a reforma agrária também não trouxe o apoio incondicional dos camponeses e o clima de liberdade política interno e o pluralismo nas relações exteriores não conseguiram conter a agressão militar nem mudar o discurso dos Estados Unidos, que mantiveram sua cruzada contra os "perigos da presença comunista na Nicarágua".[12]

---

12 Ironicamente, o Partido Socialista Nicaraguense, nome do partido comunista local, fazia parte da UNO, pois considerava que os sandinistas representavam uma opção "pequeno-burguesa e reformista", portanto, nem socialista nem proletária.

Para os Estados Unidos, o argumento da falta de confiança num governo surgido da revolução armada, dirigido por ex-guerrilheiros de posturas heterogêneas, embora críticos do imperialismo norte-americano, foi o suficiente para promover a desestabilização do país contra toda a evidência de que os rumos da revolução acompanhassem a trajetória de Cuba. A desconfiança não era com a prática dos sandinistas, bastante clara e explícita, mas com a própria existência de um governo sobre o qual não tinham controle.

Como persistir no caminho das transformações estruturais, convivendo com um sistema político democrático, sob o cerco da maior potência econômica e militar do mundo? Esses três aspectos sintetizam os principais dilemas enfrentados pelas experiências revolucionárias latino-americanas durante a guerra fria.

7
O desenvolvimento da América Latina em perspectiva comparada com o Sudeste Asiático

A industrialização latino-americana acompanha o padrão predominante nos países capitalistas avançados na fase de expansão das duas primeiras décadas após a Segunda Guerra Mundial: ênfase no setor de bens de consumo duráveis, de metal-mecânica e de indústria química, utilização do petróleo como principal fonte energética, conforme retrata a Tabela 20.

Apesar das similaridades, a disparidade nos resultados alcançados é notória. O aspecto em que essa disparidade mais aparece é na vulnerabilidade externa das economias latino-americanas, justamente um dos alvos principais das políticas de aprofundamento da industrialização.

A crítica neoliberal apresenta a proteção artificial do mercado interno presente nas políticas nacional-desenvolvimentistas como principal determinante causal dos desequilíbrios, em contraste com a tendência de abertura que seria responsável pela alta competitividade de economias como a do Japão, que superou a crise gerada pela derrota na guerra, ou de países de industrialização mais recente no Sudeste Asiático. Foi com base nesse diagnóstico que se promoveu a abertura indiscriminada na Argentina, Chile e Bolívia a partir dos anos 70.

Tabela 20 – Estrutura da produção industrial (1955 e 1977) (porcentagens sobre o produto industrial bruto a preços de 1970)

Região	Ano	Indústrias				
		A	B	C	D	E
Mundo	1955	30	16	10	10	34
	1977	22	13	14	7	43
América do Norte	1955	22	17	9	10	42
(EUA e Canadá)	1977	19	15	16	6	44
CEE	1960	28	14	9	10	38
	1977	22	14	15	8	40
AELI	1960	27	24	8	8	33
	1977	22	22	12	7	36
Europa Oriental e	1955	39	13	8	10	30
União Soviética	1977	23	10	11	7	49
Japão	1955	35	26	13	8	18
	1977	19	10	15	10	46
América Latina e Caribe	1955	56	14	13	5	12
	1977	34	12	20	8	26
Saia (exceto Israel e Japão)	1955	71	8	11	3	7
	1977	54	11	10	5	20

Fonte: Análisis y Perspectivas del Desarrollo Industrial Latinoamericano, CEPAL, agosto de 1979. In: Fajnzylber, 1984, Quadro 6.
A: Alimentos, bebidas e tabaco; têxteis, vestuário, couro, calçado e diversos; B: Madeira e móveis; papel e imprensa; produtos minerais não metálicos; C: Produtos químicos derivados do petróleo e da borracha; D: Metais básicos, e E: Mecânicas.

A comparação das experiências latino-americanas com a de países como Coreia do Sul, Taiwan, Cingapura e Hong Kong, economias de base primária no final da Segunda Guerra Mundial e que hoje têm uma presença importante na produção industrial e no comércio mundial, resulta ilustrativa das disparidades de trajetórias. Esses países representam alguns dos poucos exemplos na periferia capitalista de resultados positivos nas políticas de crescimento, atravessando as crises internacionais dos anos 70 e 80 sem os custos enfrentados pela América Latina, em situação econômica melhor no pós-guerra. Dessa perspectiva, consideramos importante situar comparativamente alguns aspectos que influenciaram na obtenção de resultados tão diferentes.

América Latina e os Tigres Asiáticos

As estratégias de desenvolvimento predominantes na América Latina e no Sudeste Asiático são bastante parecidas. Alguns aspectos são coincidentes, como a prioridade dada à industrialização, buscando substituir importações tanto no setor de bens de consumo como de bens de capital, a presença ativa do Estado protegendo o mercado interno e a internacionalização da produção interna com a entrada do investimento estrangeiro.

Conforme analisamos no Capítulo 6, o pensamento neoliberal apresenta-se como crítico da forte presença do Estado no padrão de desenvolvimento do pós-guerra, que nos países capitalistas avançados conviveu com políticas de bem-estar social e regimes de democracia representativa. Nos países do Sudeste Asiático, estratégias de industrialização voltadas para a exportação, com utilização intensiva de mão de obra, foram implementadas sob a direção de governos ditatoriais. A especialização na exportação de produtos industrializados, que significa uma opção pela conquista de mercados altamente concorridos, é complementada por uma política de substituição de importações que restringe a entrada de produtos que possam competir com a produção local, além de bens considerados supérfluos, seguindo uma orientação que privilegia o aprendizado da indústria nacional nos itens em que se pretende adquirir capacidade exportadora.

Luis Fernando Ayerbe

Em relação à presença do capital estrangeiro, no caso da Coreia do Sul,[1]

> interessa destacar o fato de que no financiamento do desenvolvimento, a inversão direta tem desempenhado uma função bastante marginal em comparação com o endividamento externo e, dentro deste último, tem predominado o endividamento a longo prazo (Tabela 21), o que confirma a apreciação de que se está frente a uma estratégia de desenvolvimento industrial dirigida por agentes internos. (Fajnzylber, 1984, p.100)

Isso se tornou possível graças à ação intervencionista do Estado coreano, que a partir da ditadura militar de Park Chung Hee (1962-1979) implanta um sistema de direção centralizada da economia baseado em planos quinquenais (Amsdem, 1988). No mercado interno, fortaleceu-se a presença do capital nacional, com as empresas estrangeiras concentrando-se na exportação, o que não redundou no predomínio dessas empresas sobre a produção industrial, que se manteve majoritariamente sob o controle local.

Em outras áreas, como agricultura e educação, a intervenção do Estado também foi determinante. Na agricultura, cujo desenvolvimento foi considerado complementar à industrialização, representando a principal fonte de mão de obra, uma reforma agrária – que parcelou a terra em pequenas propriedades, eliminando a classe latifundiária, com apoio e assessoramento técnico dos Estados Unidos – com uma política de proteção com subsídios foi o instrumento privilegiado pela política estatal (Canuto & Moura Ferreira Júnior, 1989). Na educação, a formação de quadros técnicos e científicos adquiriu grande destaque, apresentando

---

1 Coreia e Taiwan são países próximos de uma comparação com a América Latina. Hong Kong e Cingapura são praticamente cidades-Estado.

228

resultados positivos em comparação com outros países de industrialização recente, conforme mostra a Tabela 22.

Tabela 21 – Coreia do Sul: dívida externa e serviços da dívida

Ano	Dívida externa total (milhões de dólares)	Dívida a longo prazo em % do PNB	Total da dívida em % do PNB	Serviço da dívida em % do PNB	Serviço da dívida em % das exportações[a]	Serviço da dívida em % dos ingressos por transações correntes[b]
1963	157	85.99	4.06	0.05	2.30	1.1
1964	177	94.35	5.29	0.15	4.17	2.4
1965	206	98.54	6.81	0.46	8.00	4.8
1966	392	98.21	10.26	0.34	5.20	2.9
1967	645	89.77	13.62	0.72	10.15	5.3
1968	1.199	92.58	20.07	0.77	9.47	5.2
1969	1.800	89.22	24.07	1.20	13.68	7.8
1970	2.245	83.39	25.48	2.84	28.34	18.1
1971	2.922	83.61	30.06	3.28	28.16	19.7
1972	3.589	82.17	33.95	3.87	24.40	18.4
1973	4.260	83.54	31.55	4.35	17.87	14.2
1974	5.937	79.13	32.01	3.25	13.33	11.2
1975	8.456	71.51	40.55	3.38	14.01	12.0
1976	10.533	71.09	36.73	3.50	12.85	10.6
1977	12.648	70.63	33.79	3.58	13.33	10.2
1978	14.871	74.08	29.71	4.16	16.38	12.1
1979	20.500	67.80	31.75	4.03	17.68	13.3
1980	27.365	61.22	44.68	4.81	17.13	13.1
1981	32.490	63.80	48.34	5.53	17.98	13.8
1982	37.295	61.94	52.65	6.23	21.15	15.5
1983	40.094	70.58	53.23	6.18	20.07	15.0
1984	43.100	73.55	53.16	6.74	20.75	17.3

Fonte: Banco da Coreia e Junta de Planejamento Econômico. Amsdem, 1988, Quadro 3.
a. Exportações de mercadorias. b. Ingressos por transações externas visíveis e invisíveis.

Diferentemente do Sudeste Asiático, na América Latina os setores empresariais se mostraram pouco eficazes na implementação de uma estratégia industrial que fosse capaz de articular os interesses locais e estrangeiros tendo o espaço nacional como referência central. De acordo com Fajnzylber (1984, p.140):

> A presença de empresas estrangeiras não é um fenômeno específico da América Latina; o que é próprio da região é a magnitude

dessa presença, a ineficiência das estruturas produtivas que tem configurado, a aceitação da sua presença em atividades carentes de qualquer complexidade tecnológica, em suma, o fato de que sua ação local reflete em grau muito maior a omissão normativa dos agentes internos, o conjunto de forças sociais representadas na ação pública, do que o espírito de conquista dessas empresas cujo comportamento é reconhecidamente microeconômico e prosaico.

Tabela 22 – Indicadores do capital humano, da pesquisa e desenvolvimento (P&D) e do investimento externo direto em cinco países de industrialização recente

	Ano ou período	Argentina	Brasil	Índia	Coreia	México
Estudante de nível superior no exterior como porcentagem do total de estudantes de nível superior	1970	1,0	1,0	1,0	2,0	1,0
	1975-1977	0,3	0,7	0,3	1,7	1,0
Estudantes do secundário como porcentagem da população em idade de secundário	1965	–	–	29,0	29,0	17,0
	1978	46,0	17,0	30,0	68,0	37,0
Estudantes do pós-secundário em porcentagem da população de idade pós-secundário elegível	1965	-18,0	–	4,0	5,0	3,0
	1978		10,0	9,0	9,0	9,0
Estudantes de engenharia em porcentagem da população total em idade de curso superior	1978	14,0	12,0	–	26,0	14,0
Cientistas e engenheiros em milhares por milhão de habitantes	Fim dos anos 60	12,8	5,6	1,9	6,9	6,6
	Fim dos anos 70	16,5	5,9	3,0	22,0	6,9
Cientistas e engenheiros em P&D por milhão de habitantes	1974	323,0	75,0	58,0	–	101,0
	1976	311,0	–	46,0	325,0	–
	1978	313,0	208,0	–	398,0	–
Gastos em P&D em porcentagem do produto nacional bruto	1973	0,3	0,4	0,4	0,3	0,2
	1978	0,4	0,6	0,6	0,7	–
Acervo do investimento externo direto como porcentagem do produto interno bruto	1967	10,4	4,0	3,0	1,7	7,3
	1977-1979	4,7	6,4	2,1	3,2	5,6

Fonte: Amsdem, 1988, Quadro 1.

Isso se aplica também ao protecionismo, que foi forte na América Latina sem, contudo, apresentar resultados satisfatórios em termos de competitividade internacional da produção local. Diferentemente das estratégias industriais do Japão – aplicadas também no Sudeste Asiático, que protegiam determinados grupos empresariais em razão do aprendizado em áreas consideradas estratégicas e nas quais se planejava atingir posteriormente o mercado internacional,[2] na América Latina desenvolveu-se o que Fajnzylber (1984, p.144) denominou "protecionismo frívolo":

a proteção amparava uma reprodução indiscriminada, embora em escala pequena, da indústria dos países avançados, truncada no seu componente de bens de capital, liderada por empresas cuja perspectiva a longo prazo era alheia às condições locais e cuja inovação não só se efetuava nos países de origem, senão que, além disso, era estritamente funcional a seus requerimentos.

Para esse autor, são fatores que contribuem decisivamente para a vulnerabilidade externa das economias latino-americanas: a debilidade da vocação industrial do empresariado nacional e de outras forças sociais com presença marcante na política governamental, um protecionismo que favorece a ineficiência mais do que a capacitação produtiva nacional, a presença de empresas multinacionais em atividades que demandam pouca complexidade tecnológica e a inexistente, ou deficiente, dependendo do país, produção interna no setor de bens de capital.

---

2 De acordo com o vice-ministro de indústria do Japão, Ojimi, "o MITI (Ministério da Indústria) decidiu estabelecer no Japão indústrias que requeriam a utilização intensiva de capital e tecnologia, e que, considerando os custos comparativos de produção, resultariam em extremo inapropriadas para o Japão. Tratava-se de indústrias como a do aço, refinamento de petróleo, petroquímica, automotora, aérea, maquinaria industrial de todo tipo e eletrônica, incluindo computadores eletrônicos. De um ponto de vista estático e de curto prazo, alentar tais indústrias pareceria entrar em conflito com a racionalidade econômica. Mas, considerando uma visão mais a longo prazo, essas são precisamente as indústrias em que a elasticidade da demanda da renda é maior, o progresso tecnológico mais rápido e a produtividade da mão de obra se eleva mais rapidamente. Estava claro que, sem essas indústrias, seria difícil empregar uma população de 100 milhões e elevar seu nível de vida para igualá-lo ao da Europa e América do Norte unicamente com indústrias ligeiras; para bem ou para o mal, o Japão tinha que ter indústria química e indústria pesada" (apud Fajnzylber, 1984, p.144, do relatório da OCDE de 1972).

O setor industrial apresenta um alto coeficiente de importação, num nível que leva ao comprometimento do superávit comercial alcançado nos outros setores da economia, tornando-se consumidor de divisas e fator estrutural de endividamento externo. As Tabelas 23 e 24 retratam as diferenças entre a América Latina e de Coreia na participação das exportações industriais na balança comercial.

As crises energéticas dos anos 70 vão afetar de maneira negativa as duas regiões, em menor grau na América Latina, que têm vários países exportadores ou autossuficientes, do que no Sudeste Asiático, fortemente dependente da importação de petróleo. No entanto, esses agravantes conjunturais, somados aos déficits estruturais antes apontados, levarão a um comprometimento permanente da estabilidade da economia latino-americana, cujas consequências serão notadas claramente durante os anos 80, conforme mostramos no capítulo anterior.

Tabela 23 – América Latina e Caribe: déficit externo originado no setor industrial (milhões de dólares)

	1955	1960	1965	1973	1975
1. Déficit industrial	-4.819	-6.152	-7.092	-15.761	-28.387
2. Superávit do restante	5.325	6.256	8.151	15.524	18.485
3. Balança comercial	506	104	1.059	-237	-9.902
4. Produto manufatureiro	10.301	24.519	33.615	62.943	88.498
5. Produto nacional bruto	54.577	71.495	94.529	241.079	351.935
Relação 1/4	46.8	25.1	21.1	25	32.1
Relação 1/5	8.8	8.6	7.5	6.5	8.1

Fonte: Unctad, *Handbook of International Trade and Development Statistics* e Cepal, *Anuario estadístico de América Latina*, vários anos. In: Fajnzylber, 1984, Quadro 49.

De acordo com a análise desenvolvida nos capítulos anteriores, a internacionalização das relações de produção capitalistas, promovida pelos investimentos das empresas multinacionais e pela política externa de "portas abertas" dos Estados Unidos, é a característica marcante das relações econômicas internacionais da guerra fria. Na América Latina, apesar do caráter predominantemente autoritário dos regimes políticos que favoreceram a entrada do capital multinacional, demonstrando força e decisão no combate aos opositores internos, não houve uma preocupação sistemática com a formulação de objetivos estratégicos direcionados a uma inserção competitiva na economia mundial. Isso não aconteceu no Sudeste Asiático, onde regimes ditatoriais, anticomunistas e aliados dos Estados Unidos tiveram papel de destaque nas mudanças do perfil econômico.

Tabela 24 – Coreia: participação da indústria pesada, da indústria química e da indústria leve na exportação de mercadorias

Ramos industriais	1971	1972	1973	1974	1975	1976	1977	1978	1979	1980	1981	1982	1983	1984
Indústria pesada e Indústria química	13,7	21,1	23,6	33,2	25,9	28,8	31,6	33,2	37,7	39,9	42,1	49,2	54,3	59,7
Indústria leve	86,3	78,9	76,4	66,8	74,1	71,2	68,4	66,8	62,3	60,1	57,9	50,8	45,7	40,3

Fonte: Amsdem, 1988, Quadro 8.

Nas análises da trajetória econômica ascendente dos Tigres Asiáticos, três fatores são valorizados, embora, dependendo do autor e da abordagem, a importância de cada um receba ênfases distintas: 1. a situação geopolítica favorável nas décadas iniciais da guerra fria; 2. o comportamento diferenciado do Japão, comparativamente aos Estados Unidos, em relação ao desenvolvimento da sua periferia regional; 3. a influência da ética confuciana na formação de capital humano com grande capacidade de adaptação aos desafios de permanente inovação inerentes à concorrência capitalista.

Aspectos geopolíticos

O Sudeste Asiático foi uma área de conflitos diretos entre os Estados Unidos e os países socialistas, especialmente durante as guerras da Coreia e do Vietnã. A manutenção de posições sólidas significou relegar a um segundo plano uma política mais favorável aos interesses econômicos do país.

Da mesma forma que na Europa e no Japão, a prioridade na segurança estratégica levou os Estados Unidos a admitirem o fortalecimento desses países, despejando enormes recursos em ajuda econômica e militar[3] e tolerando o protecionismo e os subsídios às exportações, mesmo quando prejudicavam a competitividade dos produtos nacionais. Além desses aspectos, o Japão obtém das mãos dos Estados Unidos o ansiado predomínio regional no Sudeste Asiático.

Na década de 50, os Estados Unidos haviam promovido a integração separada do Japão e de suas antigas colônias em suas próprias redes de comércio, poder e proteção. Na década de 60, sob o impacto de restrições financeiras mais graves, começaram a promover sua integração *mútua* em redes de comércio regional centradas no Japão. Com esse objetivo, o governo norte-americano incentivou ativamente a Coreia do Sul e Formosa a superarem seus ressentimentos nacionalistas contra o passado colonialista do Japão e a abrirem suas portas para o comércio e os investimentos japoneses. (Arrighi, 1996, p.107)

Para Arrighi (1996), a arrancada japonesa se deve menos ao próprio esforço do que às necessidades estratégicas dos Estados Unidos, naquele contexto, de contar com suprimentos baratos para enfrentar os desafios internos e externos de uma posição hegemônica. A situação vai mudando paulatinamente na década

---

3 De acordo com dados citados por Arrighi (1996, p.353): "entre 1950 a 1970, a ajuda norte-americana aos japoneses somou uma média de US$ 500 milhões por ano ... A ajuda militar e econômica à Coreia do Sul e Formosa, juntas, foi ainda mais maciça. No período de 1946-1978, a ajuda à Coreia do Sul somou US$ 13 bilhões (US$ 600 *per capita*) e a prestada a Formosa, US$ 5,6 bilhões (US$ 425 *per capita*)".

de 1970, em razão da crise mundial e da aproximação com a China, que diminuem as tensões geopolíticas na região e contribuem para elevar o custo da proteção norte-americana ao Japão. Esse custo assume enormes proporções nos anos Reagan, "quando o país desembolsou um imenso volume de capital para respaldar os déficits das contas externas e o desequilíbrio fiscal interno dos Estados Unidos" (p.364).

Japão, Estados Unidos e suas periferias regionais

Após o *crack* das bolsas de 1987, a prioridade da Ásia nos investimentos japoneses se fortalece, dando continuidade à estratégia iniciada a partir dos anos 60, de sucessivas ondas de expansão industrial para os países vizinhos, promovendo uma crescente integração econômica regional sob o seu comando. A primeira onda, envolvendo Coreia do Sul, Taiwan, Hong Kong e Cingapura, foi

destinada a compensar as vantagens de custos perdidas com o estreitamento dos mercados de trabalho no Japão e a valorização do iene. Os setores de menor valor adicionado do aparelho produtivo japonês foram maciçamente transferidos. Esse transplante envolveu basicamente as indústrias de mão de obra intensiva, como a têxtil, a metalúrgica e a de equipamentos elétricos. (ibidem, p.359)

A segunda onda, nos anos 80, atingiu principalmente as Filipinas, Indonésia, Malásia e Tailândia. A terceira, mais recente, China e Vietnã. A lógica da integração regional mantém, no essencial, os mesmos parâmetros da primeira:

Quando a alta dos salários minou as vantagens competitivas dos Quatro Tigres, na extremidade inferior do valor adicionado da produção industrial, as empresas desses Estados juntaram-se à iniciativa japonesa para explorar os recursos de mão de obra ainda abundantes e baratos de um grupo mais pobre e mais populoso de países vizinhos, a maioria da ASEAN ... Essa maior incorporação de mão de obra barata reforçou a vitalidade do arquipélago capitalista do leste asiático. Mas também minou a competitividade em que se baseava, em termos de recursos humanos. Tão logo isso aconteceu, muito recentemente, iniciou-se uma terceira rodada. Às empresas japonesas e dos Quatro Tigres vieram juntar-se empresas dos países que receberam a segunda rodada de expansão industrial regional (sobretudo a Tailândia), transplantando as atividades do extremo inferior, mão de obra intensiva, para países ainda mais pobres e populosos (em especial China e o Vietnã) que ainda são dotados de reservas grandes e competitivas de mão de obra barata. (ibidem, p.360)

A possibilidade de viabilizar a formação de um bloco regional altamente competitivo, ajudando as economias do Leste Asiático a atravessarem as fases críticas das décadas de 1970 e 1980, sem os custos enfrentados pela América Latina, teve um forte ponto de apoio na expansão do consumo interno dos Estados Unidos, cujos crescentes déficits comerciais contaram com o "generoso" financiamento japonês.

A interdependência comercial entre o bloco asiático e os Estados Unidos se acentua nos anos 90, quando os déficits com o Japão dos outros países da região são compensados pelos superávits com os Estados Unidos.[4] Nesse contexto, o problema passa a ser o financiamento desses déficits, que não podem continuar sustentando-se indefinidamente no endividamento.

---

4 De acordo com dados de Thurow (1997, p.252-3), o déficit comercial da região com o Japão em 1993, "de US$ 57 bilhões, foi ainda maior do que o dos Estados Unidos com o Japão, de US$ 50 bilhões. Se o Anel do Pacífico não tivesse seus superávits com os Estados Unidos, seria forçado a reduzir suas compras do Japão. O caso da China (inclusive Hong Kong) é típico. Em 1993, a China teve um déficit comercial de US$ 13 bilhões com o Japão, que ela pagou com um superávit de US$ 20 bilhões com os Estados Unidos".

Estados Unidos e América Latina

A obtenção de superávits comerciais compensatórios com outras regiões se transforma em tema central da agenda da política externa norte-americana a partir da administração Bush, com escassos resultados em termos globais, mas de enorme impacto na América Latina. A Iniciativa das Américas, lançada em 1990, propondo a formação de um mercado único regional, tem continuidade com Clinton, que, na Cúpula de Miami de dezembro de 1994, propõe a construção da Área de Livre-Comércio das Américas (Alca) até o ano de 2005, aprovada pelos presidentes de todos os países, com exceção de Cuba, que não foi convidada para a reunião.

Conforme destacamos no Capítulo 1, existem analistas da política externa dos Estados Unidos que consideram a América Latina uma região de escassa relevância estratégica. Lawrence Harrison (1997, p.205) complementa essa percepção com dados econômicos relacionados ao comércio exterior:

Do total [da população] do Nafta, de 363 milhões, 86 milhões, ou quase um quarto, são mexicanos, com um poder aquisitivo *per capita* de um décimo ou menos que o de um canadense ou americano. Em termos de mercado efetivo para as exportações dos EUA ... 86 milhões de mexicanos poderiam converter-se em talvez 8 milhões, aproximadamente a população da Suécia. Da mesma forma, 433 milhões, ou 61%, da população da Alca de 710 milhões é da América Latina e do Caribe. Supondo que a renda *per capita* do México é superior à média latino-americana, esses 433 milhões poderiam converter-se num mercado efetivo de 35 milhões, menos do que a população da Espanha.

Dessa maneira, a população *efetiva* do Nafta, em 1990, seria 285 milhões, da Alca 312 milhões, ambas substancialmente abaixo do total da Comunidade Europeia (agora "União").

No entanto, como mostra a Cepal, apesar das divergências apontadas por Harrison entre a "população nominal" e a "população real" da América Latina e Caribe em comparação a outras regiões, o que se verifica na prática é que o mercado efetivo latino-americano está sendo intensamente ocupado, o que não acontece com outras regiões, que conseguem sustentar a proteção dos setores que considera estratégicos: "Concretamente, entre 1990 e 1994, as exportações dos Estados Unidos para a América Latina aumentaram 79%, enquanto as importações o fizeram apenas em 38% durante o mesmo lapso" (Cepal, 1996, p.3). Nesse período, a região passa a absorver 15% das exportações norte-americanas, com o Brasil importando mais do que os países escandinavos; o México mais do que a Alemanha, a França e a Itália juntos; a República Dominicana mais do que a Índia e a Indonésia; Chile mais que a Rússia, e Costa Rica mais do que toda a Europa Oriental (ibidem).

Com a definição de uma agenda internacional que tem na expansão do comércio o principal destaque, as pressões dos Estados Unidos para encurtar os prazos de abertura dos mercados da região tornam-se crescentes, atingindo diretamente os países do Mercosul, especialmente o Brasil, mercado com maior potencial de expansão, gerando crescentes preocupações com as perspectivas de sobrevivência do seu setor industrial num cenário de concorrência aberta com o norte-americano.

---

5 Entre 1989 e 1994, o comércio da América Latina com os Estados Unidos passou de um superávit de quase 30 bilhões de dólares para um déficit de 18 bilhões (Cepal, 1994). A balança comercial dos Estados Unidos com o resto do mundo no ano de 1997 registrou os seguintes resultados: América do Norte, déficit de 32.377 milhões de dólares; América do Sul e Central, superávit de 9.367,7 milhões; Europa Ocidental, déficit de 17.500 milhões; Europa Oriental, déficit de 727 milhões; antigas repúblicas soviéticas, déficit de 284,2 milhões; e Bacia do Pacífico, déficit de 121.084,4 milhões (*Perspectivas Econômicas*, USIS, v.3, n.2, março de 1998. Dados do Departamento de Comércio dos Estados Unidos).

A ética confuciana e o espírito do capitalismo asiático

Na abordagem de Huntington (1997a) do "choque de civilizações", a América Latina é incluída entre as oito civilizações "realmente existentes". No principal trecho do livro dedicado a sistematizar características culturais próprias da região, a tônica dominante é a ausência de argumentos consistentes que justifiquem a tese da civilização particular.

Um produto da civilização europeia, ela também incorpora, em graus variados, elementos de civilizações indígenas americanas que não se encontram na América do Norte e na Europa. Ela teve uma cultura corporativista, autoritária, que existiu em muito menor grau na Europa e não existiu em absoluto na América do Norte. A Europa e a América do Norte sentiram, ambas, os efeitos da Reforma e combinaram as culturas católica e protestante. Historicamente, embora isso possa estar mudando, a América Latina sempre foi católica. A civilização latino-americana incorpora culturas indígenas, que não existiram na Europa, foram efetivamente eliminadas na América do Norte e que variam de importância no México, América Central, Peru e Bolívia, de um lado, até a Argentina e o Chile, de outro ... A América Latina poderia ser considerada ou uma subcivilização dentro da civilização ocidental ou uma civilização separada, intimamente afiliada ao Ocidente e dividida quanto a se seu lugar é ou não no Ocidente. (p.52)

O caráter híbrido da cultura latino-americana, uma mistura de características nas quais prevaleceria a herança católica e autoritária da tradição ibérica, aparece nas abordagens apresentadas no primeiro capítulo como fator que contribui para o "subdesenvolvimento" da região. Diferentemente, a identidade cultural é considerada um elemento constitutivo fundamental da projeção econômica do leste da Ásia. De acordo com Wei Ming (1996, p.345),

A fé confuciana na melhoria da condição humana pelo esforço individual; o cometimento à família como unidade básica da sociedade e à ética familiar como o alicerce da estabilidade social; a confiança no valor intrínseco da educação moral; a crença na autoconfiança, na ética do trabalho e na ajuda mútua; e um senso de unidade orgânica com uma rede de relações sempre em expansão, proveem as democracias do Leste Asiático com ricos recursos culturais para desenvolver suas próprias características distintivas.

Três áreas chamam especialmente a atenção dos analistas na caracterização da influência da cultura no desenvolvimento da região: 1. a importância atribuída à educação, "que vem das tradições confucianas de exames competitivos e respeito ao conhecimento, reforçadas diariamente pela mãe de família que complementa o que é ensinado na escola" (Kennedy, 1993, p.201), com impacto nos indicadores quantitativos e qualitativos de escolaridade; 2. a valorização do trabalho e do sacrifício em prol da família e do futuro, que se refletem na propensão dessas sociedades para a poupança; 3. a forte presença do Estado na vida da comunidade e na economia.

Neste último aspecto, Bell et al. (1995) chamam a atenção para a consolidação de uma via política que consideram característica da identidade cultural da Ásia do Pacífico: a "democracia não liberal". Questionando a tese de Fukuyama de que o binômio democracia liberal-economia de mercado representa o ponto de chegada da história universal, configurando uma tendência mundial de homogeneização, os autores afirmam:

O entendimento contemporâneo da política no leste da Ásia continua a sustentar a concepção de que o Estado tem funções tanto tutelares como disciplinares. Em contraste com o Estado neutro da teoria liberal fundado na suposição de que os governantes devem respeitar direitos individuais idênticos para escolher livremente a própria concepção sobre a boa vida, num mundo de valores incomensuráveis, o consenso geral entre os atores políticos do Leste Asiático defende que os governos, para manter ou criar um Estado harmonioso e estável, podem intervir justificadamente na maioria, se não em todos os aspectos da vida social. (p.15)

Os três aspectos destacados na análise da disparidade de trajetórias entre o Sudeste Asiático e a América Latina são de significativa relevância. Da nossa perspectiva, a postura diferenciada da política externa norte-americana na guerra fria representou o fator mais importante. Em relação ao leste da Ásia, há uma preocupação do governo dos Estados Unidos com o seu fortalecimento econômico, que se materializa por diversas formas de ajuda e pela concessão de autonomia de decisões, criando um campo propício para a formulação e implementação de um modelo de desenvolvimento com raízes culturais regionais. Na América Latina, os interesses econômicos dos EUA foram beneficiários diretos de uma política externa que impôs o confronto leste-oeste como orientação central das relações interamericanas, patrocinando a intervenção nos assuntos internos dos países, fechando o acesso à ajuda econômica e promovendo o bloqueio comercial contra todo governo que não fosse considerado aliado. Geralmente, a opção pela intervenção significou assumir como próprias as posições das empresas nacionais com filiais na região.

As diferenças culturais também são importantes, principalmente porque mostram divergências claras no comportamento dos grupos dominantes no tratamento da chamada questão nacional. Em relação aos trabalhadores, também existem diferenças em termos de inserção profissional e de postura ante a ordem capitalista.

A discussão sobre o comportamento dos grupos dominantes será feita no próximo capítulo. Nas questões relacionadas com o perfil dos trabalhadores, consideramos que o discurso otimista que valoriza o esforço, a disciplina, a frugalidade e o respeito à hierarquia da força de trabalho asiática tem um forte componente ideológico.

A partir dos anos 70, tornaram-se comuns, nas discussões da esquerda sobre a superexploração da mão de obra, as referências às extensas jornadas de trabalho e aos níveis salariais "asiáticos".

Luis Fernando Ayerbe

A comparação das remunerações também está presente no discurso neoliberal sobre os elevados custos da mão de obra latino-americana, parte essencial dos argumentos favoráveis às políticas de desregulamentação implementadas na maioria dos países da região nos anos 90.

Um dos problemas dessa visão é que a comparação atual com os "Tigres" tradicionais mostra que os salários inferiores estão na América Latina. Conforme levantamento do economista argentino Rodolfo Terragno, baseado em dados da União de Bancos Suíços, o salário básico em dólares de um metalúrgico corresponde a 816 em Buenos Aires, 2.200 em Taipei (Taiwan) e 1.333 em Seul (Coreia); para um técnico industrial, corresponde, respectivamente, a 650, 1.983 e 1.416.[6]

No tema da competitividade associada aos custos e ao desempenho da força de trabalho, as referências asiáticas da modernização capitalista em curso na América Latina não são os "Tigres" da primeira geração, mas da última. Como bem aponta Lester Thurow (1997), que analisa o acirramento da competição no mundo pós-guerra fria, enormes contingentes de mão de obra dos ex-países comunistas estão entrando em campo para disputar espaços no mercado globalizado, provocando maior impacto nos empregos de menor qualificação dos capitalismos avançado e atrasado:

> Por que deveria alguém pagar US$ 20.000 anuais a um americano graduado no segundo grau, quando é possível conseguir um chinês com formação escolar melhor por US$ 35 mensais, o qual trabalhará duro vinte e nove dias por mês e onze horas por dia na China? ... Nas áreas em que as qualificações de produção podem ser ensinadas rapidamente a trabalhadores inteligentes, relativamente bem-educados, ambiciosos e esforçados, a China será uma

---

6 Os dados foram publicados na *Revista Notícias*, Buenos Aires, 18 de dezembro de 1994. Nessa época vigorava na Argentina o regime de conversibilidade, com paridade fixa: 1 peso = 1 dólar.

Estados Unidos e América Latina

participante imediata na economia mundial, como já acontece em setores como os de têxteis, calçados e componentes eletrônicos. Uma grande parte da manufatura mundial de baixa e média qualificação mudará para a China. Isso irá afetar empregos no rico mundo industrializado, mas também no mundo em desenvolvimento. A indústria de calçados de couro, localizada no sul do Brasil e no norte da Argentina, já está sofrendo forte pressão competitiva da China. (p.70-1)

A receita do mercado para enfrentar os novos "Tigres" é produzir trabalhadores esforçados, ambiciosos, relativamente bem-educados e dispostos a aceitar a diminuição das suas remunerações e o corte de direitos trabalhistas. No entanto, abraçar a causa dos valores e atitudes "competitivos" não representa, necessariamente, uma garantia de sucesso. Esforços paralelos de adaptação aos desafios da competitividade estão sendo realizados no mundo inteiro. Nesse contexto, a capacidade operacional dos diferentes Estados, para formular estratégias e implementar políticas de alcance nacional, e o poder de pressão de cada país nos organismos que regulam a concorrência global marcam profundas diferenças que antecipam, na maioria dos casos, o desfecho da corrida.

Esse tema será um dos objetos da reflexão do último capítulo. No próximo ponto, analisaremos a experiência cubana sob o socialismo, em que a opção política e econômica passou por uma centralização das decisões no Estado, oferecendo um contraponto em relação tanto ao resto da América Latina como aos países do Sudeste Asiático.

A trajetória econômica do socialismo cubano

Com a realização do I Congresso do Partido Comunista em 1975 e a aprovação por *referendum* nacional, em 1976, de uma nova Constituição, a revolução cubana se institucionaliza.

243

Luis Fernando Ayerbe

De acordo com a nova Constituição, a estrutura política e econômica do país segue, nos seus aspectos principais, os parâmetros que vigoravam na época nos países do Leste Europeu:

Artigo 1º – A República de Cuba é um Estado socialista de operários e camponeses e demais trabalhadores manuais e intelectuais.

Artigo 5º – O Partido Comunista de Cuba, vanguarda organizada marxista-leninista da classe operária, é a força dirigente superior da sociedade e do Estado, que organiza os esforços comuns para os elevados fins da construção do socialismo e o avanço em direção à sociedade comunista.

Artigo 11 – A República de Cuba forma parte da comunidade socialista mundial, o que constitui uma das premissas fundamentais da sua independência e desenvolvimento em todas as ordens.

Artigo 15 – A propriedade estatal socialista, que é a propriedade de todo o povo, se estabelece irreversivelmente sobre as terras que não pertencem aos pequenos agricultores ou a cooperativas integradas por estes; sobre o subsolo, as minas, os recursos marítimos naturais e vivos dentro da zona da sua soberania, os bosques, as águas, as vias de comunicação; sobre as centrais açucareiras, as fábricas, os meios fundamentais de transporte, e quantas empresas, bancos, instalações e bens têm sido nacionalizados e expropriados aos imperialistas, latifundiários e burgueses, assim como sobre as granjas do povo, fábricas, empresas e instalações econômicas, sociais, culturais e esportivas construídas, fomentadas ou adquiridas pelo Estado e as que construa no futuro, fomente ou adquira.

Artigo 16 – O Estado organiza, dirige e controla a atividade econômica nacional de acordo com o Plano Único de Desenvolvimento Econômico-Social (Constitución de la República de Cuba. 1981).

Entre os aspectos já mencionados, dois merecem destaque na avaliação das características que assume o desenvolvimento do país a partir de 1976: a institucionalização do sistema de planejamento central com base em planos quinquenais e a participação no Conselho Econômico de Ajuda Mútua (Came), que reunia o bloco de países liderado pela ex-União Soviética.

A progressiva incorporação de Cuba às atividades conjuntas do Came se realiza dentro dos marcos do Programa Complexo de Aprofundamento e Aperfeiçoamento da Colaboração e Integração Econômica Socialistas. O Programa Complexo constitui o plano diretor do desenvolvimento a longo prazo da atividade econômica e científica-técnica dos países membros do Came. (Fernandes & Pla, 1986, p.46)

A integração das economias de acordo com os parâmetros de divisão internacional do trabalho, delineada com base no Programa Complexo, requer uma ação coordenada das políticas econômicas do conjunto dos países membros, o que se efetiva no momento da formulação das metas e objetivos dos planos quinquenais. Cuba iniciou sua participação formal no Came em 1972, porém precisou realizar um conjunto de mudanças institucionais que lhe permitissem a integração plena dentro do sistema, o que acontece efetivamente a partir da Constituição de 1976, que também é o ano de início do primeiro plano quinquenal.

No novo contexto, a indústria passa a ser considerada como eixo central da estratégia de desenvolvimento. O perfil que se pretende para a industrialização leva em conta dois aspectos principais: as características estruturais da economia cubana considerando os efeitos gerados pelas políticas implementadas entre 1959-1975, e a integração nos marcos do sistema econômico do Came.

Em relação ao primeiro aspecto, os indicadores no período 1959-1975 mostram a evolução a seguir (Rodriguez, 1980, cap.V).

O Produto Social Global (PSB)[7] cresce a uma média anual de 4,1% entre 1962-1970 e de 12% entre 1970-1974. Na estrutura do PSB, a indústria passa a representar 41% em 1974, contra 25%

---

7 Conceito que mede o produto bruto de acordo com os parâmetros de uma economia centralmente planejada.

antes da revolução, e a agricultura se reduz de 30% para 10,1% no mesmo período. No interior da indústria, o setor de bens de produção representa 36,6% e o de bens de consumo, 63,4%. Apesar desses avanços, bastante significativos, devemos levar em consideração o estágio anterior do setor industrial cubano, extremamente precário, conforme mostra a Tabela 25:

Tabela 25 – Cuba: produção de bens de consumo duráveis

Produtos	Unidades	1958	1974
Geladeiras	1.000	Não produzia	42
Rádios	–	–	24*
Televisores	–	–	20
Fogões domésticos	–	–	145
Panelas de pressão	–	–	414*
Ônibus	1	–	1.249

Fonte: Rodriguez, 1980, Quadro 6.
* 1973.

Na agricultura, além das mudanças na estrutura da propriedade em razão das duas reformas agrárias, a produção aumenta em torno de 40% entre 1962 e 1974, com um grande avanço na mecanização da colheita de cana-de-açúcar, que atinge 19% do total, dos quais 77% são semimecanizados e 4% manuais, contra 100% em 1958. Nos setores de energia, transporte e comunicações, a taxa média de crescimento entre 1962 e 1974 é de 8,4%, melhorando notavelmente a infraestrutura da produção.

Os indicadores sociais mostram a maior evolução do período: erradica-se o desemprego; na educação a escolaridade infantil atinge 100% nas idades de 6 a 12 anos, o ensino primário cresce 2,7 vezes, o secundário 6,1 e o universitário 5,5 vezes; na área da saúde, a mortalidade infantil passa de 60 crianças por mil nascimentos até 1959 para 28,9 por mil em 1974, e a expectativa de vida eleva-se de menos de 55 anos para 70.

Em relação ao comércio exterior, o açúcar continua representando o principal produto de exportação, mantendo-se num

Estados Unidos e América Latina

nível similar ao do período anterior à revolução, de 75% do total exportado. A principal mudança nessa área é na orientação geográfica do intercâmbio. Em 1958, os Estados Unidos representavam 69% e os países do Came 1%; em 1974, o comércio com os EUA já não existe e os países do Came representam 66%.

A partir da integração ao Came, a definição do perfil do desenvolvimento industrial passa a se orientar pelos princípios que regem esse sistema, para possibilitar a organização do

> sistema de relações socialistas de produção ... Para isso deve-se desenvolver, preferentemente, a indústria de construção de maquinaria e o potencial científico-técnico que assegure seu desenvolvimento permanente e acelerado.
>
> Não se trata de qualquer desenvolvimento da indústria mecânica. Em primeiro lugar tem que desenvolver-se a produção de maquinaria e equipamentos para os ramos ou produtos em cuja produção está especializado o país nos marcos do Came.
>
> Deve-se também produzir o equipamento para aqueles ramos em que, por não haver nenhum outro país socialista especializado na sua produção, se apresente a alternativa de produzi-lo ou importá-lo dos países capitalistas. Essa última via deve ser tomada somente em casos excepcionais. (Garcia, 1987, p.119)

A adoção desses mecanismos de integração teve influência significativa na definição do perfil do desenvolvimento cubano, nos seus aspectos tanto positivos como negativos.

Entre 1975 e 1985, o PSG cresce a um ritmo anual de 6,7%, o que representa um aumento total de 191,3%. O produto social bruto por habitante teve um aumento de 76,2% no mesmo período. Nessa evolução positiva dos indicadores, o desenvolvimento do setor industrial teve grande influência. Isso se deve à nova política de investimentos inaugurada com o primeiro plano quinquenal, que dá prioridade à indústria, com destaque para o setor de bens de produção, que passa a receber 60% do total contra 20% do setor de bens de consumo e 20% da indústria açucareira.

A ênfase nos bens de produção objetiva a substituição de importações originárias das economias capitalistas; a melhoria da capacidade de produção interna dos produtos de exportação, com destaque para o açúcar e o níquel; a garantia do abastecimento nacional no setor de alimentos, e a melhoria da infraestrutura de transportes (marítimo e terrestre) e de energia elétrica.

No que diz respeito ao desenvolvimento tecnológico, os investimentos em educação e em pesquisa e desenvolvimento, mais o acesso a programas de capacitação na União Soviética, permitiram ao país consolidar o potencial científico nacional para operar em áreas de ponta como a medicina e a indústria farmacêutica, em que Cuba adquiriu capacidade autônoma de desenvolvimento e produção de vários medicamentos, o que representa uma perspectiva de diversificação das exportações para países do Terceiro Mundo. Na área de tecnologia para a indústria açucareira, o país atingiu um lugar de destaque no cenário internacional.

No comércio exterior, as exportações crescem a uma média anual de 7,3% entre 1975 e 1985, e o açúcar participa com 75% do total. A reexportação do petróleo soviético, derivados de petróleo, fumo, níquel, frutas cítricas e peixe fresco completa o leque de itens principais das exportações cubanas. O processo de industrialização levará a um aumento crescente das importações de equipamentos e insumos, acima da capacidade de financiamento obtida com as exportações. O valor das importações, para o mesmo período, cresce a uma média anual de 9,9%, gerando déficit na balança comercial.

Como podemos extrair dos dados citados, a agroindústria compõe a parte principal do setor industrial. Em relação ao financiamento das importações, o complexo açucareiro representa a base de apoio.

A dependência do financiamento externo da economia cubana em relação ao açúcar, um produto com vários concorrentes no mercado internacional – a cana-de-açúcar cresce praticamente em todas as áreas tropicais e subtropicais – e com preços instáveis, limita bastante a capacidade de planejamento de médio prazo. A instabilidade dos preços ao longo das décadas de 1970 e 1980 levou o país, por causa da manutenção do programa de investimentos na indústria, a contrair empréstimos dos bancos internacionais e a ampliar o intercâmbio comercial com o Came, na perspectiva de diminuir a dependência do mercado capitalista, beneficiando-se de um sistema que funcionava à base de preços controlados. No final dos anos 80, o comércio com esses países chega a 80%. A Tabela 26 mostra as oscilações dos preços do açúcar e as compensações oferecidas pela venda desse produto para a URSS.

Tabela 26 – Preços do açúcar no mercado internacional e o acordo Cuba-URSS (em centavos de US$ por libra)

Anos	Preço internacional de mercado[a]	Preço pago a Cuba pela URSS	Diferença
1970	3,75	6,11	2,36
1971	4,53	6,11	1,58
1972	7,43	6,11	-1,32
1973	9,63	12,02	2,39
1974	29,96	16,64	-10,32
1975	20,50	30,4	9,90
1976	11,57	30,95	19,38
1977	8,10	35,73	27,63
1978	7,81	40,78	32,97
1979	9,65	44	34,35
1980[b]	28,66	–	–
1981	18,43	–	–

(a) Preço livre de mercado (FOB) em portos do Caribe. (b) janeiro a setembro.

Fontes: Preço internacional de mercado do FMI, *International Finance Statistics*, 1970-1981, e *New York Times*, jan.-dez. 1981. Preço soviético do *Boletín Estadístico de Cuba*, 1970-71, *Anuário Estadístico de Cuba*, 1972-1978, e Cepal: Cuba: Notas para el estudio económico de América Latina. 1980, MEX/1044/9 de abril, p.23-4 in Mesa-Lago, 1982, Quadro 3.

As relações comerciais entre Cuba e a União Soviética eram regidas por um sistema de mútuas compensações. A parte principal dos pagamentos do açúcar exportado era feito a base de créditos em rublos apenas utilizáveis para a compra de produtos soviéticos, o que significava a garantia para ambas as partes de colocação das suas exportações em mercados protegidos da concorrência (Zimbalist, 1989).

Mesmo com os problemas já apontados, Cuba consegue manter um crescimento sustentado da economia entre 1975 e 1985. A partir de 1986, inicia-se uma fase de crescentes dificuldades, em várias frentes, e que incidem diretamente no desempenho econômico: o aumento dos juros da dívida externa paralelamente à queda dos preços do açúcar leva o país a decretar uma moratória, o que vai limitar o acesso a novos créditos; sob o governo Reagan, o bloqueio se acentua;[8] as mudanças no Leste Europeu, no fim da década de 1980, geram fatores adicionais de incerteza associados com a abrupta e imprevista extinção do Came.

Cuba passa a compartilhar de vários problemas que afetam os países latino-americanos. O principal deles é a vulnerabilidade externa, que a inserção no sistema do Came havia amenizado. Antes de entrar nesse ponto, nos deteremos brevemente na análise comparada do desempenho da economia cubana em relação à América Latina e ao Sudeste Asiático no período da guerra fria.

Entre 1960 e 1985, o crescimento médio do PIB *per capita* foi de 3,5% contra 1,8% no resto da América Latina (Zimbalist &

---

8 Domínguez acrescenta, aos fatores externos responsáveis pela crise, o envio de tropas e pessoal qualificado ao exterior a partir da segunda metade dos anos 70: "A maioria das tropas cubanas na Etiópia, umas quatro quintas partes das que houve em Angola e quase todo o pessoal cubano na ilha de Granada estavam constituídos por reservistas no momento culminante das guerras e da invasão dos Estados Unidos. Dado o desejo de ganhar as guerras e fazer um bom papel no plano militar em ultramar, alguns dos melhores dirigentes, técnicos e trabalhadores foram subtraídos da economia nacional para destiná-los ao exército no estrangeiro, o que contribuiu para um descenso da produtividade e da eficiência em diversos setores desde finais do decênio de 1970" (Domínguez, in Bethell, 1998b, p.200).

Brundenius, 1989). Na chamada "década perdida" dos anos 80, Cuba foi o país que mais cresceu, com uma variação acumulada, entre 1981 e 1990, de 44,2% do PSG e 31,6% do PSG *per capita* contra 12,4% e -9,6%, respectivamente no conjunto da América Latina (Cepal, 1990).

No que diz respeito à distribuição de renda, os 40% mais pobres da população detêm 26% contra 7,7% no conjunto da América Latina, e os 10% mais ricos detêm 20,1% contra 47,3% na América Latina.[9]

Em relação aos países do Sudeste Asiático, uma comparação com Taiwan pode ilustrar bem os aspectos favoráveis e críticos presentes no modelo de desenvolvimento cubano, tendo em vista principalmente a capacidade de adaptação às mudanças internacionais dos anos 90.

De acordo com Zimbalist & Brundenius (1989), "ambos os países são insulares e têm permanecido isolados do ponto de vista econômico durante longos períodos de tempo, apoiados por uma superpotência distante e historicamente dependentes do açúcar de cana como principal item de exportação".

As estratégias econômicas de Cuba e Taiwan seguem parâmetros similares: ênfase na industrialização, com destaque para o setor de bens de produção em detrimento do setor agrícola, anteriormente predominante. De acordo com a Tabela 27, os indicadores de crescimento e mudança estrutural são parecidos.

A grande diferença na estratégia de industrialização de Cuba e Taiwan está no papel atribuído à exportação de produtos industrializados. Em Taiwan, o setor de bens de produção foi estruturado para a exportação da mesma forma que na Coreia do Sul e diferentemente de Cuba, onde a função principal foi a

---

9 Zimbalist & Brundenius, 1989, Tabela 4. Estimativas da Cepal com base em pesquisas na Argentina, Brasil, Chile, Colômbia, México, Peru e Venezuela. No caso de Cuba, os dados foram elaborados pelos próprios autores.

Luis Fernando Ayerbe

substituição de importações de máquinas e equipamentos tendo por objetivo diminuir a dependência externa na produção destinada à exportação, especialmente açúcar. Taiwan substituiu a exportação de açúcar, como produto principal, pela exportação de bens manufaturados.

o açúcar ... representava 84% do total das exportações em 1952. Desde então a participação tem decrescido drasticamente e, em 1986, representava apenas 5%. Por outro lado, as exportações da indústria leve aumentaram rapidamente nos anos 60 e 70, alcançando 38% do total das exportações em 1975, para logo decair para 26% em 1986. A participação dos bens de capital nas exportações passou de 0% em 1952 para 5% em 1965; logo se ampliou para 23% em 1985 e alcançou 36% em 1986 (Zimbalist & Brundenius, 1989, p.16).

Tabela 27 – Crescimento e mudança estrutural em Cuba e Taiwan

	Cuba	Taiwan
PIB *per capita* 1980 (taxa de câmbio oficial)	$2.325	$2.668
Crescimento *per capita* do PIB		
1955-1965	1,7	4,8
1965-1985	4,2	6,7
1980-1985	6,2	2
Participação do PIB Agricultura		
1965	24%	24%
1985	10%	6%
Manufaturas		
1965	23%	26%
1985	36%	41%

Fonte: Zimbalist & Brundenius, 1989, Quadro 7.

Em relação à distribuição de renda, em Taiwan, os 40% mais pobres detêm, em 1986, 21,8% e os 20% mais ricos detêm 38,2%

252

contra 26% e 33,8%, respectivamente, em Cuba. Na área de educação, em 1985, Cuba tem 334 estudantes matriculados por 1.000 habitantes e Taiwan, 239,8. Na saúde, em Cuba existem 19,7 médicos por 10 mil habitantes contra 11,4 em Taiwan (ibidem, Tabelas 8, 9 e 10).

O contraste dos dois países resulta de grande utilidade para a compreensão dos problemas enfrentados por Cuba com a crise do Leste Europeu.

Por causa do bloqueio dos Estados Unidos, o país se viu obrigado a reformular radicalmente suas relações internacionais.

O ingresso no Came permitiu a Cuba iniciar um processo de desenvolvimento integrado à divisão internacional do trabalho do bloco liderado pela URSS, o que trouxe vantagens e problemas. Entre as vantagens, a garantia de mercados para os seus produtos, com certa estabilidade nos preços; o abastecimento de bens manufaturados; matérias-primas e o acesso à tecnologia. Entre os problemas, a aceitação de parâmetros de integração baseados na especialização, que, no caso de Cuba, significou a prioridade na agroindústria direcionada, em grande parte, para o complexo açucareiro; um horizonte estreito no que diz respeito a critérios de produtividade e competitividade, limitado a países com um parque industrial e tecnológico considerado atrasado em comparação ao capitalismo central e que, no entanto, representou a principal referência de desenvolvimento. Quando se desencadeia a crise no setor externo, em meados dos anos 80, Cuba acentua sua associação com esses mercados, chegando a compor 85% do seu comércio exterior, justamente no momento em que o Came desaparece.

Após o fim da guerra fria, o bloqueio dos Estados Unidos se amplia, e Cuba já não dispõe das vantagens oferecidas anteriormente pelo Came e do respaldo político da ex-União Soviética. Alguns indicadores do período 1989-1993, o mais agudo da crise, dão uma dimensão das dificuldades enfrentadas pelo país:

o produto caiu 35% em termos reais ... Nesse lapso, o consumo total comprimiu-se 13% e o das famílias numa proporção semelhante. A formação de capital passou abruptamente de 24% a menos de 6% do produto. O déficit fiscal aumentou de 6,7% a 30,4% do produto. As entradas na conta de capital do balanço de pagamentos reduziram-se mais de 10 vezes (de 4.122 milhões a 404 milhões de dólares), o que forçou o ajuste da balança comercial e de pagamentos. Por último, os salários reais desceram ao redor de 18%. (Ibarra & Matar, 1998, p.30)

Após esse período crítico, inicia-se uma tendência de recuperação, com uma média de crescimento anual de 3,4% entre 1993 e 1997, impulsionada em grande parte pelas mudanças na economia promovidas a partir da reforma constitucional de 1992, que autoriza formas de propriedade com participação de setores não estatais, e da lei de investimentos estrangeiros de 1995, que estimula a participação do capital internacional no desenvolvimento do país. O setor do turismo será o mais beneficiado pelas reformas, funcionando como principal polo de atração de investimentos, captação de divisas e geração de novos empregos.

Nas relações entre Estados Unidos e Cuba, os efeitos do fim da guerra fria se dão no sentido oposto ao do resto do mundo. Os governos Bush e Clinton radicalizam as posições em relação ao bloqueio. A primeira iniciativa nesse sentido é a aprovação da emenda Torricelli, proposta pelo deputado democrata de mesmo nome e sancionada sem muito entusiasmo por Bush, pressionado pelo então candidato presidencial Bill Clinton, que soube capitalizar eleitoralmente a emenda, angariando apoio em parte importante do lobby cubano no exílio.

A emenda Torricelli amplia a proibição das companhias dos Estados Unidos de realizar negócios com Cuba às suas subsidiárias no exterior, proíbe aos barcos que passam pelos portos cubanos de realizarem transações comerciais nos Estados Unidos e autoriza o presidente dos Estados Unidos a aplicar sanções a governos que promovam assistência a Cuba (Erisman, 1995).

Cada vez mais, a "questão cubana" tende a transformar-se num tema de política interna. Com a vitória republicana nas eleições legislativas de 1994, fortalecem-se no Congresso as posições favoráveis ao aprofundamento do boicote econômico. A percepção de que, sem o apoio da ex-União Soviética, a queda do regime de Fidel Castro é apenas uma questão de tempo colabora para o endurecimento.

A sanção por parte de Clinton da *Cuban Liberty Act*, apresentada pelos congressistas Jesse Helms e Dan Burton, amplia os alcances do bloqueio e explicita essas duas dimensões: a radicalização de posições por causa do clima ideológico predominante no Congresso e o momento eleitoral da sucessão presidencial, com a proximidade das primárias no estratégico Estado da Flórida.

A Lei Helms-Burton autoriza cidadãos dos Estados Unidos, proprietários de bens expropriados pela revolução cubana, a processar empresas estrangeiras que usufruam das propriedades e permite que o governo barre a entrada ao país de empresários e executivos dessas empresas. As sanções atingem também instituições internacionais e países que recebem ajuda dos Estados Unidos:

a) em todas as instituições financeiras internacionais (FMI, Banco Mundial etc.), os EUA devem votar contra qualquer tipo de empréstimo, ajuda financeira ou emissão para Cuba. Se mesmo nessas condições é outorgado um crédito a Cuba, os EUA subtrairão a soma correspondente às suas contribuições para a respectiva instituição ... b) faz-se mais estrita a proibição de importação de produtos que contenham matérias-primas cubanas (por exemplo, níquel ou açúcar) de terceiros países; c) as ajudas financeiras dos EUA para os Estados sucessores da União Soviética serão reduzidas nas mesmas quantidades em que esses países prestem auxílio a Cuba. (Hoffman, 1997, p.61)

Do ponto de vista legal, a Lei Helms-Burton estende a jurisdição dos tribunais dos Estados Unidos para fora das fronteiras territoriais, contradizendo princípios do direito internacional. Do ponto de vista das relações entre Estados, explicita uma postura imperial imune aos argumentos éticos e jurídicos levantados pela maioria dos países.

8
Segurança nacional e hegemonia regional na política externa dos Estados Unidos

Realismo e interesse nacional

No interior dos espaços nacionais, o Estado, como detentor do monopólio do uso da força, tem autonomia e legitimidade para assegurar o império da lei, agindo em nome do "interesse geral". Nas relações internacionais, o recurso da força é possibilidade aberta ao conjunto dos Estados, limitado basicamente pela avaliação sobre a necessidade e/ou vantagem da sua utilização. A multiplicidade de atores com capacidade de iniciar ações bélicas, em razão de objetivos considerados vitais para a nação, é o principal fator inibidor da construção de uma ordem mundial em que prevaleça o império da lei. A quem caberia a função repressiva contra a violação da legalidade?

Basicamente, são esses os argumentos da teoria realista sobre o caráter anárquico das relações internacionais. Dougherty & Pfaltzgraff (1993, p.91) destacam quatro postulados do realismo que se tornaram parte constitutiva importante da política externa dos Estados Unidos após a Segunda Guerra Mundial:

1) as nações-estado, num sistema "centrado nos estados", são os agentes-chaves; 2) a política interna pode separar-se claramente da política externa; 3) a política internacional é uma luta pelo poder num contexto anárquico; 4) há gradações de capacidades entre as nações-estado – grandes potências e estados menores – num sistema internacional descentralizado de Estados que possuem igualdade legal ou soberania.

Para essa abordagem, nas relações entre Estados prevalece o interesse nacional. A percepção de ameaça à segurança da nação pode levar o "estadista a adotar ou tolerar políticas que podem ser legal e moralmente repugnantes no comportamento entre indivíduos ou grupos de um Estado civilizado" (ibidem, p.93).

A noção de anarquia não se aplica à resolução dos conflitos internos. O Estado, como sistema de dominação política, detém os atributos da coerção legal e física para a manutenção da ordem, isto é, das relações sociais dominantes. No caso específico do Estado capitalista, assegurar condições legais, políticas e sociais para a acumulação de capital é requisito indispensável à governabilidade.

O processo de globalização redefine a relação entre soberania econômica e soberania política no interior dos espaços nacionais, superpondo níveis diferenciados de decisão entre a política das corporações multinacionais, definida em razão de objetivos globais, e a política do Estado, dirigida à nação. Numa analogia com a abordagem realista das relações internacionais, alguns autores consideram que a exposição das economias nacionais à mobilidade dos fluxos de capitais também cria um ambiente de anarquia na economia mundial. De acordo com Keohane & Milner (1996, p.257):

Tal como a anarquia, os Estados enfrentam pressões similares da economia internacional e podem responder diferentemente no empenho de alcançar aquilo cujos custos estejam dispostos e aptos para assumir. Como na política internacional, a disposição e o poder dependem do ambiente interno – os líderes, as instituições políticas e sociais e as preferências dos grupos domésticos. Se o impacto da anarquia é criar uma situação em que a ajuda mútua e o comportamento estabilizador dos Estados predominam, a consequência da internacionalização é criar uma nova audiência – os mercados financeiros internacionais – a que os líderes políticos devem satisfazer.

Num contexto de anarquia com tais características, aumentam os desafios à viabilidade de estratégias nacionais. Referindo-se às disjuntivas enfrentadas pelo sistema de Estados no convívio com poderes decisórios globais e regionais, Held distingue a soberania e a autonomia em dois campos: "a soberania refere-se ao direito do Estado de governar sobre um território delimitado, e a autonomia denota o poder real com que conta um Estado-nação para articular e levar a cabo suas metas políticas de forma independente" (1997, p.130). Nessa abordagem, a conquista da autonomia assume um papel fundamental na construção de uma ordem mundial que assegure o respeito da legalidade: "a autonomia só poderá imperar numa comunidade política que não se veja ameaçada nem pela ação (ou inação) de outras comunidades políticas nem pelas operações das redes de interação que atravessam suas fronteiras" (p.270).

Incorporando essa perspectiva à análise das relações hemisféricas, destacamos dois aspectos em que a autonomia dos Estados latino-americanos enfrenta desafios crescentes:

1 na capacidade para articular uma coincidência de interesses (nacionais e estrangeiros) direcionados a fortalecer o espaço econômico nacional como local de criação, produção e consumo de bens e serviços;
2 na capacidade para desenvolver seus objetivos no plano interno e externo, de acordo com as diretrizes das forças políticas

que detêm a hegemonia no plano governamental, especialmente quando são expressão de setores subalternos nas relações sociais.

Para responder a esses desafios, a viabilidade de uma estratégia nacional continua vinculada a duas condições historicamente importantes no desenvolvimento dos países do capitalismo avançado: a autonomia do Estado para delimitar e defender interesses nacionais e uma atuação dos grupos dominantes que não dissocie a satisfação de objetivos particulares do destino da Nação.

Nos capítulos anteriores, analisamos comparativamente a trajetória do desenvolvimento dos Estados Unidos e da América Latina, destacando as diferenças na atuação do Estado e dos grupos dominantes em relação à formulação e defesa de interesses nacionais.

Nos Estados Unidos, pela posição central que ocupava na guerra fria e pela tendência expansiva da sua economia, o Estado desempenhou um papel de destaque como articulador de solidariedades entre os objetivos relacionados com a segurança do sistema internacional sob sua liderança e a dimensão global dos negócios do capital privado nacional. Naquele contexto, a defesa do "mundo livre" contra o comunismo e de uma economia mundial aberta eram proposições que expressavam a estratégia nacional do país. Na América Latina, a imposição da lógica do conflito Leste-Oeste e da abertura das economias, processo que se consolida nos anos 80, tem como pressuposto da sua realização o enfraquecimento da autonomia do Estado para agir de acordo com a estratégia dos governos representativos de vertentes críticas da dependência externa.

A hegemonia dos grupos dominantes se objetiva por meio de instituições públicas e privadas. Conforme analisamos no Capítulo 3, após a Segunda Guerra Mundial, os Estados Unidos reorganizam o Estado com o objetivo de atender satisfatoriamente a seus novos compromissos internacionais. As Forças Armadas e os serviços de inteligência são estruturados como organismos com presença permanente e capacidade operativa nas regiões consideradas estratégicas. Organismos privados nacionais como o Council on Foreign Relations, ou transnacionais, como a Comissão Trilateral, concebem estratégias que integram uma visão de médio e longo alcances dos rumos do capitalismo como sistema global, com a ação conjuntural favorável aos interesses da iniciativa privada e da política externa do país.

Nos Estados Unidos, a ação do Estado apresenta fases diversas conforme se trate da política interna ou externa. No território nacional, promove políticas econômicas de dinamização do mercado interno, estimulando o consumo, protegendo ramos industriais, atraindo investimentos do exterior. Na área social, procura alimentar o "sonho americano", instituindo patamares mínimos de bem-estar para os setores de baixa renda. No plano do funcionamento das instituições, o respeito às liberdades civis garantidas pela Constituição é apresentado como o argumento mais forte da superioridade do Ocidente, exemplo da modernidade e fundamento da essência liberal do capitalismo. Nesse último aspecto, a ênfase na acumulação de capital social, com estímulo às iniciativas institucionais que fortaleçam ou ampliem a solidariedade e a confiança no interior da sociedade civil,[1] é considerada uma base cultural essencial do desenvolvimento,

---

1 No enfoque que associa desenvolvimento com acumulação de capital social, Fukuyama (1995, p.18) aponta a importância do fortalecimento da sociedade civil: "instituições políticas e econômicas liberais dependem de uma sociedade civil saudável e dinâmica por sua vitalidade. 'Sociedade civil' – um complexo e confuso aglomerado de instituições intermediárias, incluindo companhias, associações voluntárias, instituições educacionais, clubes, sindicatos, mídia, entidades beneficentes e igrejas – assenta-se, por seu turno, na família, o instrumento primordial pelo qual as pessoas são socializadas na sua cultura e adquirem os predicados que lhes permitem viver numa sociedade mais abrangente e por meio da qual os valores e o reconhecimento dessa sociedade são transmitidos de geração em geração".

reforçando os laços de continuidade com a herança dos pais fundadores da nação.

Nas relações exteriores, o Estado é capaz de adotar posturas radicalmente diferentes. Durante a guerra fria, a concepção realista da dissociação entre as políticas internacional e doméstica assume extrema nitidez. Por meio das instituições responsáveis pela criação da política externa, os Estados Unidos planejaram e ajudaram a executar a violação sistemática dos direitos humanos, das liberdades civis, da democracia política e da livre iniciativa em outros países.

Na América Latina, treinaram as Forças Armadas para o combate aos inimigos internos, sem qualquer restrição de meios. Promoveram o boicote econômico, uma forma de intervencionismo incompatível com a ideia de livre-iniciativa, contra governos considerados hostis. Não hesitaram em patrocinar e fortalecer os setores mais reacionários, atrasados e corruptos, em nome da prioridade aos aliados da agenda estratégica global.

Utilizando categorias das abordagens culturalistas apresentadas no primeiro capítulo, pode-se afirmar que a política externa dos Estados Unidos sustentou na região um processo sistemático de destruição de capital social. Em nome da defesa da civilização ocidental e cristã contra o comunismo, as ditaduras latino- -americanas combateram iniciativas associativas, perseguiram e eliminaram dissidentes, controlaram a circulação de informações e estimularam práticas de vigilância e delação entre os membros da comunidade, promovendo a desconfiança no interior da sociedade e desta em relação ao Estado.

Às vezes, um mesmo diagnóstico pode servir para prescrever ações opostas. A delimitação dos fatores culturais que contribuem para acentuar uma trajetória bem-sucedida de desenvolvimento permite a confecção de uma agenda de políticas públicas favoráveis à formação de capital social nos Estados Unidos. Na política externa, o desestímulo a esses mesmos fatores favorece a implementação de estratégias de dominação, minando a resistência organizada das sociedades locais.

Estados Unidos e América Latina

De acordo com uma abordagem que se tornou o principal alvo de crítica dos defensores das raízes culturais do subdesenvolvimento latino-americano, os aspectos aqui levantados seriam indicadores da *dependência estrutural* da região, promovida pelo imperialismo norte-americano. Nas palavras de Octavio Ianni (1988, p.199):

> Existe dependência estrutural sempre que as estruturas econômicas e políticas de um país estão determinadas pelas relações de tipo imperialista. Isto significa que instituições econômicas, políticas, militares, educacionais, religiosas e outras (em graus variados) podem ser influenciadas ou mesmo determinadas pelas relações de dependência. É como se o imperialismo provocasse, no interior da sociedade subordinada, o aparecimento ou a reformulação de relações, instituições e ideologias, em conformidade com as suas determinações essenciais, isto é, em conformidade com as determinações resultantes dos processos econômicos e políticos que se desenvolvem a partir da nação dominante.

Durante a guerra fria, os grupos dominantes da região e dos Estados Unidos atuaram como sócios. O combate sistemático aos projetos nacionalistas e socialistas assumiu como bandeira o discurso ideológico do interesse nacional norte-americano.

Na América Latina, a defesa do capitalismo autônomo não teve na burguesia seu ator de vanguarda, mas foi assumida por organizações políticas, incluindo parte da esquerda, setores militares e trabalhadores, que apostaram no nacionalismo do empresariado.[2] Como bem sintetizou Eduardo Galeano, "são os sentinelas que abrem as portas" (1981, p.226).

---

2 Nacionalismo no sentido econômico, de acordo com a perspectiva adotada neste livro. Em termos culturais, os argumentos formulados por Mariategui em *Ponto de vista anti-imperialista*, tese apresentada na Primeira Conferência Comunista Latino-Americana, realizada em Buenos Aires em junho de 1929, guardam estreita relação com o contexto aqui analisado: "Em nossa

O combate sistemático promovido pelos setores favoráveis à internacionalização das economias, com o apoio dos Estados Unidos, trouxe como desdobramento o enfraquecimento do Estado. A opção frequente por regimes militares e a consequente instabilidade que marcou o funcionamento das instituições públicas, modeladas pela lógica da guerra fria, provocaram o encarceramento, a eliminação física e o êxodo de dirigentes políticos, sindicalistas, intelectuais e cientistas. Isso trouxe danos estruturais profundos, atingindo especialmente a formação de quadros técnicos para a administração pública, de quadros políticos para a gestão do Estado, a capacidade de planejamento e execução de políticas de desenvolvimento científico e tecnológico e de modernização do sistema educacional.

A esses problemas podemos acrescentar o sobredimensionamento das Forças Armadas não em razão de situações conflitivas entre os países da região, mas da interferência partidária na política interna, e a visão de curto prazo que caracterizou a atuação do setor privado, que não hesitou em apoiar regimes militares em nome da "democracia" e da "livre iniciativa".

---

discussão com os dirigentes do aprismo, reprovando sua tendência a propor, para a América Latina, um Kuomintang, como forma de evitar a imitação europeizante e acomodar a ação revolucionária a uma apreciação exata da nossa própria realidade, sustentávamos, há mais de um ano, a seguinte tese: 'A colaboração com a burguesia, e ainda de muitos elementos feudais, na luta anti-imperialista chinesa, explica-se por razões de raça, de civilização nacional que entre nós não existe. O chinês nobre ou burguês se sente entranhavelmente chinês. Ao desprezo do branco por sua cultura estratificada e decrépita, responde com o desprezo e o orgulho de sua tradição milenar. O anti-imperialismo na China pode, portanto, descansar no sentimento e no fator nacionalista. Na Indo-América, as circunstâncias não são as mesmas. A aristocracia e a burguesia *criollas* não se sentem solidarizadas com o povo pelo laço de uma história e de uma cultura comuns. No Peru, a aristocracia e o burguês brancos desprezam o popular, o nacional. Sentem-se, antes de tudo, brancos. O pequeno-burguês mestiço imita esse exemplo ... O fator nacionalista, por essas razões objetivas, não é decisivo nem fundamental na luta imperialista em nosso meio'" (1991, p.203-4).

Isolacionismo, hegemonia e equilíbrio do poder: o debate pós-guerra fria

Conforme analisamos no Capítulo 1, os discursos culturalistas do conflito pós-guerra fria dão um novo impulso ao debate sobre o interesse nacional, colocando no centro das dicotomias a oposição entre o Ocidente e o "resto", retomando a ideia oitocentista do "fardo do homem branco". Como aponta o relatório do encontro de Copenhague da Comissão Trilateral, as responsabilidades autoatribuídas pelo centro hegemônico são de grande alcance:

> Primeiro, somos todos países democráticos. Segundo, somos os três centros principais da economia internacional, com responsabilidades especiais com seu funcionamento sadio no interesse de todos os países. Terceiro, existem vastas responsabilidades políticas e com a segurança internacional que resultam da nossa preponderância no sistema internacional como um todo. (*Trialogue*, 1995, p.2)

Na perspectiva do governo Clinton, o momento internacional é único para colocar a política externa do país a serviço da promoção de valores "universais" de convívio humano. Em discurso na Câmara de Comércio sobre a importância da aprovação da "via rápida" na negociação de acordos comerciais, a secretária de Estado Madeleine Albright (1997, p.6) explicita a relação íntima entre a defesa desses valores e a projeção dos interesses nacionais do país.

> Desde que tomei posse, tenho enfatizado minha convicção de que os Estados Unidos têm uma oportunidade histórica de ajudar a aproximar o mundo em seu conjunto dos princípios básicos da democracia, mercados abertos, lei e compromisso com a paz. Se nós aproveitarmos essa oportunidade, poderemos garantir que nossa economia possa continuar crescendo, nossos trabalhadores terão acesso a empregos melhores e nossa liderança será sentida em qualquer lugar em que os interesses dos Estados Unidos estiverem envolvidos. Nós também estimularemos uma economia global em

expansão e a participação de mais países no sistema internacional, negando, desse modo, alimento às forças da violência extremista ... O melhor caminho para a nossa nação não é amaldiçoar a globalização, mas assumi-la. Porque nós temos a economia mais competitiva e a força de trabalho mais produtiva, estamos mais bem posicionados que qualquer outra nação para realizá-lo.

A ênfase na defesa de princípios não representa uma opção pela abordagem idealista das relações internacionais.[3] Para o governo Clinton, o primeiro eleito no contexto posterior ao fim da guerra fria, a defesa combinada da democracia e da liberdade de mercado, como fiadoras da paz mundial, expressa objetivos nacionais essencialmente realistas. Ao mesmo tempo em que legitima bandeiras ideológicas da guerra fria, delimita as fronteiras ideais e reais do convívio mundial na forma de governo e sistema

---

3 A abordagem idealista valoriza uma política externa voltada prioritariamente para propósitos éticos, respeitosa da legalidade e dos princípios da convivência e da cooperação entre as nações. Nos Estados Unidos, o principal expoente da defesa do idealismo nas relações internacionais foi o presidente Woodrow Wilson (1913-1920), que impulsionou a criação da Sociedade das Nações em 1920, precursora das Nações Unidas. Paradoxalmente, embora 63 países tenham aceitado ingressar na organização, o Senado dos Estados Unidos rejeitou a ratificação da iniciativa. Na política para a América Latina, não houve grandes mudanças. Com base num novo discurso que valorizava a intervenção como meio de proteção das nações americanas contra os inimigos da democracia, promoveu várias invasões militares na América Central, Caribe e México. Em 1915, a raiz da crise política desencadeada no Haiti pela derrocada do presidente Sam decreta a invasão militar e impõe uma Constituição que declara o país protetorado dos Estados Unidos, situação que se mantém até 1933. Em 1916, os fuzileiros navais ocupam a República Dominicana, onde permanecem por 8 anos. No Panamá, amplia a presença militar na zona do canal, enviando tropas em 1918. No México, promove uma intervenção militar em 1914, destinada a pacificar o conflito entre as facções políticas do então presidente Huerta e da oposição, liderada por Carranza. Em 1917, após o triunfo da revolução e a ascensão de Carranza à presidência, promove uma nova invasão para reprimir uma incursão das forças de Pancho Villa em território dos Estados Unidos, onde 35 cidadãos americanos foram mortos. (Boersner, 1990, cap.6)

econômico conhecidos como capitalismo liberal, colocando os Estados Unidos no centro desse sistema, como garantia de "que as conexões ao redor do centro, entre as regiões e as nações mais proeminentes, estejam fortes e seguras" (Albright, 1998a, p.10). Dessa perspectiva, a postura de princípios em relação aos países governados por partidos comunistas depende de um cálculo pragmático de perdas e danos, podendo justificar o bloqueio a Cuba, desrespeitando leis internacionais, ou a concessão de *status* comercial permanente e normal à China.

Num campo mais afastado dos discursos diplomáticos oficiais, existem divergências entre os intelectuais orgânicos do *establishment* em relação ao papel a ser assumido pelos Estados Unidos. Internacionalistas e isolacionistas se dividem em campos opostos entre a manutenção do ativismo nas relações internacionais e a retração para o âmbito doméstico, concentrando esforços no fortalecimento político, econômico e cultural da nação.

Nesta última posição se coloca Huntington (1997b, p.19), que busca na identidade cultural um ponto de apoio capaz de solidificar alianças políticas domésticas e internacionais que assegurem a sobrevivência do modo de vida ocidental, questionando a validade de estratégias orientadas por "grandes desígnios".

O interesse nacional está na contenção nacional, e este parece ser o único interesse que o povo americano está disposto a endossar nesse momento de sua história. Portanto, em vez de formular esquemas irrealistas para grandes empreendimentos no exterior, os responsáveis pela política externa poderiam muito bem se dedicar à elaboração de planos para reduzir o envolvimento americano nas questões mundiais, salvaguardando assim possíveis interesses futuros do país. Em algum momento do futuro, a combinação de ameaça à segurança e de desafio moral irá exigir que os americanos voltem a investir recursos volumosos na defesa dos interesses nacionais.

Embora um participante assíduo nos debates da Comissão Trilateral desde os passos iniciais, a atual posição de Huntington

Luis Fernando Ayerbe

destoa da abordagem internacionalista da organização. Como destaca Bill Emmott (1997, p.3), editor da revista *The Economist*, no relatório preparado para o encontro de 1997, em Tóquio:

> O professor Huntington coloca o Japão num grupo cultural diferente que o da América e da Europa; consequentemente, passa a sugerir que a aliança Trilateral não resistirá ... O pretexto é a ideia popular de que todas as culturas estão rápida, inevitável e mesmo entusiasticamente convergindo para os valores ocidentais, simbolizados pela Coca-Cola, mas tendo sua expressão formal consagrada pela democracia, o império da lei e os direitos humanos individuais. Ele rejeita essa ideia. Em lugar disso, argumenta que tais valores ocidentais são peculiares ao Ocidente, e não são universalmente aplicáveis. Além disso, considera que a crescente tentativa do Ocidente de expandir e impor esses valores em outras culturas será uma fonte provocadora de conflito.

A necessidade de uma postura ativista adequada aos novos desafios é defendida pelos críticos do isolacionismo, no entanto várias divergências importantes aparecem. Do ponto de vista teórico, a controvérsia se situa nos contornos do debate entre hegemonia e equilíbrio do poder.

Zalmay Khalilzad, da Rand Corporation,[4] considera a liderança global dos Estados Unidos a melhor alternativa para conter eventuais potências hostis e evitar o retorno do sistema multipolar anterior à Primeira Guerra Mundial. Para ele, o melhor dos mundos é aquele em que a liderança do país não tem rivais, por três razões:

> Primeiro, o ambiente global será mais aberto e mais receptivo aos valores americanos: democracia, mercados livres e império da lei. Segundo, esse mundo terá uma chance melhor de lidar coopera-

---

4 Khalilzad, atual assessor para temas de segurança nacional do presidente George W. Bush, dirigiu um dos programas do Projeto Força Aérea da Rand. O texto citado foi preparado para esse projeto.

tivamente com seus maiores problemas, como a proliferação nuclear, ameaça da hegemonia regional por Estados fora da lei, e conflitos de baixa intensidade. Finalmente, a liderança dos EUA ajudará a prever o crescimento de outro rival global hostil, capacitando os Estados Unidos e o mundo a impedirem outras guerras frias ou quentes, com todos os seus danos, incluindo uma barganha nuclear global. Isso é, portanto, mais útil para a estabilidade global do que um sistema de equilíbrio de poder bipolar ou multipolar.

James Kurth (1996, p.19), um dos mais radicais adeptos da tese do "choque de civilizações", defende, com base nas mesmas premissas de Huntington, uma postura oposta na atuação internacional dos Estados Unidos: "A América não é uma região natural, é uma nação artificial, uma nação que foi 'socialmente construída', que não cresceu organicamente. A América precisa também ser socialmente reconstruída periodicamente. De outra maneira, deixará de ser uma nação".

Historicamente, os desafios externos e domésticos à "doutrina americana" representaram elementos da coesão nacional. No novo quadro global, é "tarefa dos Estados Unidos ser o motor e o monitor da ordem internacional, assim como o modelo e o mentor para as esferas de influência regionais" (ibidem).

Defensor do equilíbrio do poder, Henry Kissinger[5] ironiza os elementos provincianos presentes no isolacionismo e na defesa de uma liderança global:

os isolacionistas e os missionários, tão contraditórios na superfície, exprimem uma convicção comum subjacente: que os Estados

---

5 De acordo com a definição de Kissinger (1994, p.20), "quando um grupo de Estados assim constituídos é obrigado a lidar com um outro, só há dois resultados possíveis: um Estado se torna tão forte que domina todos os outros e cria um império, ou nenhum Estado chega a ser suficientemente poderoso para realizar essa meta. No último caso, as pretensões do membro mais agressivo da comunidade internacional são mantidas sob controle pela combinação entre os outros; em outras palavras, pelo funcionamento do equilíbrio de poder".

Unidos são detentores do melhor sistema de governo do mundo, e que o resto da humanidade poderia atingir a paz e a prosperidade abandonando a diplomacia tradicional e adotando a reverência americana pela legalidade internacional e a democracia. (1994, p.18)

A linha de argumentação de Kissinger resgata as análises da época em que serviu a administração Nixon e se mantém próxima das abordagens da Comissão Trilateral. Para ele, a fragmentação e a globalização são as duas tendências principais do sistema internacional do século XXI, sugerindo uma postura de cooperação entre as principais potências.

No plano das relações entre Estados, a nova ordem ... terá no mínimo seis grandes poderes – Estados Unidos, Europa, China, Japão, Rússia e, provavelmente, a Índia –, assim como uma multiplicidade de países pequenos e medianos. Ao mesmo tempo, as relações internacionais tornaram-se verdadeiramente globais pela primeira vez. As comunicações são instantâneas, a economia mundial opera em todos os continentes simultaneamente. Tem surgido um conjunto de questões que só podem ser tratadas numa base mundial, tais como proliferação nuclear, meio ambiente, explosão populacional e interdependência econômica. (ibidem, p.23-4)

As divergências sobre o papel dos Estados Unidos no mundo refletem o desconcerto com as novas realidades geradas pela realização das duas grandes metas formuladas no final da Segunda Guerra Mundial: uma economia mundial aberta e a derrota da União Soviética.

De que maneira a prosperidade econômica, a coesão social e cultural, e a segurança territorial do Ocidente poderiam estar ameaçados num contexto em que 1. as organizações políticas que defendem programas anticapitalistas não contam com o respaldo de potências nucleares com ambições internacionais hegemônicas; 2. predominam nos movimentos sociais agendas centradas na bandeira da cidadania, acenando para reivindicações construtivas: democratização dos benefícios da prosperidade econômica e respeito à pluralidade política e cultural; 3. a maioria dos países desregulamenta seus mercados e abre suas portas ao capitalismo global?

Mais do que uma ordem a ser construída, as análises apresentadas expressam preocupações com a ordem a ser preservada, adotando um discurso ideológico que atribui aos países do capitalismo avançado (especialmente aos Estados Unidos) o papel de protetores da paz, da democracia, dos mercados abertos e do império da lei.

Referindo-se aos desdobramentos estratégicos dos atentados terroristas de 11 de setembro de 2001, Kissinger sintetiza bem essa perspectiva:

> O presidente George W. Bush declarou sabiamente que os ataques a Nova York e Washington equivaleram a uma declaração de guerra. E, numa guerra, não basta resistir – é essencial vencer ... Na medida em que esses fatos penetram na consciência do mundo democrático, os terroristas já perderam uma importante batalha. Nos Estados Unidos, vão enfrentar uma população unida e determinada a erradicar o mal do terrorismo custe o que custar. Na aliança ocidental, puseram fim à discussão sobre se ainda existe uma meta comum no mundo pós-guerra fria.

Defesa e segurança num mundo em transição: Estados Unidos e a percepção da América Latina

Em comparação com o período da guerra fria, o atual panorama mundial é percebido pelo *establishment* como menos conflitivo e perigoso. De acordo com estudo da Rand Corporation,

> os perigos são a exceção, não a regra: eles não dominam os assuntos mundiais porque surgem num sistema internacional cujas características estruturais são estáveis. Como resultado, os perigos de hoje podem sacudir e estremecer, mas não mantêm o mundo inteiro sob ameaça, num estado crônico de tensões e convulsões caóticas. (Kugler, 1995, p.2)

As estatísticas de incidentes terroristas do Departamento de Estado confirmam esse diagnóstico: entre 1981 e 1990, a média anual foi de 536, contra 417 entre 1991 e 2001. No caso específico dos atentados de 11 de setembro, seu maior impacto foi no número de vítimas, 3.315 só nos Estados Unidos, somando 4.142 no total mundial, contra 1.203 em 2000. Em termos de número de atentados, houve uma diminuição em relação a 2000, 348 contra 426 (U.S. Department of State, 2002). No entanto, um problema que adquire crescente importância é a prevenção de novos incidentes, tendo em vista a mudança no perfil do terrorismo, com a emergência dos fundamentalismos étnicos, e a existência de maiores facilidades de acesso a armas de destruição em massa, anteriormente restritas aos Estados.

A disseminação dos meios de comunicação eletrônica, o desenvolvimento de armas de alto poder de destruição e fácil manipulação por parte de atores não estatais com grande capacidade de mobilidade e difícil localização tendem a tornar mais vulneráveis os sistemas nacionais de defesa: "As ameaças mais imediatas que estão emergindo não são as da destruição societária, mas dos pequenos e danosos ataques, alguns dos quais podem originar-se de Estados ou grupos menos suscetíveis à 'lógica' custo-benefício da contabilidade baseada na teoria da dissuasão 'racional'" (Khalilzad & Lesser, 1998, p.18-9).

Em relação aos Estados, a emergência de um concorrente global dos Estados Unidos do porte da ex-União Soviética não representa uma preocupação substantiva. O Institute for National Strategic Studies (INSS), da National Defense University, vinculada ao Pentágono, considera quatro categorias de atores: 1. as democracias de mercado, que compõem o núcleo, com menos de 20% da população mundial e 80% da sua capacidade econômica, apresentadas como exemplo de associação positiva entre liberdade política, econômica e prosperidade; 2. os Estados em transição, nos quais Rússia, China e Índia ocupam lugar de destaque; esses Estados concentram a maioria da população mundial e sua evolução demonstrará em que medida o núcleo cresce e se fortalece com o ingresso de novos países ou tende a ficar estagnado e isolado; 3. Estados irresponsáveis, desgarrados do núcleo, pouco confiáveis, nos quais se destacam, no Relatório de 1999, Irã, Iraque, Coreia do Norte e Sérvia; 4. Estados em processo de falência desencadeado por conflitos internos. Exemplos recentes característicos são os casos de Somália, Haiti, Bósnia e Camboja (Institute for National Strategic Studies, 1999, cap.1).

Situações conflitivas em regiões onde se localizam Estados das categorias 3 e 4 poderão justificar intervenções militares "pacificadoras", como aconteceu no Golfo Pérsico em 1991 e nos Bálcãs em 1999, e no Afeganistão em 2001.

Fazendo uma sistematização das análises apresentadas sobre as fontes de conflito no mundo pós-guerra fria, podemos agrupar as ameaças em quatro categorias: 1. políticas de poder de potências hostis com capacidade de desencadear corridas armamentistas, disputas por recursos naturais, terrorismo, guerras; 2. instabilidade regional gerada pela desestruturação de países em razão de conflitos internos, especialmente os que têm como origem a politização de diferenças de origem étnica; 3. emigração em massa provocada por esses mesmos conflitos, pela pobreza ou por catástrofes naturais; 4. insegurança global por desequilíbrios no mercado financeiro, degradação do meio ambiente, disseminação de doenças, tráfico de drogas ou crescimento populacional descontrolado. Quando as ameaças são divididas por região, os potenciais de risco atribuídos à América Latina se situam nos itens 3 e 4.[6]

---

6 De acordo com estudo da Comissão Trilateral, apesar das pressões por maior consumo de recursos energéticos decorrente do substancial crescimento dos investimentos diretos favorecidos pelas reformas econômicas, a região é praticamente autossuficiente e não enfrentará nas próximas décadas problemas de abastecimento que possam gerar situações conflitivas (Martin et al., 1996, cap.6).

As contribuições latino-americanas para a desordem não se originam no ativismo político, ideológico ou cultural, portanto não representam uma ameaça ao Ocidente, elas tenderiam a ser um produto de elementos passivos, como resultado de uma falência sistêmica, originada numa inaptidão endêmica. Conforme mostramos no Capítulo 1, apesar do consenso em destacar como pontos positivos a democratização política, a liberalização econômica e as boas relações com os Estados Unidos, várias ressalvas permanecem. As principais preocupações com a segurança hemisférica estão associadas a fatores que podem afetar a governabilidade dos Estados latino-americanos: instabilidade econômica e excessiva dependência do financiamento externo; aumento da pobreza e da exclusão, que estimulam a migração interna em direção aos centros urbanos e externa em direção aos Estados Unidos; crescimento da criminalidade, especialmente do narcotráfico, com efeitos no aumento da corrupção e no enfraquecimento da capacidade coercitiva do poder público;[7] e exploração indiscriminada de recursos naturais não renováveis, facilitada pelas dificuldades de vigilância e controle enfrentadas pelos organismos governamentais.

Para Madeleine Albright:

> Hoje, com uma exceção solitária, todo governo do hemisfério é livremente eleito. Todas as grandes economias liberaram seus sistemas para o investimento e o comércio. Com o fim da guerra na

---

7 De acordo com o Institute for National Strategic Studies (199, p.XIV): "A América Latina é atualmente uma das regiões mais pacíficas do globo e está ganhando autonomia nos assuntos mundiais. No entanto, sérias dificuldades permanecem. As mudanças na economia hão perpetuado, e às vezes piorado, desigualdades sociais existentes há muito tempo. O crescimento populacional e a urbanização têm criado crescentes tensões. O crime organizado e os exportadores de drogas enraizaram suas bases. As guerrilhas e a violência local permanecem como problema em algumas áreas. Governos ineficientes, mesmo quando democráticos, têm provocado desilusões crescentes na população e desordem eleitoral".

Guatemala, a América Central está sem conflito pela primeira vez em décadas. Como mostram os recentes progressos na resolução das disputas fronteiriças entre Equador e Peru, as nações estão determinadas a viver em paz e segurança de um polo ao outro ... A despeito do progresso em várias áreas, a região ainda enfrenta sérios desafios. O crescimento populacional torna difícil traduzir o crescimento macroeconômico em padrões de vida mais elevados. Para muitos, os dividendos da reforma econômica ainda não são visíveis, diferentemente dos custos do acompanhamento das medidas austeras. A construção da democracia permanece em todos os países um trabalho em andamento, e a maioria deles necessita urgentemente de sistemas legais mais fortes e independentes. (1998b, p.18-9)[8]

Na visão de Elliot Abrams, com o fim da guerra fria, o conceito de Hemisfério Ocidental deve ser atualizado. A América Latina será um mercado cada vez mais importante para os produtos dos Estados Unidos e permanecerá como uma fonte de recursos energéticos. O crescimento populacional, com efeitos na imigração ilegal, e o tráfico de drogas representam aspectos preocupantes que justificam a manutenção do estado de alerta.

Pela primeira vez na história dos EUA, não há nenhuma ameaça de intervenção externa nesta região. A questão-chave que permanece é se os Estados Unidos irão reconhecer que, junto com a completa dominação econômica, militar e política, vem a responsabilidade de ajudar a manter a estabilidade na região, mais com ações preventivas do que curativas. (1993, p.55)[9]

---

8 No discurso citado anteriormente sobre o Fast-Track, a descrição dos problemas da região é mais explícita: "nossas iniciativas com o comércio são uma parte vital de um processo mais amplo de cooperação que inclui a luta contra o narcotráfico, o crime, a poluição, a imigração ilegal e outras ameaças ao bem-estar dos nossos cidadãos" (Albright, 1997, p.7).

9 O trecho citado é do *paper* escrito por Abrams para o projeto coordenado por Huntington no John Olin Institute de Harvard.

Thomas Hirschfeld e Benjamin Schwarz, da Rand Corporation, apresentam uma visão pessimista do futuro da região, relativizando, diferentemente de Abrams, sua relevância estratégica para os Estados Unidos. De acordo com Hirschfeld (1993), em relatório preparado para o Exército:

> Hoje, após bilhões em empréstimos, infinitas horas de assessoria, milhares de planos e uma população de qualificados e inteligentes graduados ocidentais em virtualmente todo governo latino, nós entendemos melhor os problemas, mas não temos soluções. (p.45)
>
> As principais ameaças aos interesses dos EUA na América Latina derivam da continuada estagnação econômica e do crescimento da população. Essa combinação conduz à luta civil, a regimes autoritários, desastres ecológicos, incremento da emigração e à relutância em abrir mão dos ganhos fáceis com drogas e armas. (p.53)

Para Schwarz (1994, p.269), os argumentos que combinam a instabilidade endêmica e a existência de interesses estratégicos como justificativa da assistência econômica e militar ao Terceiro Mundo perdem fundamento com o fim da guerra fria.

> Os interesses econômicos da América no Terceiro Mundo são, de fato, pequenos e estão diminuindo. Esses países simplesmente não produzem o suficiente para suprir o sangue vital da economia americana. O Terceiro Mundo inteiro, ao redor de 100 países incluindo os membros da Opep, representa menos de 20% do produto bruto global. A África tem um produto nacional bruto menor que o da Grã-Bretanha; toda a América Latina tem um PNB combinado menor do que a ex-Alemanha Ocidental ... O Terceiro Mundo, agora e no futuro previsível, não é a grande reserva de mercado disponível e a salvação potencial da indústria dos EUA, como acreditam os que propõem o engajamento em tempos de paz.

De acordo com esse diagnóstico, os interesses econômicos dos Estados Unidos nesses países passam a ser responsabilidade do setor privado, que deve assumir os riscos pelos seus investimentos, dissociando os negócios da ação militar, tendo em vista que o acesso aos mercados e aos recursos minerais está salvaguardado, independentemente das eventuais mudanças políticas internas: "Com poucas oportunidades para obter divisas e atrair investimentos, qualquer regime que assuma o poder no mundo subdesenvolvido, mesmo radical ou pouco amistoso, não poderá se dar ao luxo de ... negar o acesso das empresas americanas e dos bancos aos mercados e investimentos" (ibidem, p.271).

Na ausência de ameaças sistêmicas, as análises apresentadas divergem na caracterização do papel norte-americano na manutenção da estabilidade regional: um renovado Hemisfério Ocidental, com os Estados Unidos liderando o processo de homogeneização econômica e cultural do continente (Departamento de Estado, Abrams); um vizinho sem obrigações "assistencialistas", repassando ao setor privado e aos organismos multilaterais as decisões de ajuda ao desenvolvimento (Hirschfeld e Schwarz).

Apesar das diferenças de enfoque sobre os alcances do envolvimento oficial, não há divergência na caracterização do momento que vive a região. Com a derrota do comunismo, a liberalização das economias e o enfraquecimento político da "cultura da dependência", amadurecem as condições para a institucionalização do capitalismo liberal. Dessa perspectiva, as intervenções norte--americanas da guerra fria tiveram um sentido essencialmente pedagógico: delimitar as fronteiras do "mundo livre", vigiando e punindo os transgressores. Configurada a vitória, muda a agenda, e o programa educativo é adaptado aos novos desafios: assegurar condições de governabilidade econômica e política no processo de transição, promovendo a democracia, os mercados abertos, o império da lei e a resolução pacífica de conflitos.

A política externa se orienta claramente nessa direção. No plano da governabilidade econômica, os Estados Unidos promovem a continuidade das reformas liberalizantes e a integração comercial pela formação da Área de Livre-Comércio das Américas.

Luis Fernando Ayerbe

Como resultado das suas continuadas reformas baseadas no mercado, a América Latina tem sido relativamente bem-sucedida ante as crises financeiras globais;[10] nossas exportações para essa região continuaram crescendo mesmo durante os recentes períodos de turbulência. Para completar essa transformação, nós devemos seguir por nossa agenda de livre comércio. (Albright, 1999, p.4)

No plano da governabilidade política, promovem iniciativas voltadas para a prevenção e resolução de conflitos nos Estados e regiões com dificuldades de adaptação aos desafios da competitividade numa economia globalizada. Nessas iniciativas, o estímulo à formação de capital social assume destaque.

É atualmente um truísmo dizer que a democracia requer muito mais do que eleições. Ela requer estruturas legais que provejam justiça, partidos políticos que ofereçam alternativas, mercados que recompensem a iniciativa, polícias que sejam profissionais, e uma imprensa livre para fazer seus próprios julgamentos sobre o que é notícia.

O segundo truísmo é que a democracia deve achar suas raízes internamente. Mas os de fora podem ajudar a alimentar essas raízes ... Da Ásia para a África e os Andes, agências dos Estados Unidos e organizações não governamentais estão treinando juízes, projetando códigos de leis comerciais, ensinando as regras dos procedimentos parlamentares, sustentando esforços para proteger crianças e dar mais poder às mulheres, promovendo o desenvolvimento da mídia independente e também ajudando amigos nos detalhes práticos da construção da liberdade. (Albright, 1998c, p.63)

Nas políticas preventivas, cabe destacar a ênfase na educação, presente nas propostas aprovadas na Segunda Cúpula da Alca, em Santiago do Chile, de assegurar até 2010 o "acesso e

___

10 Refere-se às crises do México (1994-1995), Coreia (1997) e Rússia (1998).

permanência universal de 100% dos menores a uma educação primária de qualidade, e o acesso para pelo menos de 75% dos jovens à educação secundária de qualidade".[11]

O destaque à educação também está presente nas políticas de defesa. O objetivo é estreitar as relações entre civis e militares, superando o distanciamento provocado pela tradição militarista que prevaleceu na região até os anos 80, permitindo uma abordagem integrada dos problemas de segurança e defesa. Nesse campo, os programas de "Educação para a defesa" ganham impulso com a criação, em 1997, do Center for Hemispheric Defense Studies, no interior da National Defense University.

A missão do Centro é desenvolver especialidades civis em assuntos militares e de defesa, ministrando programas em nível de pós-graduação em planejamento e administração da defesa, liderança executiva, relações cívico-militares e operações entre agências. Os participantes dos programas do Centro são civis com funções relacionadas com a defesa, no Executivo, Legislativo ou com interesses relacionados à defesa no setor acadêmico, meios de comunicação ou setor privado, além de oficiais militares.[12]

Na resolução de conflitos, o objetivo é fortalecer a capacidade de ação dos Estados, promovendo a modernização e o aparelhamento do sistema judiciário e das forças de segurança, e estimulando mecanismos sub-regionais de intervenção, como aconteceu nos casos da guerra entre Peru e Equador e da crise desencadeada pelo assassinato do vice-presidente do Paraguai em 1998.

---

11 *Segunda Cumbre de las Américas, Plan de Acción*. Texto extraído da página da Organização dos Estados Americanos (OEA): <www.sice.oas.org/ftaa/ santiago/sapoa_sl.stm>.

12 Extraído da página do Center for Hemispheric Defense Studies: www.ndu. edu/chds.

As ameaças à segurança nacional não reconhecem fronteiras interestatais. O aspecto transnacional de problemas como a degradação ambiental, epidemias e exércitos privados aumenta a necessidade da cooperação multinacional ... Os Estados Unidos têm frequentemente tomado parte, compartilhando interesses e desejosos de ajudar, mas, cada vez mais, a instabilidade local é interesse dos Estados vizinhos, preocupados com o fato de que a insegurança em um país possa afetar o comércio internacional e os investimentos na sub-região. (Institute for National Strategic Studies, 1999, p.178)

Esquerda *versus* direita: fim da guerra fria, fim da história?

A luta de classes, que um historiador educado
por Marx jamais perde de vista, é uma luta pelas
coisas brutas e materiais, sem as quais não
existem as refinadas e espirituais.
(Benjamin, 1996, p.223.)

Tenho horror a todos os ofícios. Amos e
obreiros, todos camponeses ignóbeis. A mão com
a pena vale mais do que a mão com o arado.
– Que século de mãos!
(Rimbaud, 1973, p.202.)

A maioria dos críticos dos componentes autoritários presentes nos sistemas políticos do chamado "socialismo real" costuma deixar de lado um aspecto importante que contribuiu para o fortalecimento das tendências centralizadoras e repressivas nas organizações que assumiram o poder: o cerco imposto pelos países capitalistas, especialmente a partir de 1945, quando os Estados Unidos assumem a liderança mundial.

Evidentemente, em amplos setores da esquerda, independentemente da ameaça externa, esses sistemas foram apresentados como exemplo de uma forma superior de organização em relação ao capitalismo. No entanto, a realidade mostra que o socialismo conhecido é aquele que, desde 1917, dividiu seus esforços entre a sobrevivência em relação aos inimigos externos e a construção de uma sociedade que se pretendia mais justa e avançada.

A pressão do exterior nunca cessou; ao contrário, nos anos 80 o governo Reagan redobrou esforços para sufocar economicamente a União Soviética pelo estímulo à corrida armamentista. Nenhum sistema pode desenvolver suas potencialidades vivendo em clima de permanente conflito, que é justamente o mais favorável ao fortalecimento das tendências autoritárias existentes.

Como mostramos neste livro, o intervencionismo no exterior é um dos componentes essenciais do "modo de vida americano", e não existe restrição de meios quando se trata de defender o "interesse nacional". O otimismo do "fim da história", alimentado pela derrota da União Soviética, pela hegemonia do capitalismo liberal e pelo enfraquecimento da agenda anticapitalista da esquerda, não prescinde da manutenção do estado de alerta. Os desafios se situam nas fronteiras móveis com o Terceiro Mundo, onde se aglomera um conjunto heterogêneo de "civilizações", às quais se atribui uma história comum marcada pela incapacidade de gerar nações prósperas, democráticas e pacíficas.

Os discursos glorificadores da paz, do pluralismo e do respeito à legalidade, que estariam assegurados pela hegemonia dos Estados Unidos, primeira e última superpotência global, trazem embutidos os argumentos que legitimam a intervenção nos países onde a crise de governabilidade seja percebida como ameaçadora da estabilidade regional, principalmente nas áreas mais sensíveis do tabuleiro estratégico internacional.

Antes, durante e após a guerra fria, os Estados Unidos adotam, na caracterização e combate aos seus inimigos, a lógica da luta de classes, assumindo o princípio de que a realização plena dos objetivos de uma parte ("destino manifesto") pressupõe a

eliminação da outra parte ("Estados desgarrados da civilização").
Enquanto isso não se efetiva, a luta é permanente.

As disputas políticas entre os setores que colocam no centro
da sua atuação a superação de privilégios baseados em diferenças sociais, econômicas e étnicas e os que subordinam qualquer
mudança à conservação da ordem existente atualizam a histórica
dicotomia esquerda-direita.

A defesa da livre iniciativa, aplicada aos planos econômico, social, político e cultural, sancionada por leis que definam
condições de convivência nacional – baseadas no pluralismo e
alternância no poder – e internacional – com o respeito aos princípios de autodeterminação e não intervenção – é coerente com
o espírito libertário que sempre orientou parte importante da
esquerda. Acontece que os limites à livre iniciativa, no sentido
aqui definido, geralmente surgem quando interesses dominantes
são contrariados.

Reformas econômicas que promovam formas coletivas de
propriedade, amparadas na legalidade democrática, podem ser
percebidas como destruição do "modo de vida" por setores que
associam sua cidadania ao controle dos meios de produção. Da
mesma forma, o questionamento do monopólio da herança ocidental na definição da nacionalidade pode ser interpretado como
perda de identidade por grupos dominantes de países onde originalmente prevaleceu essa tradição.

A democracia liberal seria capaz de conviver com essas dimensões do exercício da livre iniciativa ou sucumbiria perante
novas versões do Estado de exceção, justificado como remédio
temporário para a restauração da ordem capitalista ameaçada pelo
"choque de civilizações"?

Da história contemporânea podemos extrair inúmeras ilus-
trações do que foi a atitude dos grupos dominantes perante as
reivindicações dos setores populares. Mesmo o sufrágio universal, grande bandeira das democracias liberais, foi conquistado
após décadas de violência, dada a intransigência das classes

proprietárias que temiam pelas consequências da participação das maiorias na política.

Seguindo a mesma tradição, o discurso da guerra cultural constrói novos argumentos para distinguir a "ordem" da "desordem". Ideias e atitudes que colocam em questão a universalidade dos valores ocidentais de convívio humano se transformam em potenciais inimigos da governabilidade global.

Conhecendo a história do século XX, não podemos subestimar o poder de arregimentação dos apelos do "retorno às raízes", que antecipam conflitos pela construção de ameaças aos valores ancestrais, principalmente em contextos como o atual, no qual o desemprego estrutural acentua os contrastes entre a realização e o fracasso, com a repercussão ampliada da sua visibilidade nos meios de comunicação globalizados.

Um dos aspectos que destacamos ao longo do livro é a preocupação permanente dos grupos dominantes dos Estados Unidos com a delimitação, integração e fortalecimento do espaço nacional. Nesse processo, a projeção do país nas relações internacionais é considerada como desdobramento natural e indispensável de um "destino manifesto".

Na busca de resultados, o pragmatismo prevalece sobre a ideologia. Embora a fidelidade aos princípios do capitalismo liberal seja sempre explicitada, existe atualmente uma clara preocupação com os efeitos locais desagregadores da realidade global. Intelectuais representativos do *establishment* conservador chamam a atenção para a necessidade de novas políticas de bem-estar social, com ações afirmativas que resgatem a cultura nacional, no mesmo momento em que o governo pressiona os outros países para que desregulamentem seus mercados e adotem os princípios da democracia liberal. Isso representa um claro exemplo de abordagem realista do interesse nacional: no âmbito doméstico, a proteção do espaço econômico e cultural, no âmbito internacional, o discurso da globalização.

Enquanto nos Estados Unidos os grupos dominantes se debatem em acirradas polêmicas sobre os novos significados do interesse nacional, os liberais da América Latina debocham do anacronismo de pensar a nação, um comportamento que consideram típico do nosso "perfeito idiota".

A construção de tipos ideais, com base na observação, no isolamento e na posterior associação de fenômenos considerados recorrentes, permite variadas aberturas na análise dos comportamentos regionais. Negligenciar a delimitação de interesses nacionais, renunciar à possibilidade de construir o próprio caminho e diluir-se acriticamente no olhar externo representam posturas características do folclórico liberal latino-americano.

Contrariamente à ideologia hegemônica, recuperar a ideia da América Latina como o centro onde nos enriquecemos e nos protegemos do mundo continua sendo uma opção estratégica. Obviamente, as formas políticas podem ser variadas, expressão de diferentes identidades e interesses de classe, mas com um referencial permanente comum: o fortalecimento dos espaços nacionais. Sem pretensões hegemônicas, preparando um século XXI em que prevaleça não o conflito, mas o diálogo entre as civilizações.

A construção do próprio caminho, sem fundamentalismos nem vocações autárquicas, representa um desafio gigantesco. Neste livro, a contribuição pretendida foi menos ambiciosa: analisar uma trajetória histórica e um olhar externo que estimulam um dos componentes importantes da busca da identidade: o sentimento da solidão.

Referências bibliográficas

ABRAMS, E. The American Hemisphere After the Cold War. *Working Paper, John M. Olin Institute for Strategic Studies, Harvard University (Cambridge)*, v.5, 1993.

ADAMS, W. P. *Los Estados Unidos de América*. Ciudad de México: Siglo XXI, 1979.

AMENT, G. *El Gran Negocio del Narcotráfico*. Buenos Aires: Ediciones del Pensamiento Nacional, 1989.

ALBRIGHT, M. Fast-Track Trade Negociating Authority: Essential for America. *Dispatch. (Washington)*, Nov. 1997.

_____. Foreign Policy: Strategic Goals. *Dispatch. (Washington)*, Apr. 1998a.

_____ . Ensuring Foreign Policy Tools that Sustain American Leadership. *Dispatch. (Washington)*, Apr. 1998b.

_____. The Testing of American Foreign Policy. *Foreign Affairs (New York)*, v.77, n.6, 1998c.

_____ . US Foreign Operations Budget. *Dispatch. (Washington)*, Jun. 1999.

AMSDEM, A. M. Crecimiento y Estabilización en Corea, 1962-1984. *El Trimestre Economico (Ciudad de México)*, v.219, 1988.

APPLEBY, J. et al. (Ed.) *Knowledge and postmodernism in historical perspective.* New York: Routledge, 1996.

ANTIÁSOV, M. *Panamericanismo*: Doctrina y Hechos. Moscou: Progreso, 1986.

ARRIGHI, G. *O longo século XX.* São Paulo: Editora Unesp, 1996.

ARON, R. *Paz e guerras entre as nações.* Brasília: UnB, 1979.

_____. *Memórias.* Rio de Janeiro: Nova Fronteira, 1986.

ASSMANN, H. et al. *A Trilateral*: nova fase do capitalismo mundial. Petrópolis: Vozes, 1986.

AYERBE, L. F. *Neoliberalismo e política externa na América Latina.* Uma análise a partir da experiência Argentina recente. São Paulo: Editora Unesp, 1998.

BANDEIRA, M. *Brasil-Estados Unidos*: a rivalidade emergente (1950-1988). Rio de Janeiro: Civilização Brasileira, 1989.

BARRACLOUG, G. *Introdução à história contemporânea.* São Paulo: Abril Cultural, s.d.

BEAUD, M. *História do capitalismo* – de 1500 aos nossos dias. São Paulo: Brasiliense, 1987.

BÉJAR, M. D., BIANCHI, S. Reagan, los neoconservadores en Estados Unidos. In: PLÁ, A. J. (Org.) *História del América Latina en el siglo XX.* Buenos Aires: Centro Editor de América Latina, 1986a. (Coleção em fascículos).

BELL, D. et al. (Ed.) *Towards Illiberal Democracy in Pacific Asia.* New York: Macmillan Press, 1995.

BENACKOUCHE, R. *Acumulação mundial e dependência.* Petrópolis: Vozes, 1980.

BENJAMIN, W. *Obras escolhidas.* São Paulo: Brasiliense, 1996. v.1.

BETHELL, L. *Latin America Economy and Society since 1930.* New York: Cambridge University Press, 1998a.

_____. *Historia de América Latina.* México y El Caribe desde 1930. Barcelona: Crítica-Grijalbo Mondadori, 1998b.

BEYHAUT, G., BEYHAUT, H. *América Latina: de la independencia a la Segunda Guerra Mundial.* Madrid: Siglo XXI, 1985.

BIANCO, L. *Asia contemporanea*. Ciudad de México: Siglo XXI, 1987.

BITAR, S. *Transição, socialismo e democracia*. Chile com Allende. Rio de Janeiro: Paz e Terra, 1980.

_____. La inversión norteamericana en el Grupo Andino. *El Trimestre Económico* (Cuidad de México), n.206, 1985.

BOERSNER, D. *Relaciones internacionales de América Latina*. Caracas: Nueva Sociedad, 1990.

BRESSER PEREIRA, L. C. (Org.) *O populismo econômico*. São Paulo: Nobel, 1991.

BROWN, M. B. *A economia política do imperialismo*. Rio de Janeiro: Zahar Editores, 1978.

BRZEZINSKI, Z. *El gran tablero mundial*. La supremacía estadounidense y sus imperativos geoestratégicos. Buenos Aires: Paidós, 1998.

CALDERON, F. (Org.) *Hacia un nuevo orden estatal en América Latina*. Buenos Aires: Clacso. 1988. v.4.

CANUTO, O., MOURA FERREIRA JÚNIOR, H. Coreia do Sul e Taiwan: aspectos histórico-estruturais e política industrial. In: Seade – Instituto de Economia Unicamp. *Reestruturação industrial e competitividade internacional*. São Paulo: Fundação Seade, 1989.

CARDOSO, C. F., BRIGNOLI, H. *História econômica de América Latina*. Rio de Janeiro: Graal, 1984.

CARDOSO, E., HELWEGE, A. *A economia da América Latina*. São Paulo: Ática, 1993.

CARDOSO, F. H. *As ideias e seu lugar*. Petrópolis: Vozes, 1993.

CARDOSO, F. H., FALETTO, E. *Dependência e desenvolvimento na América Latina*. Rio de Janeiro: Zahar, 1981.

CARNEIRO, R. (Org.) *A heterodoxia em xeque*. São Paulo: Bienal, Editora da Unicamp, 1988.

CASTAÑEDA, J. G. *Che Guevara*. A vida em vermelho. São Paulo: Companhia das Letras, 1997.

CASTRO TATO, M. Características principales del desarrollo industrial de Cuba en el periodo de 1975 a 1985. *Economia y Desarrollo (La Habana)*, v.98, mayo-jun. 1987.

CASTRO, F. *La crisis económica y social del mundo*. La Habana: Oficina de Publicaciones del Consejo de Estado, 1983.

CERESOLE, N. (Org.) *Peru: Sendero Luminoso, Ejército y Democracia.* Madrid: El Dorado, 1987.

CHASE, R. S. et al. Pivotal States and U.S. Strategy. *Foreign Affairs (New York),* v.75, n.1, 1996.

CHÂTELET, F. et al. *História das ideias políticas.* Rio de Janeiro: Zahar Editores, 1983.

CHAVEZ ALVAREZ, M. G. Drogas: O poder paralelo. *Cadernos do Terceiro Mundo (Rio de Janeiro),* v.113, 1988.

CHESNAIS, F. *A mundialização do capital.* São Paulo: Xamã, 1996.

CIA. Research Reports, Latin America, 1946-1976 (microfilmes). Editado por Paul Kesaris. Frederick: University Publications of America, Inc., 1982. 5 rolos.

CLAIRMONTE, F. F., CAVANAGH, J. H. El poderio estadounidense en medio a la borrasca mundial. *Le Monde Diplomatique (Buenos Aires),* v.19, abr.-mayo 1988.

CLERC, D. La primera de las injusticias: la disparidad de ingressos. *Le Monde Diplomatique (Buenos Aires),* v.23, sept.-oct. 1988.

COMISION ECONOMICA PARA AMERICA LATINA Y CARIBE (CEPAL). *Balance preliminar de la economia latinoamericana.* Santiago de Chile: Cepal, 1990.

_____. *Balance preliminar de la economia latinoamericana.* Santiago de Chile: Cepal, 1994.

_____. *Notas sobre la economia y el desarrollo.* Santiago de Chile: Cepal, ago.-set. 1996.

COMMENTARY. The National Prospect. A Symposium. New York, Nov. 1995.

CONSTITUCIÓN DE LA REPÚBLICA DE CUBA. La Habana: Ciencias Sociales, 1981.

COTLER, J. Peru: Estado oligárquico e reformismo militar. In: GONZALES CASANOVA, P. (Org.) *América Latina.* História de meio século. Brasília: Editora da UnB, 1986. v.II.

_____. Intervenções militares e "transferências do poder aos civis" no Peru. In: O'DONNELL et al. *Transições do regime autoritário.* América Latina. São Paulo: Vértice, 1988.

COX, R. Gramsci, Legemany and international relations: an essay in method. In: GILL, S. (Ed.) *Gramsci, Historical Materialism and International Relations.* New York: Cambridge University Press, 1993.

CUMMINGS. The origins and Development of the Northeast Asian Political Economy. In: DEYO, E. C. (Org.) *The Political Economy of New Asian Industrialism*. Ithaca: Cornell University Press, 1987. p.44-83.

DAVIS, P. (Ed.) *New challenges for Defense Planning*. Rethinking How much is enough. Santa Monica: Rand, 1994.

DE BRIE, C. Las fantásticas fortunas de la "Revolución Conservadora". *Le Monde Diplomatique (Buenos Aires)*, v.32, set.-oct. 1989.

DE LEON, A. Truman, La guerra fria. In: PLÁ, A. J. (Org.) *História de América Latina en el siglo XX*. Buenos Aires: Editor de América Latina, 1986. (Coleção em fascículos).

DEL CAMPO, H. Villarroel – Ejército y nacionalismo en Bolívia. In: PLÁ, A. J. (Org.) *História de América Latina en el siglo XX*. Buenos Aires: Centro Editor de América Latina, 1986. (Coleção em fascículos).

DELPIROU, A., LABROUSSE, A. *Coca Coke*: produtores, consumidores, traficantes e governantes. São Paulo: Brasiliense, 1988.

DENNY, B. C. *Sistema de gobierno y política exterior de los Estados Unidos*. Buenos Aires: Grupo Editor Latinoamericano, 1986.

DEYO, E. C. (Org.) *The Political Economy of New Asian Industrialism*. Ithaca: Cornell University Press, 1987.

DIAZ VAZQUEZ, J. A. La participación de Cuba en los mecanismos de integración económica socialista. *Economia y Desarrollo (La Habana)*, v.86-87, mayo-ago.1985.

DIETERICH, H. *Noam Chomsky habla de América Latina*. Buenos Aires: Política, 1998.

DI FRANCO, A. Alan Garcia Perez. Una nueva fase del Apra en el Perú. In: PLÁ, A. J. (Org.) *História de América Latina en el siglo XX*. Buenos Aires: Centro Editor de América Latina, 1986a. (Coleção em fascículos).

_____. Paz Estenssoro. In: PLÁ, A. J. (Org.) *História de América Latina en el siglo XX*. Buenos Aires: Centro Editor de América Latina, 1986a. (Coleção em fascículos).

DORNBUSCH, R. EDWARDS, S. O populismo macroeconômico na América Latina. In: BRESSER PEREIRA, L. C. (Org.) *O populismo econômico*. São Paulo: Nobel, 1991.

DOMINGUEZ, J. Cuba. 1959-1990. BETHELL, L. (Ed.) História de América Latina. México y El Caribe desde 1930. Barcelona: Crítica – Grijalbo Mondadori, 1998b.

DONGHI, T. H. *História Contemporanea de América Latina*. Buenos Aires: Alianza Editorial, 1992.

DOUGHERTY, J. E., PFALTZGRAFF, R. L. *Teorias en pugna en las relaciones internacionales*. Buenos Aires: Grupo Editor Latinoamericano, 1993.

DRAIBE, S., HENRIQUE, W. "Welfare State", crise e gestão da crise: um balanço da literatura internacional. *Revista Brasileira de Ciências Sociais (São Paulo)*, v.3., n.6, 1988.

DREIFUSS, R. *A Internacional Capitalista*. Petrópolis: Vozes, 1986.

EDELMAN, M. W. Children and Families. *Trialogue (New York)*, v.47, 1993.

ELQUETA, B., CHELÉN, A. R. Breve história de meio século no Chile. In: GONZALES CASANOVA, P. (Org.) *América Latina*. História de meio século. Brasília: Editora da UnB, 1986. v.II.

EMMOTT, B. et al. Managing the International System Over the Next Ten Years. A report to the Trilateral Commission. *Triangle Papers (New York)*, v.50, 1997.

ERISMAN, M. H. *Evolving U.S./Cuban Relations and the Impact of International Considerations on Washington's Policy*. Washington: 19th International Congress of the Latin American Studies Association -(LASA), 1995. (Mimeogr.).

FAJNZYLBER, F. *La industrialización trunca en América Latina*. Buenos Aires: Centro Editor de América Latina, 1984.

FALCO, M. America' s Drug Problem and Its Policy of Denial. *Current History (Washington)*, v.97, n.618, Apr. 1998.

FALCOFF, M. Why We Were in Central America. *Commentary (New York)*, May 1999.

FAUSTO, B. (Org.) *O Brasil republicano. História geral da civilização brasileira*. Economia e cultura (1930-1964). São Paulo: Difel, 1976. t.III, v.IV.

FERNANDES, F. *Da guerrilha ao socialismo*: a Revolução Cubana. São Paulo: T. A. Queiroz, 1979.

FERNANDEZ, A., PLA, L. El comercio exterior y la construción del socialismo en Cuba. *Economia y Desarrollo (La Habana)*, v.90, ene.--feb. 1986.

FLORES, V. Entrevista con el presidente de Chile. *Revista Mexicana de Ciência Política (Ciudad de México)*, v.69, 1972.

FUKUYAMA, F. *O fim da história e o último homem*. Rio de Janeiro: Rocco, 1992.

_____ . *Confiança, As virtudes sociais e a criação da prosperidade*. Rio de Janeiro: Rocco, 1996.

_____ . Second Thoughts. The Last Man in a Bottle. *The National Interest (Washington)*, Summer, 1999.

GABAY, M., GUTIERREZ, C. M. *Integración latinoamericana?* De la alianza para el progreso a la OLAS. Montevideo: Cruz del Sur, 1967.

GALEANO, E. *As veias abertas da América Latina*. Rio de Janeiro: Paz e Terra, 1981.

GARCIA, M. La industrialización de la economia cubana considerando su integración a la comunidad socialista. *Economia y Desarollo (La Habana)*, v.101, nov.-dic. 1987.

GARRETÓN, M. *El proceso político chileno*. Santiago de Chile: Flacso, 1983.

GERMANO, C. Capas medias y poder en el Peru. *Revista Mexicana de Sociologia (Ciudad de México)*, v.43, n.3, 1981.

GILL, S. *American Hegemony and the Trilateral Commission*. New York: Cambridge University Press, 1990.

_____ . (Ed.) *Gramsci, Historical Materialism and International Relations*. New York: Cambridge University Press, 1993.

GILPIN, R. *La economia política de las relaciones internacionales*. Buenos Aires: Grupo Editor Latinoamericano, 1990.

GODSON, R. et al. (Org.). *US Intelligence at the Crossroads*: Agendas for Reform. Washington: Brassey's, 1995.

GONZALES CASANOVA, P. (Org.) *América Latina*. História de meio século. Brasília: Editora da UnB, 1986. 2v.

GRONDONA, M. *Las condiciones culturales del desarrollo económico*. Buenos Aires: Ariel-Planeta, 1999.

HARRIS, R., VILAS, C. (Org.) *La revolución en Nicaragua*. México: Ediciones Era, 1985.

HARRISON, L. E. *Who Prospers? How Cultural Values Shape Economic and Political Success*. New York: Basic Books, 1992.

_____ . *The Pan-American Dream*. New York: Basic Books, 1997.

HELD, D. *La Democracia y el orden global*. Barcelona: Paidós, 1997.

HIRSCHFELD, T. J. *The Declining Threat to U.S. Interests*. Santa Monica: Rand, 1993.

HIRST, M. (Comp.) *Continuidad y cambio en las relaciones América Latina/ Estados Unidos*. Buenos Aires: Grupo Editor Latinoamericano, 1987.

HOBSBAWM, E. *A era dos impérios*. 1875-1914. Rio de Janeiro: Paz e Terra, 1988.

_____. *A era dos extremos*. São Paulo: Companhia das Letras, 1995.

HOFFMANN, B. Helms-Burton a perpetuidad? Repercusiones y perspectivas para Cuba, Estados Unidos y Europa. *Nueva Sociedad (Caracas)*, v.151, 1997.

HUNTINGTON, S. The Clash on Civilizations? *Foreign Affairs (New York)*, v.72, n.5, 1993.

_____. *O choque de civilizações e a recomposição da ordem mundial*. São Paulo: Objetiva, 1997a.

_____. A erosão dos interesses nacionais dos Estados Unidos. Foreign Affairs. In: *Gazeta Mercantil*, São Paulo, 12 de set. 1997b.

IANNI, O. *Imperialismo na América Latina*. Rio de Janeiro: Civilização Brasileira, 1988.

IBARRA, D., MATTAR, J. La economia de Cuba. *Revista de la CEPAL (Santiago de Chile)*, v.66, 1998.

INSTITUTE FOR NATIONAL STRATEGIC STUDIES (INSS). *Strategic Assessment 1999. Priorities for a Turbulent World*. Washington: US National Defense University, Government Printing Office, 1999.

JAMESON, F., ZIZEK, S. *Estudios culturales*. Reflexiones sobre el multiculturalismo. Buenos Aires: Paidós, 1998.

KAPLAN, M. Cinquenta anos de história argentina (1925-1975): o labirinto da frustração. In: GONZALES CASANOVA, P. (Org.) *América Latina*. História de meio século. Brasília: Editora da UnB, 1986. 2v.

KAUPPI, M. Terrorism and National Security. *National Security Quarterly. (Washington)*, Autumn, 1998.

KAY, C. El desarollo del capitalismo agrario y la formación de una burguesia agraria en Bolivia, Peru y Chile. *Revista Mexicana de Sociologia (Ciudad de México)*, v.4, 1982.

KENNEDY, J. F. Alliance for progress Address to Latin American Diplomats 19 March 1961. In: MAY, E. (Org.) *Os grandes debates da política exterior norte-americana*. Rio de Janeiro: Record, 1964.

KENNEDY, P. *Ascensão e queda das grandes potências*. Rio de Janeiro: Campus, 1989.

_____ . *Preparando para o século XXI*. Rio de Janeiro: Campus, 1993.

KEOHANE, R. O., MILNER, H. V. (Org.) *Internationalization and Domestic Politics*. New York: Cambridge University Press, 1996.

KHALILZAD, Z. *From Containment to Global Leadership?*: America and the World After the Cold War. Santa Monica: Rand, 1995.

KHALILZAD, Z., LESSER, I. *Sources of Conflict in the 21st Century*. Regional Futures and US Strategy. Santa Monica: Rand, 1998.

KINZER, S., SCHLESINGER, S. *Fruta amarga*. La CIA en Guatemala. Ciudad de México: Siglo XXI, 1982.

KISSINGER, H. *Mis memorias*. Buenos Aires: Atlántida, 1979.

_____ . *Diplomacy*. New York: Simon & Schuster, 1994.

_____ . Ataque terrorista exige nova resposta. *Folha de S.Paulo*, São Paulo, 20.9.2001.

KRISTOL, I. *Neoconservatism*. The Autobiography of an Idea. New York: The Free Press, 1995.

KRYZANEK, M. J. *Las estratégias políticas de Estados Unidos en América Latina*. Buenos Aires: Grupo Editor Latinoamericano, 1987.

KUGLER, R. *Toward a Dangerous World*. US National Security Strategy for the Coming Turbulence. Santa Monica: Rand, 1995.

KURTH, J. The Clash in Western Society. *Current (Washington)*, Jan. 1995.

_____ . America's Grand Strategy. A Pattern of History. *The National Interest (Washington)*, v.43, 1996.

LANDES, D. *A riqueza e a pobreza das nações*. Rio de Janeiro: Campus, 1998.

LANUS, A. *De Chapultepec al Beagle*. Política Exterior Argentina: 1945-1980. Buenos Aires: EMECÉ, 1984.

LE BOT, Y. *Subcomandante Marcos*. El sueño zapatista. Ciudad de México: Plaza & Janés, 1997.

LEIVA, P. América Latina a fines de la década de los ochenta. In: MUÑOZ, M. (Comp.) *Anuario de políticas exteriores latinoamericanas, 1989-1990*. Caracas: Editorial Nueva Sociedad, 1990.

LENIN, V. I. *Imperialismo fase superior do capitalismo*. São Paulo: Global, 1979.

LESCE, E. Juan Bosch. In: PLÁ, A. J. (Org.) *História de América Latina en el siglo XX*. Buenos Aires: Centro Editor de América Latina, 1986. (Coleção em fascículos).

LEVER, H., HUHNE, C. *A dívida perigosa*. São Paulo: Vértice, 1987.

LÓPEZ, F. Innovaciones políticas, económicas y sociales 1980-1987: el caso de Nicaragua. In: CALDERON, F. (Org.) *Hacia un nuevo orden estatal en América Latina*. Buenos Aires: Clacso, 1988. v.4.

MADALENGOITIA, L. V. Las relaciones Perú–Estados Unidos: una visión desde el Perú. In: HIRST, M. (Comp.) *Continuidad y Cambio en las relaciones América Latina/Estados Unidos*. Buenos Aires: Grupo Editor Latinoamericano, 1987.

MAGDOFF, H. *A era do imperialismo*. São Paulo: Hucitec, 1979.

MAGDOFF, H., SWEEZY, P. *A crise do capitalismo americano*. Rio de Janeiro: Zahar Editores, 1982.

MALAN, P. S. Relações econômicas internacionais do Brasil (1945-1964). In: FAUSTO, B. (Org.) *O Brasil Republicano*. História geral da civilização brasileira. Economia e cultura (1930-1964). São Paulo: Difel, 1976, t.III, v.IV.

MARIATEGUI, J. C. *Textos básicos*. Lima: Fondo de Cultura Económica, 1991.

MARTIN, W. et al. Maintaining Energy Security in a Global Context. A report to the Trilateral Commission. *Triangle Paper (New York)*, v.48, 1996.

MAY, E. (Org.) *Os grandes debates da política exterior norte-americana*. Rio de Janeiro: Record, 1964.

MAY. E. Intelligence: Backing into the future. In: GODSON, R. et al. (Org.) *Intelligence at the Crossroads*: Agendas for Reform. Washington: Brassey's, 1995.

MENDOZA, A. P. et al. *Manual do perfeito idiota latino-americano*. Rio de Janeiro: Bertrand Brasil, 1997.

MESA-LAGO, C. Los planes quinquenales de desarrollo en Cuba (1976-80 y 1981-85): comparación, evaluación y perspectiva. *Desarollo Económico (Buenos Aires)*, v.22, n.87, 1982.

MINSBURG, N. *Capitales estranjeros y grupos dominantes argentinos*. Buenos Aires: Centro Editor de América Latina, 1987. v.1.

MOFFIT, M. *O dinheiro no mundo*. Rio de Janeiro: Paz e Terra, 1984.

MORALES DOMINGUEZ, E., PONS DUARTE, H. Embargo o bloqueo?, compensación?: aspectos económicos del conflito bilateral Cuba--Estados Unidos. Primera parte. *Economia y Desarollo (La Habana)*, v.101, nov.-dic. 1987.

_____. Embargo o bloqueo? Segunda parte. *Economia y Desarollo (La Habana)*, v.1, ene-feb. 1988.

MORRIS, R. *Documentos básicos de história dos Estados Unidos*. Rio de Janeiro: Fundo de Cultura, 1956.

MÜLLER, G. *Introdução à economia mundial contemporânea*. São Paulo: Ática, 1987.

MUÑOZ, M. (Comp.) *Anuario de políticas exteriores latinoamericanas, 1989-1990*. Caracas: Editorial Nueva Sociedad, 1990.

NATHAN, J. A., OLIVER, J. K. *Efectos de la política exterior norteamericana en el orden mundial*. Buenos Aires: Grupo Editor Latinoamericano, 1991.

NÉRÉ, J. *História contemporânea*. São Paulo: Difel, 1981.

NEUBERGER, G., OPPERSKALSKI, M. *La CIA en Centroamérica y el Caribe*. La Habana: José Martí, 1985.

NORTH, D. *Institutions, institutional change and economic performance*. New York: Cambridge University Press, 1990.

O' DONNEL, G. Estado e alianças na Argentina. In: PINHEIRO, P. S. (Org.) *O Estado na América Latina*. Rio de Janeiro: Paz e Terra, 1977.

O'DONNELL, G. et al. *Transições do regime autoritário*. América Latina. São Paulo: Vértice, 1988.

OFFE, C. *Problemas estruturais do estado capitalista*. Rio de Janeiro: Tempo Brasileiro, 1984.

OLIVEIRA, F. O surgimento do antivalor. *Novos Estudos (São Paulo)*, v.22, 1988.

OSS/STATE DEPARTMENT. *Intelligence and Research Reports, Latin America*: 1941-1961 (microfilmes). Editado por Paul Kesaris. Washington: University Publications of America INC., s.d. 10 rolos.

PALLOIX, C. *A economia mundial capitalista*. Lisboa: Stampa, 1972. 2v.

PEIXOTO, F. *Documento secreto da política Reagan para América Latina*. São Paulo: Hucitec, 1981.

PEÑA, M. *Massas, caudillos y elites – La dependéncia argentina de Irigoyen a Perón*. Buenos Aires: Ediciones Fichas, 1973.

PERALTA RAMOS, M. *Acumulación de capital y crisis política em Argentina (1930-1974)*. Ciudad de México: Siglo XXI, 1978.

PINHEIRO, P. S. (Org.) *O Estado na América Latina*. Rio de Janeiro: Paz e Terra, 1977.

PLÁ, A. J. (Org.) *História de América Latina en el siglo XX*. Buenos Aires: Centro Editor de América Latina, 1986a. (Coleção em fascículos).

PLÁ, A. J. Velasco Alvarado. El nuevo nacionalismo en el Perú. In:____. (Org.) *História de América Latina en el siglo XX*. Buenos Aires: Centro Editor de América Latina, 1986b. (Coleção em fascículos).

POLLARD, R. A. *La seguridad económica y los orígenes de la Guerra Fria*. Buenos Aires: Grupo Editor Latinoamericano, 1990.

PONS, M. La República Dominicana, 1930-1990. In: BETHELL, L. (Ed.) *História de America Latina*. Mexico y El Caribe desde 1930. Barcelona: Crítica – Grijalbo Mondadori, 1998b.

POPE ATKINS, G. *América Latina en el sistema politico internacional*. Buenos Aires: Grupo Editor Latinoamericano, 1991.

PORTALES, C. (Org.) *El mundo en transición y América Latina*. Buenos Aires: Grupo Editor Latinoamericano, 1989.

PORTOCARRERO, F. El estado y el capital internacional en el Peru. *Revista Mexicana de Sociologia (Ciudad de México)*, v.40, n.3, 1978.

PRESSER, M. F. A crise nas bolsas de valores internacionais como reflexo da crise do dólar. In: CARNEIRO, R. (Org.) *A heterodoxia em xeque*. São Paulo: Bienal, Editora da Unicamp, 1988.

PUTNAM, R. *Comunidade e democracia, a experiência da Itália moderna*. Rio de Janeiro: Fundação Getulio Vargas, 1996.

REYNOLDS, C. W. Reforma social y deuda externa: el dilema peruano. *El Trimestre Económico (Ciudad de México)*, v.XLV, n.179, jul.-set. 1978.

RIMBAUD, J. A. Una temporada en el infierno. In:____. *Obra poética*. Buenos Aires: Efece, 1973.

ROBERTSON, R. M. *História da economia americana*. Rio de Janeiro: Record, 1967. v.2.

ROCKEFELLER, N. A. *A qualidade de vida nas Américas*. Relatório da missão presidencial dos Estados Unidos da América. 1969. In: SELSER, G. *Los cuatro viajes de Cristobal Rockefeller*. Buenos Aires: Hernandez Editor, 1971.

RODRIGUEZ, G. M. *El proceso de industrialización de la economia cubana*. La Habana: Ed. de Ciencias Sociales, 1980.

RODRIGUEZ, G. M. Apuntes sobre el desarrollo industrial de Cuba (1976-1985) y sus perspectivas. *Economia y Desarrollo (La Habana)*, v.99, jul.-ago. 1987.

RODRIGUEZ DÍAZ, M. *El destino manifiesto en el discurso político norte-americano (1776-1849)*. Morélia: Instituto de Investigaciones Históricas, Universidad Michoacana, 1997.

RUBIAL, B. Arbenz – Revolución en el império del banano. In: PLÁ, A. J. (Org.) *História de América Latina en el siglo XX*. Buenos Aires: Centro Editor de América Latina. (Coleção em fascículos).

RUSSELL, R. (Org.) *El sistema internacional y América Latina*. La agenda internacional en los años 90. Buenos Aires: Grupo Editor Latino--americano, 1990.

SABATO, J., SCHVARZER, J. *Funcionamiento de la economia argentina*: trabas para la democracia. Buenos Aires: Cisea, 1983.

SACHS, J. D. Conflito social e políticas populistas na América Latina. In: BRESSER PEREIRA, L. C. (Org.) *O populismo econômico*. São Paulo: Nobel, 1991.

SADER, E. Nicarágua: O peso da guerra. *Tempo e Presença (São Paulo)*, v.240, 1989.

SCENNA, M. A. *Como fueron las relaciones Argentino-norteamericanas*. Buenos Aires: Plus Ultra, 1970.

SCHWARTZ, G. Abertura não reduz pobreza, diz Bird. *Folha de S.Paulo*, São Paulo, 16 set. 1999.

SCHWARZ, B. C. *A Dubious Strategy in Pursuit of a Dubious Enemy*: A Critique of U.S. Post-Cold War Security Policy in the Third World. Santa Monica: Rand, 1994.

SEGUNDA CUMBRE DE LAS AMERICAS. Plan de Acción. Organização dos Estados Americanos, 1998. Disponível em <www.sice. oas.org/ ftaa/san-tia-go/sapoa_sl.stm>.

SELA. *Relações econômicas da América Latina com os Estados Unidos*. Rio de Janeiro: Paz e Terra, 1985.

SELSER, G. *CIA*: de Dulles a Raborn. Buenos Aires: Editora de Política Americana, 1967.

_____ . *Los cuatro viajes de Cristobal Rockefeller*. Buenos Aires: Hernandez Editor, 1971.

_____ . *De como nixinger desestabilizó a Chile*. Buenos Aires: Hernandez Editor, 1976.

SELZER, G., DIAZ, C. *El Pentágono y la política exterior norteamericana.* Buenos Aires: Crisis, 1975.

SHONFIELD, A. *Capitalismo moderno.* Rio de Janeiro: Zahar, 1968.

SINGER, P. Interpretação do Brasil: uma experiência histórica de desenvolvimento. In: FAUSTO, B. (Org.) *O Brasil republicano.* História geral da civilização brasileira. Economia e Cultura (1930-1964). São Paulo: Difel, 1976. t.III, v.IV.

SOURROUILLE, J. V. et al. *Transnacionalización y política económica en la Argentina.* Buenos Aires: Centro Editor de América Latina, 1985.

SUNKEL, O. *A crise da América Latina.* Porto Alegre: L&PM, 1986.

TAVARES, M. C. A retomada da hegemonia norte-americana. *Revista de Economia Política (São Paulo),* v.5, n.2, abr.-jun. 1985.

TELLIS, A. et al. *Anticipating Ethnic Conflict.* Santa Monica: Rand, 1997.

THUROW, L. *O futuro do capitalismo.* Rio de Janeiro: Rocco, 1997.

THORP, R. *Progresso, pobreza e exclusão*: uma história econômica da América Latina no século XX. Washington: Banco Interamericano de Desenvolvimento, 1999.

TRIAS, V. *História del imperialismo norteamericano.* Buenos Aires: Peña Lillo, 1977. 3v.

TRIALOGUE. Copenhagen 1995. The Annual Meeting of the Trilateral Commission. New York, v.49, 1995.

TULCHIN, J. A. *La Argentina y los Estados Unidos.* História de una desconfianza. Buenos Aires: Planeta, 1990.

VICKERS, G. R. A Spider's Web. *N.A.C.L.A. Report on the Americas. (Los Angeles),* v.XXIV, n.1, 1990.

UGARTECHE, O. Usos del crédito. In: CERESOLE, N. (Org.) *Perú*: Sendero Luminoso, Ejército y Democracia. Madrid: El Dorado, 1987.

U.S. DEPARTMENT of State, 2002 Patterns of Global Terrorism – 2001, Release by the Office of the Coordinator of Counterterrorism, in http://www.state.gov/s/ct/rls/pgtrpt/2001/).

VILAS, C. *Nicarágua hoje.* São Paulo: Vértice, 1986a.

_____ . Sobre la estrategia económica de la Revolución Sandinista. *Desarollo Económico (Buenos Aires),* v.26, n.101, abr.-jun. 1986b.

_____ . *La Revolución Sandinista.* Buenos Aires: Legasa, 1987.

_____ . What Went Wrong. *N.A.C.L.A.Report on the Americas. (Los Angeles),* v.XXIV, n.1, 1990.

VITALE, L. *História de la deuda externa latinoamericana y entretelones del endeudamiento argentino*. Buenos Aires: Sudamericana-Planeta, 1986.

WEI MING, T. (Org.) *Confucian traditions in East Asian modernity*: Moral Education and Economic Culture in Japan and the Four Mini-Dragons. Cambridge: Harvard University Press, 1996.

WISE, C. Economia politica del Perú: rechazo a la receta ortodoxa. In: CERESOLE, N. (Org.) *Perú*: Sendero Luminoso, Ejército y Democracia. Madrid: El Dorado, 1987.

WOLFENSOHN, J. Underlying Human, Social and Structural Problems Must Also Be Addressed. *Trialogue (New York)*, v.53, 1999.

YUNQUE, A. *Versos de la calle*. Buenos Aires: Rescate, 1977.

ZIMBALIST, A. La economia cubana al comienzo del cuarto decenio. *El Timestre Económico (Ciudad de México)*, v.LVI, n.224, 1989.

ZIMBALIST, A., BRUNDENIUS, C. Crecimiento con equidad: el desarrollo cubano en una perspectiva comparada. *Cuadernos de Nuestra América (La Habana)*, v.VI, n.13, 1989.

SOBRE O LIVRO

Formato: 14 x 21 cm
Mancha: 23,3 x 44,8 paicas
Tipologia: Iowan Old Style 10/14
Papel: Off-set 75 g/m² (miolo)
Cartão Supremo 250 g/m² (capa)
1ª *edição:* 2002
1ª *reimpressão:* 2012

EQUIPE DE REALIZAÇÃO

Coordenação Geral
Sidnei Simonelli

Produção Gráfica
Anderson Nobara

Edição de Texto
Nelson Luís Barbosa (Assistente Editorial)
Carlos Villarruel (Preparação de Original)
Ada Santos Seles e
Luicy Caetano de Oliveira (Revisão)
Lilian Garrafa (Atualização Ortográfica)

Editoração Eletrônica
Casa de Ideias (Diagramação)